윤석열 X파일

윤석열 X파일
검찰공화국을 꿈꾸는 윤석열 탐사 리포트

지은이	열린공감TV 취재팀
발행일	2022년 2월 4일 초판 1쇄
	2022년 2월 16일 초판 3쇄

발행인	김두일
발행처	열린공감TV
디자인	전병준
등록번호	제25100-2021-000067호
대표전화	070-4098-1139
홈페이지	https://openmindtv.co.kr/
유튜브	youtube.com/c/열린공감TV
전자우편	openmindtv@openmindtv.co.kr

Copyright (c) 열린공감TV, 2022, Printed in Korea.
ISBN 979-11-977476-1-8   03340

* 책값은 뒤표지에 있습니다. 잘못 만들어진 책은 구입처에서 바꿔 드립니다.

| 열린공감TV 취재팀 지음

윤석열
X파일

검찰공화국을 꿈꾸는
윤석열 탐사 리포트

열린공감TV
진실의 바다를 항해하다

추천의 글 I

역사의 실수는 계속 수정해 나가야 합니다. 실수와 오류가 없는 역사는 없습니다. 사법부의 실수도 얼마든지 있을 수 있습니다. 그러나 사법독립이라는 명분으로 성역처럼 굴며 오류를 인정하지 않고 비판마저 용납하지 않습니다. 안 그래도 무소불위인 검찰도 준사법기관이라며 덩달아 신성권력이 되어 버렸습니다. 견제의 원리로 오작동을 감시하고, 균형의 원리로 오류를 시정할 수 있어야 합니다.

주요 감시자의 한 축이 언론입니다. 그런데 언론이 제 역할을 하지 않고 오히려 노골적으로 어느 한편에 서면서 예리함을 잃어버렸습니다. 받아쓰기와 베끼기, 기계적 균형으로 여야의 주장을 나열하고 자극적인 제목으로 포털 클릭이나 늘리면서 언론상업주의에 빠졌습니다. 진실을 찾아가는 스스로의 책무를 포기한 채 블라인드언론이 된 것입니다.

촛불개혁이 뚜벅뚜벅 나아가야 함에도 검·언의 유착으로 꽉 막혀 있던 시기에 〈열린공감TV〉가 등장했습니다.

　사막의 오아시스 같은 역할을 다하고 있는 〈열린공감TV〉가 누구도 감히 건드리지 못한 검찰권력을 낱낱이 들추어내고 있습니다. 윤석열 검찰이 공권력인 검찰권력을 사유화하고, 측근과 가족의 방패가 되어 부당한 부를 축적하게 하고, 촛불정신을 배신해 재벌기업의 부패를 법 기술로 덮어 준 사례들을 추적하고 낱낱이 밝혀 가고 있습니다.

　2016년 촛불을 든 국민에게 한때의 찬사로 보답을 다하는 것이 아닙니다. 아름다운 촛불만큼이나 이후 꾸준히 아름다운 역사를 가꾸기 위한 각자의 노력을 게을리하지 않아야 역사가 발전할 수 있습니다. 역사의 발전이 민주주의의 발전이고, 인간 존엄성을 확장해 나가는 국가의 사명을 다하는 것입니다.

　이 한 권의 책은 이 시대의 고발서로 끝나지 않아야 합니다.

　역사를 진전시키고 시대를 바꾸는 물결로 만들어야 할 것입니다.

추미애
전 법무부장관

추천의 글 II

이 책은 〈열린공감TV〉 기자들이 위험한 사건 현장에 뛰어들어 파헤친 불법과 비리 의혹의 보고서다. 나는 이 보고서야말로 무릇 기자의 사명은 무엇이며 언론이란 무엇인가를 보여 주고 있다고 생각한다.

또한 이 보고서는 우리 행정조직이 얼마나 허술한 시스템으로 설계되었는지를 말해 준다. 윤석열이 강직한 검사라는 허망한 이미지에 사실상 온 국민이 속고 말았기 때문이다. 2019년 7월 국회의 검찰총장 후보자 인사청문회에서 윤석열은 명백한 위증과 거짓말을 여러 번 했다. 이때라도 검찰총장 임용을 보류하고 그의 과거를 처음부터 다시 조사했어야 한다는 아쉬움이 남는다.

윤석열의 여러 불법과 비리 의혹 중에서 가장 충격적인 것은 미국의 로펌 에이킨검프에 이명박 전 대통령의 소송비를 대납해 준 현대자동차 최고 경영진의 뇌물죄에 면죄부를 준 사건이다. 현대자동차 채양기 사장의 내연녀가 이 사실을 여러 증거와 함께 제보했음에도 윤석열은 오히려 제보자를 구속했다. 엄청난 사건이다. 더구나 이 사실을 기성 언론은 받아쓰지 않았고 더 이상 취재하지도 않았다. 기득권층과 유착된 언론사 종업원들 역시 썩었기 때문이다.

인사가 만사다.

윤석열 사건은 인사 실패의 본보기를 보여 주었다.

여기 실린 내용들은 고위공직자 한 사람을 잘못 선발했을 경우 어떤 사태가 벌어지는지를 잘 보여 주고 있다. 불법과 비리 의혹은 참으로 대담하고 기괴하기까지 하다. 일제강점기 또는 해방 후 혼란기에나 있을 법한 사건들이 벌어졌다.

시민들은 까맣게 모르고 있었다.

이 상태가 되기까지 불법과 비리를 거침없이 저질러 왔다는 점에서 과연 대한민국이 개명한 문명국가라고 할 수 있을까 싶다. 제대로 발본색원하여 처벌하지 못하고, 그렇게 할 수 있는 시스템도 갖추지 못한 것은 전적으로 정치인들의 책임이다.

깨어 있는 시민들의 조직된 힘이 절실하다.

최동석
최동석인사조직연구소 소장

차례

추천의 글 _4
들어가며 _10

1장 **윤석열**의 성장기

출생 및 초중고 시절 _19
대학 시절 _23
고시생 시절 _34

2장 **본**인 윤석열

군대 면제 사유와 가짜 서울법대생 김찬경과의 인연 _45
삼부토건 유니버스 _48
'진짜 검찰'로 각성하게 된 계기 _53
삼성 비자금 수사팀 _55
신정아 게이트 _59
논산 백제병원 리베이트 사건 _62
정치검사의 길 _66
운명의 여인과의 만남 _74
윤서방파 _77
윤석열의 법과 정의 _88
덮어 버려! (1) _94
무능한 건지 무능하려 한 건지 _108
언론사 사주들과의 부적절한 만남 _114
화천대유와 윤석열 _118
덮어 버려! (2) _130
조국을 잡아라 _138
제 식구 감싸기 _145
검찰 쿠데타 _156
정치검찰의 검찰정치 선언 _165
[여담] 검찰정치? 무속정치? _166

3장 **부**인 김건희

리플리 _173
유부남 검사 _185
그녀의 이력 _195
그녀의 전시 _203
그녀의 남자들 _207
운명의 남자 _214
그녀와 권력자들 _220
이 여자가 사는 법 (1) _230
이 여자가 사는 법 (2) _243
그녀의 변신 _249
남겨진 이야기들 _256

4장 **장**모 최은순

장모님의 소문과 사실 _263
장모님과 부동산 _267
장모님의 인맥 _272
장모님의 방식 _279
장모님의 진화 _291
장모님의 황제 보석 _300

마치면서 _302

들어가며

　탐사보도전문매체 〈열린공감TV〉는 2020년 4월 말에 유튜브 플랫폼을 기반으로 개인채널로 오픈한 후 주로 사법 피해자, 환경문제 등 사회 이슈와 현안에 대해 진단하고 고발하는 프로그램으로 방송했다. 그러다가 2020년 9월 중순 언론법인으로 탈바꿈하고 본격적인 탐사보도전문매체로 거듭났다.
　개인채널로 운영될 당시 사법 피해자들 중에는 국민의힘 대선후보 윤석열의 장모 최은순으로부터 막대한 정신적 금전적 피해를 입고 심지어 교도소까지 다녀온 사람들이 있었는데, 그들로부터 매우 충격적인 제보를 받게 되었다.
　당시 윤석열은 대한민국에서 가장 막강한 권력이라고 할 수 있는 수사권과 기소권을 쥐고 있는 검찰의 수장인 검찰총장이었다. 그들 중 일부의 사연을 방송했는데 그 방송을 보고 또 다른 제보자들이 나섰다. 제보의 내용은 역시 충격적이었다. 일개 유튜버가 다루기에는 너무도 두렵고 구체적인 내용이었다.

제보의 핵심 내용은 윤석열의 부인 김건희가 과거 서울 강남구 역삼동사거리에 있었던 라마다르네상스호텔 지하 볼케이노 나이트클럽에서 일반 여성(일반미)으로 주요 남성 고객들과 동석하여 술자리를 같이했다는 것이었다. 당시 그녀가 사용했던 가명이 있었는데 그 이름이 '쥴리'였다고 했다.

〈열린공감TV〉 취재팀은 2020년 7월경 이 제보를 받고 다각도로 취재를 하기 시작했다. 그리고 마침내 2020년 9월경 복수의 제보자를 찾았다. 그 제보자 역시 같은 닉네임 '쥴리'에 대해 언급했다. 곧바로 취재팀은 윤석열의 장모 최은순과 동업을 하다 피해를 보고 오랫동안 법정 분쟁을 이어 오고 있는 정대택 씨에게 확인을 해야 했다. 정대택 씨의 입에서 나온 그녀의 닉네임도 '쥴리'였다.

2020년 10월 1일 〈열린공감TV〉는 대한민국 검찰총장의 처 김건희에 대한 '쥴리' 의혹을 추석특집으로 최초 보도했다. 그로부터 지금까지 〈열린공감TV〉는 1년여가 훌쩍 넘게 그 어떤 매체보다 오랫동안 '쥴리'를 탐사취재해 왔다.

〈열린공감TV〉는 윤석열이 검찰총장에 있을 때부터 어떤 두려움도 없이 오로지 진실 하나만을 위해 윤석열 일가에 대한 의혹들을 보도해 왔다. 물밀듯이 쏟아지는 제보들의 대다수는 장모 최은순과 부인 김건희에 관한 것이었다. 그런데 어느 순간부터 검찰총장인 윤석열의 의혹에 대한 제보도 들어오기 시작했다.

〈열린공감TV〉를 법인화할 당시 나름의 규칙을 정했는데, 외부의 힘에 의해 논조와 방향이 바뀌지 않기 위해 정부와 지자체와 기업 등 어떠한 기관이나 단체로부터도 광고 또는 지원비를 일절 받지 않겠다는 것이었다. 〈열린공감TV〉는 오로지 시민들의 자발적인 후원금만으로 운영되는 명실상부한 시민채널로 성장해야겠다고 다짐했다. 그래서 〈열린공감TV〉는 두려운 것이 없었다. 시민에게 반드시 진실을 알려야겠다는 신념뿐이었다.

윤석열이 현직 검찰총장이라도 그와 가족에 대한 각종 비리 의혹들을 그대로 덮어 놓을 수는 없는 노릇이었다. 기자는 진실을 발견하는 즉시 시민에게 알려야 할 의무가 있다. 취재한 정보의 가치를 무기 삼아 개인 혹은 특정 집단과 이해 교환을 협상한다면, 그는 기자가 아닌 정보 사냥꾼, 협잡꾼, 기레기에 불과할 따름이다.

〈열린공감TV〉가 진실의 바다를 항해하는 여정은 그렇게 순탄치만은 않았다. 현직 검찰총장 가족의 비위 및 의혹을 고발하는 보도가 나가고 난 뒤 여러 곳으로부터 압력이 들어왔다.

〈열린공감TV〉는 보수 대 진보의 진영 논리에 휩싸이지 않고 사실 그대로를 전달하고자 노력했다. 혹자는 〈열린공감TV〉가 친민주당, 친정부, 친문(親文)이라며 진영 프레임에 가두려 하지만 〈열린공감TV〉는 그 어떤 쪽의 편도 아니다. 상식과 공정이란 단어가 더럽혀지지 않게 하기 위해 사실과 합리적 의혹의 매듭을 하나씩 풀어 가는, 오직 진실의 편일 뿐이다.

언론법인화 이후 지금까지 보도된 정치 관련 내용 중 민주당 관련 의혹이 60%, 국민의힘 관련 의혹이 40%로 오히려 민주당에 대한 의혹을 더 많이 다룬 것만 보더라도 알 수 있다. 그렇다 보니 양 진영으로부터 거센 공격을 받아야 했다. 하지만 〈열린공감TV〉는 개의치 않고 오로지 시민만 바라보았다. 시민의 소중한 후원금이 허투루 쓰이지 않게 하기 위해 편의점에서 물 한 병 사 마시는 것도 눈치 봐 가며 거센 공격과 유혹의 파도를 넘어 진실의 바다로 나아갔다. 그런 시간들이 취재의 현장에서 데이터가 되고 단서가 되었다. 우리는 그 퍼즐들을 맞추고 그림을 완성해 갔다.

윤석열, 그는 대한민국 제20대 대통령에 도전하는 강력한 야권 주자이다. 그런 그가 이 나라의 대통령이 되면 어떤 일들이 벌어질지 상상이 되고도 남았다. 이명박, 박근혜 정부를 뛰어넘는 검찰공화국이 될 것이며, 자본권력, 언론권력, 정치권력 등 기득권들과 동맹 카르텔을 형성하여 서로를 보호하고 감싸 주며 자신들에게 걸림돌이 되는 사람들을 단죄하는 불공정의 화신이 될 것이 뻔하다는 판단이 들었다. 현재 윤석열을 둘러싸고 있는 국민의힘 선대위의 면면을 살펴보면 다수가 검사 출신임을 알 수 있다.

그래서 〈열린공감TV〉는 《윤석열 X파일》이란 제목으로 그동안 취재해 온 노트를 정리했다. '윤짜장썰던'이라는 프로그램의 방송용 대본으로도 쓰이게 하기 위해 취재의 조각들을 정리했다. 목차를 만들고 연도별 사건 중심으로 제목과 내용을 담아 하나씩 정리해 나갔다.

그러던 중 정치인들 사이에서 X파일의 존재 유무에 대한 설왕설래가 있었고, 송영길 더불어민주당 대표가 '윤석열 X파일'을 언급해 화제가 되었으며, 곧바로 국민의힘 사무처 당직자 출신으로 김무성 전 의

원의 보좌관을 지낸 정치평론가 장성철 씨가 X파일이 실제 존재한다는 주장을 내놓았다.

이런 가운데 방송용 목차를 정리했던 PDF 파일이 알 수 없는 경로로 유포되었다. 유포된 파일명은 '윤석열 X파일'이었다. 그렇게 유포된 파일로 인해 파장이 커졌다. 정치권에서는 최소 세 가지 유형의 문건이 유포되었다고 했다.

▷ 윤 전 총장과 부인 김건희 씨의 이력, 장모 최 씨의 사업 관련 키워드가 정리된 '윤석열 X파일(목차)'란 제목의 6쪽짜리 PDF 파일
▷ 장모 최 씨 사업과 관련해 윤 전 총장에게 규명을 촉구하는 내용의 238MB 용량의 문서 파일
▷ 김건희 씨 프로필 등이 담긴 97MB 용량의 문서 파일

이 중 첫 번째 6쪽짜리 PDF 파일이 〈열린공감TV〉가 작성한 것이었다. 그렇다면 나머지 두 개는 누가 작성한 것일까? 앞서 말한 윤석열의 장모 최은순과 무려 18여 년 동안 법정 분쟁을 이어 오고 있는 정대택 씨가 바로 그 작성자였다.

당시 〈조선일보〉는 '윤석열 X파일' 가운데 하나는 친문 유튜버에 의해 작성된 것이라며 〈열린공감TV〉가 야권으로부터 '여당의 기관지 같은 역할을 하는 곳'이라는 평가를 받는 채널이라고 폄훼했고, '더불어민주당의 위성정당인 열린민주당과 밀접한 관계인 것으로 알려져 있다'며 '윤석열 X파일' 작성에 열린민주당이 관여했을 가능성이 있다는

평론가의 주장을 덧붙였다.

이런 조선일보의 기사를 받아 수많은 언론들은 일제히 '친여 성향 유튜브매체 〈열린공감TV〉', '여권 강성 지지층 입맛에 맞는 콘텐츠가 주 상품'이라는 식의 헤드라인을 뽑아 '윤석열 X파일' 자체가 지라시 수준이라고 매도했다. 그렇게 지난 2021년 6월 한 달간 〈열린공감TV〉는 뉴스의 중심에 서 있었다. 심지어 한 극우매체는 〈열린공감TV〉가 이재명 후보의 지원을 받는 외곽업체로 경기도로부터 막대한 금전을 받았다고도 했다.

〈열린공감TV〉는 정부, 지자체, 심지어 일반 기업에 이르기까지 그 어느 곳으로부터도 후원금이나 지원금을 일절 받지 않았으며, 거부하고 있다. 오로지 시민들의 자발적 후원만으로 운영되는 시민채널이다. 이에 〈열린공감TV〉는 기성언론들이 뭐라 하든 전혀 개의치 않았다. 저들이 평가하는 〈열린공감TV〉에 대한 그 어느 내용도 사실이 아니기 때문이다.

놀라운 사실은, 그런 홍역을 치르고 난 뒤 시민들의 제보가 더 많이 쏟아져 들어왔다는 것이다. 특히 간간이 들어오던 윤석열에 대한 제보가 집중되었다. 제보자들은 각양각색이었다. 각계에서 나름 평가받는 자리에 있는 사람부터 윤석열과 근거리에서 지냈던 사람, 그의 가족들과 얽히고설켜 다양한 관계를 형성했던 사람도 포함되어 있었다.

〈열린공감TV〉는 그들의 제보를 빠짐없이 들여다봤다. 기존 제보들과 연결 지어 퍼즐을 맞춰 보듯 '본·부·장', 즉 '본'인 윤석열, '부'인 김건희, '장'모 최은순의 각종 의혹을 타임라인을 따라 하나씩 정리했다.

그렇게 정리된 파일을 이제 시민들에게 공개한다. 이른바 '윤석열 X파일'의 실체를 이 책을 통해 공개하는 것이다.

〈열린공감TV〉가 정리한 '윤석열 X파일'은 이것으로 끝이 아닐 것이다. 분명히 더 많은 의혹들이 어딘가에 덮여 있을 것이다. 만약 당신이 그 파일에 대해 알고 있는 사람이라면 언제든지 〈열린공감TV〉에게 제보해 주기를 바란다.

지금 공개되는 《윤석열 X파일》은 '윤짜장썰던'이라는 테마로 지난 2021년 5월 15일부터 방송된 유튜브 시리즈의 대본을 포함하고 있다. 내용의 일부는 아직 미확인된 풍문으로 이루어져 있기도 하다. 취재노트와 방송 대본을 바탕으로 삼은 탓에 문장이 조악하고 문맥이 체계적이지 못한 점, 머리 숙여 양해를 구한다.

이제 윤석열이 어떤 삶을 살아왔으며 어떤 사람이었는지 그리고 누구를 만나 어떤 일에 연루되고 어떤 일을 벌였는지, 그의 인생 전반을 살펴보고자 한다. 또한 그의 부인 김건희와 장모 최은순이 어떤 사람이었으며 어떤 과정을 통해 경력과 부를 축척해 왔는지를 낱낱이 알리고자 한다.

당신이 대한민국의 시민으로 살아가고 있다면 반드시 그 진실을 알아야 할 사람들, 대통령을 꿈꾸는 윤석열, 국모의 자리를 탐내는 김건희, 자본권력을 뒷배 삼아 살아온 최은순의 삶 속으로 들어가 보자.

Chapter 1

윤석열의
성장기

출생 및 초중고 시절

윤석열은 1961년(음력 1960년 12월 18일) 서울 서대문구 연희동에서 태어났다. 부친 윤기중(1931년생)은 파평 윤씨로 충청남도 논산 일대에서 꽤 이름난 유지였다고 한다. 정진석 현 국민의힘 의원의 모친이 파평 윤씨 윤증의 직계 후손인데, 충남 논산시 노성면에 있는 윤증 고택이 정진석 의원의 외가라고 한다. 윤석열 집안과는 외가 쪽 먼 친척인 셈이다.

윤석열은 서울에서 태어나고 자랐지만 부친의 고향 때문에 충청권 인사로 표현되기도 한다. 그로 인해 지난 총선 때 파평 윤씨들 사이에서는 '윤석열 총장을 다음 대통령으로 만들기 위해서 정진석 의원을 당선시켜야 한다'는 얘기가 돌았다고 한다. 또한 윤석열은 정진석을 만나 '내 장모는 남한테 사기 당한 적은 있어도 남한테 10원 한 장 피해 준 적은 없다'는 말을 해서 논란이 일기도 했다.

참고로 정진석의 조부인 정인각은 일제강점기 당시 계룡면장을 지내며 친일 행적을 한 문건이 드러나 논란이 되었던 인물이다. 정인각은 1941년 매일신보사가 '총력운동 전개 및 일본정신 함양과 대정익찬운동 시찰'을 목적으로 일본에 파견한 성지참배단의 일원이기도 했다.

윤씨 집안은 충남 탄천면 일대에 땅을 많이 가지고 있었다고 한다.

윤석열의 부친 윤기중은 공주농고 졸업 후 서울로 이사 와서 연세대학교를 졸업한 뒤 최정자 씨를 만나 결혼한다. 그리고 1961년 윤석열을 낳는다. 윤기중은 1967년 일본문부성 국비장학생으로 선발되어 일본 유학길에 오른다. 당시는 일본에 대한 감정이 매우 안 좋은 시절이었다. 일본 장학금으로 일본 유학을 간다는 것은 친일적 마인드가 없이는 어림없는 일이었다. 당시 일본학파 2세대들이 윤기중을 필두로 일본 유학길에 많이 올랐다고 한다.

일본에 간 윤기중은 명문으로 알려진 히토츠바시 대학 대학원을 졸업한다. 이후 한국으로 돌아와 연세대학교 통계학과 교수로 재직하다가 연세대 응용통계학과를 설립하기도 했다. 90대 고령인 그는 현재 연세대 명예교수 명단에 올라 있다. 알려진 바에 의하면 윤기중에게는 박사학위가 없다고 한다. 박사학위 없이 어떻게 교수에 임용되었던 것일까?

윤기중이 교수에 임용될 때엔 석사 학위만 갖고도 대학 교수를 할 수 있던 시절이었다. 당시 '구제(舊制) 박사'라는 제도가 있었는데, 간단한 논문을 작성해 다른 대학 소속 교수들에게 심사를 받아 통과하면 박사학위를 주는 일종의 학위 품앗이였다. 너 나 할 것 없이 이 제도를 이용해 박사학위를 받았지만, 윤기중은 그걸 거부했다고 한다.

모두가 매우 어려웠던 60~70년대, 윤석열은 풍족한 환경에서 성장할 수 있었던 소위 금수저 출신이었다.

윤석열은 한경직 목사가 1965년 서울 성북구 보문동에 설립한 개신교 미션스쿨인 대광초등학교를 졸업했다. 지금도 명문으로 알려졌지만 당시에는 아무나 들어갈 수 없는 최고 명문 사립초등학교였다고 한다. 대광초등학교는 전교생이 150여 명 정도로 6년간 다니면 누구 집에 숟가락이 몇 개 있는지도 알 수 있는 소수 정예 사학이었다. 당시 윤석열과 이철우(현 연세대 법학전문대학원 교수)와 한승한(현 세브란스 안과병원장)은 3인방으로 불렸는데, 그 초등학교 동문들이 현재 윤석열 대통령 만들기에 나서고 있다는 이야기도 들린다.

윤석열은 서울 중랑구 중화동에 있는 중랑중학교에 소위 '뺑뺑이'로 입학한다. 중랑중학교는 신설 중학교로 그대로 다녔으면 1회 졸업생 신분이었을 것이다. 그런데 집안에서 전학을 보내 버린다. 윤석열은 중학교 2학년 때 서울 은평구 응암동에 있는 명문 사립중학교인 충암중학교로 전학을 간다. 당시 은평구는 주민들의 생활수준이 높은 편이었다. 1970년대 전후로 중상류층을 위한 단독주택들이 많이 지어졌고, 판자촌 등 슬럼가가 거의 없는 부촌으로 유명했다고 한다.

중학교 졸업 후 같은 재단에서 운영하는 충암고등학교에 입학해서 당시 성행하던 고액 그룹과외와 개인과외를 받았다고 하는데, 1970년대 후반에는 부유층 자제 대부분이 과외 열풍에 빠져 있었다. 윤석열은 1979년 충암고등학교를 졸업(8회)한다. 고교 시절 장래 희망은 부친의 뜻에 따라 '교수'로 적었다고 한다.

윤석열은 박정희 군사정권 말미인 1970년대 후반에 고교 시절을 보냈는데 당시 정국은 준전시에 가까웠다. 오일 쇼크, 물가 폭등으로 사회문제가 심각했고 부동산 투기도 극성을 부리던 시기였다.

1978년 7월 6일, 박정희가 '체육관 선거'로 불리는 통일주체국민회의 선거에서 제9대 대통령으로 선출되었지만, 당시 국민들은 극심한 인플레이션으로 힘든 하루하루를 살고 있었다. 1976년 '3·1민주구국선언'으로 구속 수감되어 서울대병원에서 연금 생활을 하던 김대중도 박정희의 대통령 취임식이 있던 1978년 12월 27일 형 집행정지로 석방되었고, 신민당 총재직에서 물러나 권토중래를 꿈꾸던 김영삼도 박정희와 전면전을 하겠다고 벼르던 시기였다.

당시의 입시제도는 대학이 국영수 위주로 학생들을 직접 선발하던 본고사 체제였다. 0교시를 넘어 오전 7시부터 시작하는 '마이너스 1교시' 수업을 하는 고등학교도 있을 정도였다. 이 입시제도에 큰 변화가 생긴 것은 1979년이었다. 이전에는 엘리트 선발 위주의 풍조에 따라 매년 재수생과 삼수생이 많이 발생했는데, 1979년 전국의 대학정원을 사상 최대 규모로 늘리는 정책이 시행된 것이다.

윤석열이 서울법대에 입학한 시기는 그런 시국이었다.

대학 시절

1979년(대학 1학년)

윤석열은 서울법대 법학과 160명 신입생 중 한 명이었다. 동기로는 남기춘, 석동현, 이완규, 공상훈(전 검사), 문강배(전 판사), 이종석, 김선수(헌법재판관), 이철우(교수) 등이 있다.

1979년도 서울법대 예비고사 평균점이 300.83점이었는데(체력장 20점 포함, 340점 만점) 풍문으로는 겨우 턱걸이로 합격했다고 한다. 본고사가 1981년도에 폐지되었으니 윤석열은 본고사 세대라고 할 수 있다.

윤석열이 대학 1학년 때인 1979년 10월 26일, 박정희가 김재규의 총탄을 맞고 사망한다. 그리고 10월 27일 계엄령에 의해 전면 휴교되었다가 11월 16일 휴교 조치가 해제됨에 따라 다시 학교에 나갈 수 있게 된다.

그러다가 1979년 12월 12일, 전두환과 노태우를 중심으로 한 신군부 세력이 최규하 대통령의 승인 없이 계엄사령관인 정승화 육군참모

총장, 정병주 특수전사령부 사령관, 장태완 수도경비사령부 사령관, 김진기 육군헌병감 등을 체포하는 쿠데타를 일으킨다. 1979년은 이처럼 대한민국의 역사를 암울한 빛으로 물들인 격동의 해였다.

제보에 따르면, 윤석열은 대학 1학년 시절 금수저 친구들과 어울려 다니며 술을 마시고 당구를 배우는 등 신입생의 낭만을 흠뻑 누렸다고 한다. 어릴 적부터 구기 종목을 좋아해서인지 당구를 잘했다고 하는데, 한창 때는 5백 점까지 쳤다고 한다. 이 해에는 교내 야구 대회에 투수로 출전해 법대팀의 승리에도 기여했다고 하니 실력이 꽤나 좋았나 보다.

1980년(대학 2학년)

전두환이 사실상 정권을 장악한다. 1980년 신군부가 주도한 비상계엄 확대 조치로 이른바 5·17쿠데타를 성공시키고, 이에 항거한 광주에 대해 학살과 진압으로 강경 대응한다. 전두환은 1980년 8월 22일 육군 대장으로 예편했고, 1980년 9월 제11대 대통령에 스스로 오른다.

윤석열이 대학 2학년생이던 1980년 4월 말부터 학생운동권과 정치권에서는 전두환을 경계하는 분위기가 형성되었다. 5월 1일 서울대 총학생회는 철야 회의 끝에 전두환 보안사령관을 중심으로 하는 신군부의 정치 개입이 민주화에 가장 큰 걸림돌이라는 이유로 정치 투쟁을 선언한다. 서울대 학생들은 1980년 5월 초부터 전두환 퇴진과 민주화 일정 제시 등을 외치면서 본격적인 시위(도서관 철야 농성, 경찰과 교문 대치)를 시작한다.

이후 5월 15일에는 서울역에 대학생과 시민 약 20만 명이 결집한다. 이 과정에서 전투경찰 1명이 시위대 버스에 깔려 사망하기도 하는데, 당시 전두환 신군부는 공수부대를 동원하여 강제해산시키는 계획을 꾸몄다고 전해진다.

군의 동향이 심상치 않자 대학생 시위대 집행부는 자진 해산을 결정한다. 이것이 이른바 '서울역 회군 사건'이다. 당시 서울 소재 대학교 총학생회장들은 마이크로버스(미니버스)에 모여 회의를 진행했는데, 심재철 서울대 총학생회장(영어교육과 77학번), 신계륜 고려대 총학생회장(법과대학 행정학과 74학번), 형난옥 숙명여대 총학생회장, 이해찬 서울대 복학생 대표(서울대 문리대 72학번), 서울대 총학생회 대의원회 의장 유시민(78학번), 서울대 복학생 김부겸(정치학과 76학번), 서울대 학생처장 이수성 등이 참가했다고 알려진다. 회의에서 신계륜, 유시민 등의 철야농성 주장과 심재철 등의 퇴각 주장이 부딪쳤다고 한다. 이에 이수성이 내무부장관과 총리비서실장에게 전화를 걸어 안전 귀가를 보장으로 해산을 설득했다고 한다.

'서울역 회군 사건' 이후, 신군부는 5·17비상계엄전국확대 조치를 내린다. 이어 시위 주동자와 야당 정치인을 체포하고, 5·18광주민주화운동을 유혈 진압한다. 당시 문재인 대통령도 경희대 법대 72학번 복학생 대표로 회군 결정에 반대했다고 한다. 문 대통령은 5·17비상계엄전국확대 조치 시행 당일 밤 형사들에게 긴급체포되었고 바로 청량리구치소에 수감되었다.

제보에 따르면, '서울역 회군 사건'이 있던 날 윤석열은 부친의 집이 있는 연희동 근방 선술집에 있었다고 한다. 당시 학우들에게 빚진 마음이 있거나 했을지 모르겠으나 아마도 사람이라면 자괴감 정도는 가지고 있었을 듯하다. 그래서인지 신촌 먹거리 골목에서 어슬렁거렸던 것이 아닐까 추측된다.

5·17계엄령과 휴교령을 거쳐 8월 28일 대학 휴업령이 전면 해제된다. 당시 서울대 학생들 대다수는 군부에 저항하는 학생운동에 참여했으며 교정에 있는 아크로폴리스 광장은 늘 시위 현장의 중심이었다. 휴교령 직후 군인들이 캠퍼스에 진주해서 기숙사 학생들을 무자비하게 폭행하고 쫓아낸 일도 벌어졌다. 군부독재의 서슬이 퍼렇고 기숙사도 누군가에게 감시당하고 있다는 의구심을 떨치기 힘든 시절이었다.

그중 일부 학생들, 즉 윤석열처럼 금수저 출신들은 집안 분위기상 시위에 동조하거나 참여하지 못하고 자기들끼리 어울려 지냈다고 한다. 시위에 적극적인 학생들도 그런 금수저 출신들을 자신들과 결이 다른 부류로 취급했다고 한다.

당시 남학생들 중 다수는 시위 중에 붙잡혀 강제징집당하거나 몇 차례 휴교령으로 인해 자발적으로 입대하기도 했다. 강제징집된 학생들은 군에서 '녹화사업(전두환 정권 때 운동권학생을 건전한 학생으로 교화한다는 국군보안사령부의 프로그램)'을 받아야 했다. 시위 전력이 있는 학생들은 추후 국가고시에서 불이익을 받기도 했다.

1981년(대학 3학년)

1981년 서울대 교정에는 사복경찰들이 횡행했다. 시위가 벌어진 날

이면 최루가스로 숨을 쉬기도 힘들었다. 그러나 윤석열은 그 기간 동안 제적이나 정학 한 번 당하지 않았다. 부친인 윤기중이 학생들에게 가르친 통계학은 이념적 지향성이 별로 없는 학문이다. 윤기중은 박정희 정권 때나 전두환 정권 때 민주화운동에 참여해서 불이익을 받은 교수 명단에 포함된 적이 한 번도 없었다.

윤석열은 연세대 법학전문대학원 교수인 이철우와 초등학교 절친인데, 이철우의 부친이 이종찬이다. 이종찬은 육군사관학교를 졸업하고 대위로 중앙정보부(지금의 국정원)에 파견 근무를 하던 중 전두환의 국보위에 참여를 했으며, 전두환의 민주정의당에서 초대 사무총장을 했던 인물이다. 초등학교 절친이면 서로 집에도 놀러가고 친구 아버지에게 인사도 하고 그랬을 것이다. 이종찬이 초등학생 아들과 그 친구에게 정치나 세상 이야기를 했을 가능성은 크지 않지만, 그래도 집안 분위기라는 게 있다. 지나가는 한마디에도 아이가 평생 기억하는 내용이 담길 수 있는 것이다. 제보에 따르면, 두 집안은 친형제 집안처럼 친하게 지냈다고 한다.

윤석열의 연희동 부친 집에도 다른 교수들이나 연세대 대학생들이 드나들었다고 한다. 부친이 민주화운동 참여 교수가 아니었으니 드나드는 사람들 중에도 사회문제에 관심을 가진 사람은 거의 없었을 것으로 보인다. 그 집 지하에는 다양한 술이 진열된 바(bar) 비슷한 공간이 있고, 거기서 많은 사람들이 모여 술을 마셨다고 한다. 주로 브랜디 종류(마패)를 마셨다고 한다.

초등학교 절친의 부친이 전두환 국보위 간부인데 윤석열이 전두환 정권을 부정하는 시위에 참여할 리는 없었을 것이며, 부친 또한 기득권층이기에 일반 학생들과는 결이 다른 '그들만의 리그' 속에서 대학 시절을 보냈을 것으로 보인다. 물론 윤석열도 아크로폴리스를 울리던 복학생 김부겸의 사자후를 들었을 것이고, 심재철이 주장한 서울역 회군에 대한 다른 학생들의 이야기를 들었을 것이며, 멀리서 들려오는 광주 학살의 소식 또한 들었을 것이다.

윤석열은 법대 동아리인 형사법 학회에서 학내 축제 기간에 연 '5·18광주사태(현재는 5·18광주민주화운동이 공식 명칭) 유혈진압'에 대한 모의 형사재판에서, 당시 대통령이던 전두환에게 사형을 구형한 이유로 경찰의 수배를 받았다고 한다. 그래서 강릉의 외할머니 집 등 강원도를 떠돌며 피신했다고 한다. 윤석열의 외가 역시 강원도에서 이름 난 집안이었다. 외할머니가 강릉·명주·양양에서 11·12대 국회의원을 지낸 이봉모 전 한국국민당 의원의 누나이기 때문이다. 윤석열은 어린 시절 강릉시 금학동에 있는 외가에 자주 다녀간 것으로 전해지고, 강릉에는 지금도 외가 쪽 친척 다수가 거주하고 있다. 그 외가 바로 옆집이 요즘 '윤핵관'으로 주목받는 권선동 현 국민의힘 의원의 집이다.

강릉 일대에서 지내던 윤석열은 경찰의 수배를 받는 다른 학우들과 달리 별다른 불이익 없이 학교로 돌아올 수 있었다. 여기에는 신군부 세력도 무시하지 못했던 이수성 당시 서울법대 학장과 당시 연세대 교수인 부친의 영향, 무엇보다 절친의 부친이자 신군부의 핵심 인사인 이종찬의 도움이 크게 작용했을 것으로 보인다.

과연 윤석열은 정의감에 불타서 그런 모험적인 행동을 했을까? 물론 그럴 수도 있을 것이다. 다만 주변의 얘기로 추측하건대, 압제와 학살로 물들었던 1980년대 초반의 시국이 금수저의 삶을 살던 윤석열에게도 일말의 부채의식으로 작용하지 않았을까 싶다.

강원도 생활 중 알려진 일화가 하나 있다. 윤석열이 모 산사에서 걸레 스님으로 유명한 중광 스님을 우연히 만나 인연을 맺게 되었다는데, 혹자는 중광 스님이 그에게 '큰 인물이 되겠다'라고 말했다고 하고, 혹자는 그 말은 다른 관상쟁이가 한 것이고 중광 스님은 단지 '20대는 어려움을 겪겠지만 30대가 되면 잘 풀릴 것이다'라고 말했다고 한다. 무엇이 맞는지는 알 수 없다.

전술했다시피 윤석열은 대학 시절 자신과 결이 같은 친구들과 어울려 다녔다. 선후배 챙기기를 좋아했고, 술을 좋아했으며, 말하기를 좋아했고, 그런 분위기 전부를 좋아했다. 특히 본인보다 연상의 김찬경이라는 학생과 자주 어울렸다고 하는데, 김찬경은 법학과 복학생 모임인 '법우회'의 대표이기도 했다. 당시의 법대생은 시위에 적극적으로 가담하는 학생과 사법고시 공부에만 몰두하는 학생으로 나뉘었다. 윤석열이 전자에 속하지 않았음은 충분히 짐작할 수 있다. 윤석열과 동창인 어떤 제보자는 '윤석열에게는 정치적 이념이나 사회적 문제보다 본인과 본인이 속한 그룹이 우선이었다'고 말한 바 있다.

윤석열은 학창 시절 내내 연희동 집에서 서울대로 통학했다. 연희동이 위치한 신촌에는 대학들이 많이 모여 있어서 전두환·노태우 집권기인 5·6공화국 때 학생운동의 본거지나 마찬가지였다. 후일 이한열 열사가 최루탄에 직격당해 사망한 곳도 신촌이었고, 이한열추모제가 열린 곳도 신촌이었으며, 그 전에 윤석열이 통학을 위해 무시로 지나다닌 곳도 신촌이었다.

한 사람의 사회적 가치관은 청소년기에 대부분 형성된다고 한다. 대한민국에서는 중고등학교 때 그런 생각을 할 기회가 별로 없으니 대학 시절이 큰 역할을 할 것이다. 당시 서울대에 가기 위해 오로지 공부만 했던 지방 출신 학생들은 서울대에 와서야 세상에 눈을 떴고, 민주주의를 배웠으며, 독재정권에 맞서 싸웠다. 반면에 부모와 함께 지내는 서울 출신 학생들은 서울대 입학으로 인해 급격한 변화를 겪는 경우가 상대적으로 적었다. 부모가 보수 성향이라면 더욱 그러할 것이다.

대한민국 수립 이래 학생운동이 가장 치열했던 시기에 서울대생 윤석열이 정학이나 제적 등의 문제를 겪지 않고 무사히 졸업할 수 있었던 데는 그런 출신적 영향이 컸을 것으로 보인다.

1982년(대학 4학년)

정확한 이유는 모르겠지만, 윤석열은 1980년과 1981년 두 차례 병역 검사를 연기한다. 그러다가 1982년 8월 병역 검사에서 부동시 판정으로 병역을 면제(전시근로역 처분)받는다. 흔히 '짝눈'이라고도 불리는 부동시는 좌우 눈의 굴절이 다른 상태를 뜻한다. 제보에 의하면, 초등학교 절친 이철우의 부친 이종찬의 뒷배가 작용했을지도 모른다고 한다.

1982년도에는 신입생들이 많이 들어왔다. 이른바 '똥파리' 학번. '82'를 소리 내어 읽으면 '파리'인 데다 82학번이 떼 지어 몰려다닌다고 해서 '똥파리'가 되었다고 한다. 서울대는 그해 넘쳐난 신입생들로 학교

시설이 부족할 정도였다. 조국, 나경원, 원희룡 등이 서울법대 82학번이다. 조국은 1963년생 동기들보다 나이가 두 살 어려(1965년생) 귀여운 동생 취급을 받았다고 한다. 그리고 그해 학력고사 수석은 원희룡이었다. 수석 입학이다 보니 뭘 하든 주목받았다고 한다.

당시 서울법대는 2학년 때 공법학과(헌법, 형법, 행정법 등)와 사법학과(민법, 상법 등)로 나뉘었는데, 사법시험을 준비하는 '고시파'가 선호하는 사법학과에 지망생이 몰렸다고 한다. 다만, 82학번 때는 공법학과가 인기를 끌었다고 한다. 수석으로 입학해 운동권이 된 원희룡이 공법학과를 선택하자 상위권 학생들이 많이 가세했고, 거기에 시국이 이런데 고시 공부나 하는 게 말이 되느냐는 분위기도 작용한 것으로 보인다.

'똥파리'들은 수가 많았다. 2년 전인 1980년 7월 30일, 신군부는 학교 수업만 들어도 대학 입학에 문제가 없게 하겠다면서 대학별 본고사를 폐지하고, 그 대신 입학정원을 졸업정원 대비 130%로 늘리는 졸업정원제를 실시했다. 이 7·30조치로 81학번부터 대학생 수가 크게 는 것인데, 서울법대의 경우 280명이던 정원이 360명으로 늘게 된다.

82학번이 '똥파리'로 불린 데는 81학번이 서울대에 입학할 때 초유의 정원 미달 사태가 벌어진 것도 영향을 미쳤다. 1981학년도 모집 정원이 6,530명이었는데 합격자 수는 5,292명에 불과했다. 28개 모집 단위 중 정원을 채운 곳은 6곳에 그쳤다고 한다. 사정이 이렇다 보니 82학번은 81학번에 비해 숫자가 확연히 많았다. 학과에 따라서는 두 배가량 많은 곳도 있었다고 한다. 2, 3학년을 합쳐도 1학년보다 적은 학과도 있었으니 '똥파리'처럼 우글거린다고 여길 법도 하다.

82학번이 입학했을 때 윤석열은 4학년이었다. 당시는 운동권 지도부가 지하서클(동아리) 중심으로 형성되어 있던 시기였다. 신군부의 학내 사찰이 극심하여 수업 시간에 사복경찰이 들어가고 학생회실 옆에 경찰 방이 따로 있었을 정도라고 한다. 이런 분위기에서 사법시험을 본다는 것은 군부가 장악한 국가 시스템에 순응하겠다는 뜻으로 받아들여지기 쉬웠다. 조국의 경우에는 소위 '육법당'이 싫어 사법시험을 보지 않았다고 하는데, '육법당'이란 전두환 정권 때 집권당이던 민주정의당에 법대 출신이 많음을 비꼬는 용어였다. 육사 출신 신군부를 법대 출신들이 보좌하는 꼴이 보기 싫다는 의미였다.

당시 윤석열은 4학년이고 조국은 1학년이었다. 두 사람이 서로 어울리거나 부딪치는 경우는 드물었을 것이라고 본다. 참고로 조국은 서울법대의 교지를 편찬하던 '피데스(Fides: 약속과 신뢰의 여신)'에서 주로 활동했다고 한다.

그리고 이 해 윤석열은 사법고시 1차시험에 합격한다. 서울법대 동기로 윤석열의 절친 중 한 명인 허창언(전 금융보안원장)이 한국은행에 입사를 했는데, 윤석열도 함께 원서를 넣어 둔 상태에서 1차시험에 합격했다고 한다. 하지만 2차시험에는 통과하지 못한 채로 졸업하고, 이후 서울대 인근 신림9동에 위치한 고시촌으로 들어가게 된다.

윤석열이 '찬경이 형', 즉 서울법대 복학생 김찬경이 가짜 법대생임을 알게 된 것은 그 무렵이라고 한다. 그해 졸업 앨범 제작에 참여했던 석동현(전 서울동부지검장)은 평소 친하게 지내던 김찬경이 보이지 않자 학적과에 문의하여 가짜 법대생이란 사실을 알게 된다. 이후 남기춘(전 서부지검장)과 윤석열이 몽둥이 들고 김찬경을 찾아 다녔다는 이야기가 전해진다. 경찰이 잠입시킨 프락치를 포함, 가짜 대학생이 학내에 판을 치던 시국이었다. 주운 학생증으로 서울대생을 사칭하던 사람도 있었다. 훗날 수천억 원대 부실대출 비리 혐의로 유죄판결을 받은 김찬경(전 미래저축은행 회장)도 그런 가짜 대학생이었다. 당시 언론에 보도되고 후에 소설로 각색되기도 한 '서울법대생 사칭 사건'이 바로 이 사건이었다.

중졸 학력인 김찬경은 복학생이라고 속이고 1981년부터 서울법대에서 수업을 들었고, 서클 및 MT에도 참가했으며, 중간고사와 기말고사는 물론 사법고시(물론 떨어짐)까지 봤다고 한다. 1984년에는 동기인 서울법대생이 소개해 준 모 병원장의 딸과 결혼도 했다는데, 서울법대 학장이 주례를 보았고 윤석열도 함진아비 역할을 했다는 이야기가 전해진다. 우스운 일은, 가짜 대학생임이 밝혀진 뒤로도 동기들의 결혼식에 참석했으며, 이후 서울법대 동문회에도 버젓이 참석했다는 점이다. 당시의 김찬경이 사회적으로 성공한 재력가였던 만큼 동문회 측에서도 그냥 용인한 듯 보인다.

김찬경은 미래저축은행을 인수하여 희대의 사기 행각을 저지른 범죄자다. 2012년 5월 13일 기준으로 빼돌린 돈만 2천5백억 원에 달하고, 부실경영으로 저축은행이 영업정지를 당하고 검찰 조사가 가까워지자 공금 2백억 원을 횡령하여 중국으로 밀항하려다 경찰에 체포되었다.

김찬경과 관련된 윤석열의 의혹은 2장에서 다시 다룬다.

고시생 시절

1983년(재수)

 1983년은 전두환 정권의 '유화정책'이 시작된 해였다. 그해 1월 26일 면학 의지에 따른 복교가 허용되었지만 많은 학생들은 광주민주화운동 진상 규명을 요구하며 시위를 이어 간다.

 당시 서울대 정문을 나온 학생들에게는 두 가지 선택권이 주어졌다고 한다. 서울대입구역 쪽으로 언덕길을 넘어갈 것이냐, 신림사거리 쪽으로 버스 두 정거장 거리를 걸어갈 것이냐. 전자를 선택하면 서울대입구역 근처 '레벤호프'라는 술집 말고는 아무것도 없던 시절이라서 학생들은 후자를 많이 선택했다고 한다. 서울대 정문에서 도림천을 따라 신림9동까지 가는 약 1.5킬로미터 거리의 길에는 아무것도 없었고, 삼성교 앞 신림9동 파출소에 이르러서야 지하에 '까페지오'라는 카페가 있는 건물이 나왔다고 한다. 건물 1층은 술집이었고, 2층은 당구장이었다고 한다.

윤석열은 그 당구장을 자주 이용했다고 한다. 내기 당구를 많이 쳤는데, 쓰리쿠션과 나인볼을 즐겨 쳤다고 한다. 지하 '까페지오'에서 커피를 마시며 DJ 박스에 돈 맥클린의 '빈센트'를 자주 신청하곤 했다고 한다. 1층 술집에서 친구들과 어울려 맥주를 마시면 한자리에서 3만cc까지 비웠다고 하니 보통 사람은 엄두도 못 낼 일이다. 한번은 만취해서 친구들에게 업혀 귀가한 적이 있는데, 부친 윤기중이 대노하여 고무호스로 볼기를 때렸다고 한다. 대학 시절 하도 술을 마시고 다녀 모친이 호적에서 빼 버린다는 엄포를 놓은 적도 있다는데, '제가 장남인데 파 볼 테면 파 보십시오'라고 응수했다는 이야기도 전해진다.

　당시 '까페지오' 건물은 상류층 학생들이 주로 찾던 곳이었다. 당시 신림9동 거리에는 가난한 학생들을 위한 값싼 선술집이 대부분이었고, 카페는 단 두 곳뿐이었다고 한다. '까페지오' 건물을 지나 조금 더 가면 유명한 '녹두거리'가 나온다. 거리를 거슬러 올라가다 보면 왼쪽으로 '광장서적'이 눈에 띈다. 서울대 사회학과 72학번 이해찬(전 민주당 대표)이 1978년에 연 서점이다. 처음에는 사회과학 서적을 주로 취급했지만 1980년대 중반부터는 고시 관련 서적이 주가 되었다고 한다. 유시민도 한때 이 서점에서 직원으로 일했고, 나중에는 이해찬의 보좌관이 된다. 고시 관련 서적을 취급했다니 윤석열과 유시민이 손님과 직원으로 마주친 적도 있을지 모르겠다.

　'일미집', '태백산맥', '청백골' 등은 운동권 출신들이 주로 모이는 선술집이었다. 특히 '녹두거리'의 기원이 된 '녹두집'이 유명한데, 학생들은 이 집에 가방을 맡겨 놓고 시위에 나갔다고 한다.

지방 출신 학생들이 많던 시대에 '녹두거리'는 가난한 대학생들의 휴식처이자 해방구였다. 집회와 시위가 있던 날이면 '녹두거리'의 주점들은 만원을 이루었다. 학생들은 그곳에 모여 사회 비판의 목소리를 높이고 변화와 혁명을 노래했다. 특히 금요일에는 2시 아크로폴리스 집회, 4시 교문 투쟁, 8시 주점 뒤풀이, 11시 자취방 토론이 코스처럼 진행되었다고 한다.

윤석열은 주점 뒤풀이에는 자주 모습을 나타냈다고 한다. 시위에 참석한 선후배들은 달가워하지 않았지만 그는 개의치 않았다고 한다.

1984년(3수)

전두환 정권의 '유화정책'에 맞춰 1984년 3월 서울대에서는 '학원자율화추진위원회'가 등장한다. 학원 자율화 또는 민주화를 추구하는 움직임은 다른 대학들로 번져 가는데, 운동권이 학도호국단을 장악해 학원 민주화에 활용하는 경우도 있었다고 한다.

학생들은 광주민주화운동 진상 규명 및 전두환 정권의 만행을 규탄하는 활동을 그전보다 더 큰 규모로 전개하게 된다. 특히 1984년 5월 17일에는 서울의 주요 대학들에서 동시 시위가 전개되는데, 이는 서대문로터리와 청계천5가 등지의 가두시위로 이어진다.

다음 날인 5월 18일에는 전국 22개 대학에서 광주민주화운동을 기리는 집회와 가두시위가 진행된다. 서울대의 경우 5천 명이 광주 영령에 대한 위령제를 지낸 뒤 파고다공원(현 탑골공원)에서 '민주의 날' 전야제를 열었다. 서울 동부지역 대학생들도 광주 학살 규탄 대회를 열고 경찰과 투석전을 벌였다.

2학기가 시작될 무렵에는 전두환의 일본 방문(1984년 9월 6~8일)을 규탄하는 시위가 열렸다. 같은 해 9월에 일어난 '서울대 프락치 사건'도 세간의 관심을 모았다. 학생들이 총학생회 인정 등을 요구하며 시험을 거부하자, 10월 24일 서울대 당국은 경찰의 진입을 요청하고, 경찰 6천여 명이 다시 서울대 교정에 진입하게 된다. 학생들은 크게 반발하며 시위로 맞섰지만, 그 와중에도 금수저들은 아랑곳하지 않았다. 그 대표적인 인물이 84학번 우병우(박근혜 정부 민정수석)였다. 우병우는 대학 3학년인 1987년 만 20세의 나이에 사법시험에 최연소 합격한다.

윤석열 또한 시국에 크게 아랑곳하지 않고 당구장과 만화방 혹은 술집을 드나들었다. 그는 모 방송 프로그램에 출연해 고시생 시절 만화방에 있었다고 실토하기도 했다. 윤석열에게 있어서 동료 학우들의 시위는 먼 나라 이야기였던 것이다.

1985년(4수)

서울대는 1985년에도 여전히 학내 시위로 조용할 날이 없었다. 청계피복노조 합법성 쟁취 문제가 부각되면서 학생들은 노동자들과 함께 거리에서 격렬한 투쟁을 전개했다. 이들의 연합 시위는 곳곳에서 계속되었다.

그런 서울대와 신림동 고시촌에서 윤석열은 20대의 대부분을 보낸다. 서울대 도서관 내 대학원 열람실에서 사법고시 공부를 하는 동료들과 함께 지냈는데, 가방만 놓고 낮에는 당구장 밤에는 선술집을 오가는 날이 많았다고 한다. 계속되는 낙방에 의기소침하던 중 부친으로부터 교수나 하란 이야기를 듣고 대학원에 가기로 마음먹은 것도 이 무렵이라고 한다.

1986년(5수 및 대학원 1학년)

윤석열은 서울법대 대학원에 입학한다.

훗날 한 언론과의 인터뷰에서, 사법고시 합격은 원래 큰 기대를 하지 않았고 본인의 꿈은 법학 교수였기에 대학원에 진학하고 유학도 갔다 오는 게 계획이었다고 한다. 하지만 실무 경험이 없이 강단에 선다면 법학도들이 무슨 생각을 할지 자문하게 되었고, 그래서 사법시험에 매달렸지만 쉽게 뜻을 이루지 못했다고 한다.

입학식(학사 4,882명, 석사 2,200명, 박사 638명)이 끝난 뒤 3백여 명의 학생들은 범국민 서명 대회와 시위를 벌였는데, 윤석열은 그 현장에 참석하지 않았다.

1987년(6수 및 대학원 2학년)

1987년 1월 14일, 서울대 언어학과 학생회장이던 박종철 열사가 남영동 대공분실에서 고문을 당하다 사망하는 사건이 벌어진다. 학생들은 '故민주투사 박종철 학우 추모제 및 살인 정권 타도를 위한 궐기대회'를 개최했으며 '4·13호헌조치 즉각 철회 및 민주적 개헌과 민중 생존권 보장'을 촉구하는 시국선언을 발표한다.

같은 해 6월 10일, 학생들은 개헌과 민주화를 요구하며 민주화 투쟁을 시작한다. 이 투쟁에는 신림동 고시촌 사람들도 다수 참여했는데, 빠지는 사람은 주변의 비난을 피하기 힘들었다고 한다. 제보에 따르면, 당시 윤석열은 연희동 집에 피신해 있었다고 한다. 학우들이 피 흘리며 투쟁하던 시기에도 방관자로 일관했음을 알 수 있다. 윤석열은 '군대에 안 갔으니 3년은 덤으로 벌었다'고 말하고 다녔다고도 한다.

1988년(7수 및 대학원 졸업)

윤석열은 대학원을 졸업한 뒤에도 신림동을 어슬렁거리면서 고시 공부를 계속한다. 때는 양김의 단일화 실패로 군사정권이 연장된 첫 해였다. 윤석열은 여전히 당구장과 만화방과 술집을 전전했고, 특히 선후배의 상갓집에 빠짐없이 찾아가 운구에 참여했다고 한다. 시위가 끝나고 뒤풀이를 할 때면 자주 나타나 어울렸다는데, '주당에다 달변가, 보학(譜學)에 능통하고 모르는 게 없다'는 게 당시 윤석열에 대한 동기들의 평이었다. 혹자는 윤석열이 88올림픽 구기 종목에 대해 해설가처럼 능란하게 말하는 것을 들었다고 한다. 술을 좋아하고 말을 잘하다 보니 주변에 사람들이 끊이지 않았던 것 같다.

1989년(8수)

윤석열도 어느덧 서른 살이 되었다. 하지만 여전히 서울대 도서관과 인근 독서실 등지에서 사법시험을 준비하는 후배들과 수다를 떠는 것을 좋아했다. 본인은 계속 떨어지면서도 남의 고시 준비를 도와주거나 그룹스터디의 장을 하며 무료 강사 노릇까지 했다는데, 이때 얻은 별명이 '신림9동의 신선'이라고 한다.

당시 윤석열이 두주불사의 한량으로 유명했다는 이야기는 신림동 고시촌에 전설로 남아 있다. 또한 책 10쪽을 읽고 한 권을 다 읽은 것처럼 장시간 얘기할 수 있다 하여 '윤구라'라고 불렸다고도 한다. 이런 능력은 보통의 인간관계에서는 매력으로 작용할 수도 있지만, 본인에게는 별다른 도움이 되지 못한 것 같다.

윤석열은 그해 사법고시 2차시험에 또 떨어진다.

1990년(9수)

윤석열의 고시생 생활도 9년째로 접어들었다. 노는 것을 좋아하고 사람들과 어울리는 것을 좋아하며 술을 좋아하는 윤석열에게 진중하게 공부를 해야 합격이 가능한 고시는 생리적으로 맞지 않았을지도 모른다. 공부를 하다가도 누군가가 부르면 쪼르르 달려가 술잔을 기울였으니 말이다.

윤석열에게는 이념이나 신념보다 자신과 연관된 사람들을 챙기는 게 더욱 중요했는지도 모르겠다. 어쨌거나 윤석열은 또 한 해를 그렇게 보냈다.

1991년(사법고시 2차 합격)

아홉 번째 사법고시 2차시험을 며칠 앞둔 윤석열에게 대구에 사는 친구가 함진아비를 부탁했다고 한다. 시험이 코앞이라 거절했지만, 정작 함이 들어가는 날에는 대구행 고속버스에 타고 있었다고 한다. 다행히 버스 안에서 본 형사소송법 문제가 2차시험에 나온 덕에 합격하게 되었다고 한다. 당시 대구에 가지 않았다면 합격할 수 있었을지 모르겠다고 모 언론과의 인터뷰에서 윤석열 본인이 밝힌 바 있다. 비슷한 맥락에서, 윤석열은 번 돈의 대부분을 후배들 밥과 술을 사 주는데 썼다고 한다.

이 대목에서 자기 사람을 끔찍이 아꼈다는 전두환을 떠올리지 않을 수 없는데, 그것은 대통령이 아니라 조직의 보스에게 요구되는 면모인 듯하다. 전두환은, 부하들에게는 영웅이었지만 국민에게는 독재자이자 학살자였다. 의리와 인정은 양날의 검이다. 사적인 관계에서는 중요한 덕목이 되지만, 공적 영역으로 확대되면 큰 위험을 불러올 수 있다.

어쨌거나 윤석열은 32세 나이에 사법고시(33회)에 합격함으로써 고시생 9수 생활을 마감했다. 그리고 사법연수원(23기)에 들어갔다.

Chapter 2

본인 윤석열

군대 면제 사유와 가짜 서울법대생 김찬경과의 인연

전술한 대로 윤석열은 연세대 법학전문대학원 교수인 이철우와 초등학교 절친이다. 그리고 이철우의 부친 이종찬은 전두환의 국보위에 참여하고 민주정의당에서 초대 사무총장을 지낸 신군부의 핵심 인물이다.

윤석열은 1980년과 1981년 두 차례 병역 검사를 연기했다가 1982년 8월 신체검사에서 부동시 판정으로 병역을 면제(전시근로역 처분)받는다. 흔히 '짝눈'이라고 불리는 부동시는 좌우 눈의 굴절이 다른 상태를 말한다. 당시 부동시 면제 기준은 좌우 눈의 시력 차이가 3.0디옵터 이상, 혹은 2.0디옵터 이상이면서 우측 눈의 시력이 특별히 나쁠 경우였다. 총의 가늠자를 보는 우측 눈의 시력이 중요하기 때문이다.

윤석열이 검찰총장후보자일 당시 부동시를 입증하기 위해 분당서울대병원에서 발급받은 진단서에 따르면, '2.5디옵터의 양안 부동시를 보인다'라고 했고, '우안 교정시력 0.5로 교정이 불가하며 좌안 교정

시력은 1.2로 우안 부동시성 약시 소견을 보인다'라고 했다. 그러면서 '굴절력은 연령에 따라 변화하므로 현재의 부동시 양은 과거 혹은 향후의 부동시 정도를 판단하는 기준으로 사용될 수 없다'고 덧붙였다.

현재의 나이를 감안하면 1982년 당시 군대 면제 사유에 해당하는 3.0디옵터 이상 차이가 아니라 2.0디옵터 차이에 불과한데, 이 정도로는 면제가 힘들다는 게 전문가들의 의견이다. 사람은 나이를 먹을수록 시력이 더 나빠지기 마련이라 두 차례나 연기한 끝에 부동시로 면제받은 것은 석연치 않다고 볼 수 있다. 참고로 윤석열은 대학 시절 당구 5백 점이었으며 법대 체육대회 때는 투수로 활동하기도 했다. 안경을 끼고 다니지 않았으며, 안경 없이 책을 읽는 모습으로 촬영된 사진이 돌아다닌다. 윤석열의 군 면제 판정에 당시 신군부 핵심 인물인 이종찬의 입김이 작용했을지도 모른다는 의혹이 제기되는 이유이기도 하다.

윤석열이 대학 시절 '찬경이 형'이라고 부르며 친하게 지냈던 김찬경은 수천억 원대 부실대출 비리 혐의로 유죄판결을 받은 전 미래저축은행 회장이다. 과거 언론을 떠들썩하게 만들었던 '서울법대생 사칭 사건'의 주인공이기도 하다.

중졸 학력인 김찬경은 1981년부터 법대 복학생을 사칭하며 수업을 듣고 서클 활동에도 참여했던 인물로 유명하다. 윤석열은 김찬경이 1984년 결혼할 당시 함진아비까지 했다는 후문이 있다. 또한 김찬경이 차명으로 소유한 충남 아산의 모 골프장에서 윤석열이 목격되었다는 제보도 있다.

다만, 김찬경은 〈열린공감TV〉 취재팀과의 통화에서 '(본인은) 윤석열과 친분이 없고 서울법대생을 사칭하던 시절에도 잘 모르는 사이'라고 말했다. 김찬경은 2007년 4월 이명박 전 대통령 부부와 함께 고려대박물관 문화예술최고위과정(APCA) 1기에 등록하기도 했다. 천신일 세중나모 회장을 비롯한 이명박의 측근들과도 친분을 유지했다고 한다. 가짜 서울법대생 행각이 들통난 뒤에도 김찬경은 서울법대 출신 판검사 '동문'들과 관계를 끊지 않았다고 알려진다.

부산저축은행 사건 당시 불법비자금 조성 등 비리 의혹을 받던 김찬경은 회사 공금 2백 억 원을 횡령하여 중국으로 밀항하려다 체포되었다. 당시 부산저축은행 수사팀에는 윤석열, 윤대진, 이남석 3인방이 포함되어 있었다. 이들은 윤대진의 친형 윤우진의 뇌물 사건에서도 부실수사 의혹을 받게 된다.

김찬경은 엄청난 사기 행각에도 불구하고 경찰에 체포되기 전까지 석연찮은 이유로 번번이 법망을 빠져나갔다고 한다.

삼부토건 유니버스

일명 '황 사장'으로 불리는 황하영은 동부전기산업 회장이다. 경북 청송 출신으로, 삼부토건 전 회장인 조남욱의 다이어리 2011년 10월 12일자 일정에 '청송(황 사장 부친상 빈소)'이라고 적혀 있는 인물이기도 하다. 〈오마이뉴스〉 취재에 의하면, 황하영은 태백기계공고 전기과를 나와 강원도 동해시에 동부전업사(1980년)를 차리며 전기공사 사업에 뛰어들었다고 한다. 동부전업사는 이후 동부전설(1992년), 동부전기산업(2009년)으로 성장했고, 황하영 본인은 현재 동해시 상공회의소 부회장을 맡고 있다.

황하영이 회사를 키울 수 있었던 데에는 쌍용양회와 삼부토건, 두 대기업의 영향력이 절대적이었다는 게 업계의 중론이다. 제보에 의하면, 쌍용그룹 김석원 회장과 삼부토건 조남욱 회장, 신안그룹 박순석 회장 그리고 황하영과 윤석열의 장모인 최은순, 심무정(무정 스님) 등은 같은 골프 모임의 회원이었다고 한다. 훗날 국민대를 소유한 쌍용그룹은 윤석열의 부인 김건희의 박사학위에 도움을 주었으며, 삼부토건은 최 씨 모녀 사업에 도움을 주었고, 신안그룹은 가짜 잔고증명서 등 모녀의 사기에 도움을 주었다고 제보자는 말한다.

2021년 6월 27일, 윤석열은 윤봉길기념관을 찾았다. 이틀 뒤 대선 출마를 선언할 장소를 사전에 답사하러 간 것이다. 이날 답사 현장에서는 천안함 모자를 쓴 윤석열 옆에 천암함 티셔츠에 흰색 반바지를 입은 청년이 수행하는 장면이 포착되었다. 그가 바로 황하영의 아들(이하 '황 씨')이다. 황 씨는 윤석열을 '삼촌'이라고 부르고, 윤석열 대선캠프에서 '대외 일정 수행'이라는 비공식적인 역할을 맡았다고 한다.

하지만 황 씨가 윤석열 대선캠프에 근무한다는 보도가 나간 직후 문고리 인사 논란이 일었고, 황 씨는 대선캠프에서 코바나컨텐츠로 옮겨 김건희를 보좌하는 것으로 알려진다. 황 씨는 평소 김건희를 '작은엄마'라고 부른다고 한다. 제보에 따르면, 윤석열은 삼척시에 있는 영은사라는 암자에서 고시 공부를 했는데 그때 황하영과 인연을 맺었을 것이라고 한다. 또 다른 제보에서는, 윤석열이 강릉지청에 근무할 때 황하영을 만나 호형호제하는 사이가 되었다고 한다.

황하영의 검찰 인맥으로는 윤석열 외에도 강릉지청 시절 윤석열의 상관이던 한상대(전 검찰총장), 윤석열의 사시 동기인 이중희(박근혜 정부 민정비서관) 등이 거론된다. 특히 경기지방경찰청장을 지낸 이철규(현 국민의힘 의원)와 상당히 친한 것으로 알려져 있다. 이철규는 현재 윤석열 선대위에서 중책을 맡고 있다.

황하영은 슬하에 쌍둥이 딸과 아들을 두었다. 쌍둥이 딸 중 한 명은 2021년 5월 1일 대검찰청 예식장에서 박모 검사와 결혼식을 올렸다. 결혼식 1주일 전 박모 검사와 친구들이 함을 메고 신부 집에 찾아갔을 때 김건희가 그 자리에 있었다고 하며, 결혼식에는 윤석열도 참석했다고 한다. 황하영과 윤석열의 관계가 어느 정도인지를 보여 주는 일화다.

동해시의 모 인사는 '황하영이 윤석열을 포함한 검찰권력을 활용해 상당한 재력을 축적했다는 이야기가 돈다'라며 '황하영은 윤석열의 스폰서(후원자)'라고 주장했다. 다른 제보자는, '윤석열이 양정철(전 민주연구원장)을 황하영에게 소개했고 이로 인해 황하영이 양정철의 스폰서가 되기도 했다'라고 말했다. 다만 이 제보의 사실 여부는 확인되지 않았다. 양정철과 윤석열의 만남에 대해서는 여러 소문이 나도는데 주모 기자가 소개하여 만났다는 설이 가장 유력하다.

윤석열이 고시 공부를 한 삼척 영은사에는 무정 스님으로 불리는 심무정이 있었다. 심무정은 유년 시절부터 절에서 공부했고(파계승의 아들이라는 설도 있다) 상당히 똑똑해서 '심 도사'라는 별명으로 불렸다고 한다.

심무정은 조남욱 전 삼부토건 회장과 친분이 깊은 것으로 알려진다. 관상을 통해 임원이나 비서 선발에 관여했다고 하며, 르네상스호텔 부지를 지정해 주었다는 이야기도 있다. 김건희가 언론 인터뷰에서 자신과 윤석열의 연을 맺어 줬다고 언급한 인물이 바로 심무정이다. 황하영이 '아버지'라고 부르며 오랫동안 극진히 모셔 온 무속인 '심희리'와 동일인이기도 하다. 일각에서는 황하영이 윤석열과 심무정의 가교 역할을 했다고 한다.

〈오마이뉴스〉 구영식 기자가 삼척 영은사에서 만난 정광 스님은, '(심무정은) 스님도 아니고 도사도 아니고 사주나 관상 등을 보는 역술인'이라며 '(심무정이) 탄허 스님의 수제자 행세를 하고 다녔는데 몇 번 왔다 갔다 했던 정도'라고 평가절하한 바 있다. 또 다른 제보자는, 심무정이 가죽 재킷을 입고 오토바이를 즐겨 탔다고 말했다.

앞에서 살펴본 바, 조남욱과 심무정과 황하영과 윤석열의 관계는 긴밀하게 얽혀 있다. 때문에 조남욱이 황하영·심무정과 골프를 치거나(2005년 2월 28일, 2010년 4월 4일), 황하영·윤석열과 골프를 치거나(2006년 10월 5일), 황하영·최은순과 골프를 치거나(2012년 5월 20일), 황하영·윤석열과 만찬을 함께한(2011년 8월 13일, 이상은 조남욱 다이어리에 기재된 내용) 일 등이 가능했던 것이다.

타임라인을 따라 유추해 보면, 윤석열은 삼척 영은사에서 고시 공부를 하던 중 심무정을 만난 것으로 보인다. 이후 심무정과 가까이 지내던 황하영으로 관계를 넓혔으며, 황하영이 조남욱, 김석원 등 재계 인사에게 윤석열과 심무정을 소개한 것으로 보인다.

윤석열은 이때부터 조남욱의 삼부토건이 '관리'하는 검사 명단에 오르게 된다. 조남욱은 주로 충청도-서울법대 출신 검사들을 '관리'했다고 알려진다. 본인이 충남 공주-서울법대 출신이기 때문으로 보인다. 삼부토건 관계자의 제보에 의하면, 조 회장이 '관리'한 검찰 측 인사 명단은 다음과 같다.

김경한(법무부장관)

명노승(법무부차관)

정상명(검찰총장)

김각영(검찰총장)

김진환(법무부 감찰국장)

최환(법무부 검찰국장)

최교일(법무부 검찰국장)

이종백(법무부 검찰국장)

이건개(대검 공안부장)

유창종(대검 중수부장)

안강민(대검 중수부장)

서영제(서울중앙지검장)

남기춘(서울남부지검장)

정진규(인천지검장)

양재택(서울남부지검 차장)

윤석열(검찰연구관) 등

이들 전·현직 검사 대부분이 충청도-서울법대 출신이다. 그중 김각영, 이건개, 안강민, 최교일, 정진규, 양재택은 삼부토건 및 그 자회사의 법률고문으로 활동하기도 했다. 이처럼 삼부토건의 유니버스에는 검찰권력에 깊이 유착되어 있었다.

'진짜 검찰'로 각성하게 된 계기

　1994년 대구지방검찰청에서 첫 검사 생활을 시작한 윤석열은 1996년 춘천지검 강릉지청, 1997년 수원지검 성남지청, 1999년 서울지검을 거쳐 2001년 부산지검에서 근무하게 된다.

　부산지검 근무 시절, 윤석열은 선배 검사가 제대로 수사하지 않고 은폐한 사건을 바로잡기는커녕 사건의 피해자를 오히려 명예훼손으로 기소하여 실형을 살게 한다. 이 사건의 제보자는 최근 윤석열을 직권남용 혐의로 고위공직자범죄수사처(이하 공수처)에 고발했고, 현재 경찰로 이첩되어 수사가 진행 중이다. 제보자는 윤석열 외에도 정병하 전 대검찰청 감찰본부장과 경남도청 전·현직 공무원 등 7명을 권리행사방해 혐의로 고발했다. 제보자는 당시 경남도청 7급 공무원 공채시험에서 시험관들의 성적 조작으로 인해 자신이 불합격했다고 주장하며 이를 인터넷에 유포해 경남도청 공무원들로부터 명예훼손 혐의로 고발당했던 인물이다. 검찰 조사 과정에서 그는 성적 조작의 근거로 자신의 답안지에 기재된 감독관의 서명이 위조되었다고 일관되게 주장했으며, 그와 관련된 녹취록과 진술서를 제시했다고 한다. 그럼에도 당시 수사검사인 윤석열이 증거들을 무시한 채 성적 조작을 허위사실로 판단, 오히려 자신을 기소했다고 한다.

사건 개요는 1997년 9월 7일 시행된 경남도청 7급 공채시험에서 김혁규 경남도지사가 채용 청탁을 받고 경남도청 인사과 직원 5명에게 성적 조작을 지시하여, 해당 직원들이 당시 수험생이자 제보자의 성적을 조작, 불합격 처분했다는 것이다. 사건을 처음 담당한 강동원 검사는 '참 희한한 사건을 맡았다', '내가 시험 감독 한번 해야겠다'고 말했다고 한다. 그런데 1998년 3월 담당검사가 정병하 검사로 급작스럽게 변경되었고, 정병하 검사는 같은 해 4월 '검찰은 문제지 열람 권한이 없다'는 이유로 사건을 불기소 처분한다.

제보자는 당시 검찰이 왜 사건을 불기소 처분했는지 이해할 수 없었다고 한다. 그래서 사건을 널리 알릴 생각으로 인터넷에 게재했고, 그 일로 인해 담당 공무원들로부터 명예훼손 혐의로 고소를 당하게 되었다고 한다. 그래서 2001년 부산지검에서 조사를 받게 되었는데, 당시 수사검사가 바로 윤석열이었던 것이다.

제보자는 윤석열에게 감독관 서모씨 녹취록 2회, 감독관 이모씨 녹취록 1회, 서모씨의 창원지검 진술 조서 등을 제출하고 진실을 밝혀 달라고 호소했지만 받아들여지지 않았다고 한다. 윤석열은 증거를 무시하고 수사를 중단하는 것으로 사건을 덮었고, 오히려 제보자를 명예훼손으로 기소했다. 이로 인해 제보자는 징역 6개월 실형을 살아야 했다.

삼성 비자금 수사팀

    2007년은 삼성그룹에게 절체절명의 시기였다. 당시 그룹 차원의 모든 자원을 총동원해 검찰 인맥을 만들었는데, 신입사원 면접 서류의 가족관계란까지 살펴볼 정도였다고 한다. 그 이유는 경영권 승계를 위한 비자금 조성 때문이었다.

    삼성의 경영권 승계 작업의 출발점은 1990년대 중반부터로 보고 있다. 당시 삼성 이재용 부회장은 부친인 이건희 회장으로부터 증여받은 자금으로 계열사 주식을 싸게 사들여 승계를 준비한다. 여기서 핵심은 에버랜드의 전환사채와 삼성SDS의 신주인수권부사채를 헐값에 받은 것이다. 이와 관련, 참여연대는 1999년 이건희를 배임 혐의로 수차례 고발했지만 검찰은 끝내 기소를 거부했다. 2000년에는 법학 교수들도 고발 행렬에 동참했지만 검찰은 월급쟁이 사장들만 기소하는 선에서 그쳤다.

    2007년 만들어진 삼성그룹 비자금 및 로비 의혹 사건 수사팀에는 박한철, 김수남, 이원석, 윤석열, 이경훈, 이주형, 윤대진, 이원곤, 박찬호, 조재빈 등의 검사들이 포진해 있었다. 삼성은 이들 수사팀과 특수통 검사들 그리고 법원 판사 등을 가리지 않고 전방위적인 로비를 했다고 알려진다. 삼성 특검은 여론이 악화된 2008년에야 이건희를 기소한다. 하지만 이때는 삼성이 이미 검찰과 법원에 손을 쓴 뒤라서 일종의 '쇼잉(보여주기)'이라는 비난이 따랐다. 당시 삼성에서는 특검 소속 검사인 윤석열에게 영향을 행사하기 위해 한 여성을 주목한 것으로 보이는데, 그 여성이 바로 김명신(김건희)이다.

삼성은 이미 SBS 아나운서 출신 김범수 등을 통해 김명신과 연결되어 있었다고 한다. 김범수는 영화배우 이영애의 남편인 정호영 한국레이컴 회장을 통해(김범수와 정호영은 의형제를 맺을 정도로 친분이 두텁다고 한다) 삼성 인맥 쌓기를 시도했다는 제보가 있다. 당시 삼성은 윤석열과 김명신의 관계가 잘되기를 바랐고, 그것을 위해 김명신을 지원한 것으로 보인다.

2008년 3월, 그동안 김명신과 동거를 한 것으로 알려진 양재택 차장검사가 검찰을 그만두는 일이 벌어진다. 두 사람이 헤어진 것도 그 무렵이라고 하는데, 김명신은 자신과 모친의 법적 문제(정대택 씨 소송 건 등)에 차질이 생길 것을 우려했다고 한다. 당시는 김명신이 코바나컨텐츠를 본격적으로 시작할 때였다. 김명신이 SBS 아나운서 출신 김범수를 부사장으로 승진시키고 각 대학의 최고경영자과정을 밟으며 정재계 인맥을 넓혀 가던 시기이기도 하다.

김명신은 양재택과 헤어진 지 얼마 지나지 않은 2008년 4월경부터 윤석열(당시 논산지청장)과 가까이 지냈다는데, 윤석열이 서울에 올라올 때면 김명신이 거주하는 아크로비스타에서 머물렀다고 한다.

2007년부터 삼성 비자금 특검팀의 일원이 된 윤석열은 2008년에는 아예 서울로 올라와 있어야 했기에 김명신에게는 이 상황이 매우 불편했을 수도 있다. 이로 인해 김범수와 지낼 다른 거처를 알아봤다는 제보도 있는데, 관련된 이야기는 3장에서 다룬다.

삼성그룹 회장 이건희의 부인인 홍라희에게 2008년은 매우 절박한 시기였다. 삼성리움미술관과 호암미술관의 관장이었던 홍라희는 '대한민국 미술계 영향력 1위'라는 별칭이 따라 다닐 만큼 미술전시업계에 큰 영향력을 행사하는 인물이다. 그런데 삼성 비자금 사건이 터진 것이니, 홍라희 역시 두 손 놓고 있을 수 없는 처지였을 것으로 보인다. 홍라희는 2008년 6월 미술관 관장에서 물러나며 삼성의 자원을 총동원해 특검팀 주변 인맥을 살폈다고 한다. 그러던 중 윤석열을 주목하게 되었고, 김명신의 존재에 대해서도 알게 되었을 것으로 보인다.

삼성과 김건희의 가교 역할은 김범수 또는 정호영이 했을 것으로 보인다. 서울대 경영학과 88학번으로서 서울대 동문인 홍라희와 인연이 있는 김범수가 김명신에게 서울대 인맥의 필요성을 피력했고, 이를 계기로 김명신이 2010~2011년 서울대 최고경영자과정(2기)을 다니게 되었다는 제보도 있다. 이후 김명신은 홍라희와 여러 차례 만남을 가졌고, 여러 건의 전시 사업을 성공적으로 이끌게 된다. 이름이 거의 알려지지 않은 인물이 대규모 전시 사업을 치르기 위해서는 거물급 후원자의 도움이 필수라는 것이 그 업계의 정설이다. 모 제보자는, 당시 홍라희와 만나는 자리에 이건희도 동석했을 것이라고 했다. 다만 그 부분은 확인할 수 없었다.

김명신은 2008년 10월 이건희와 동명인 김'건희'로 개명한다.

신정아 게이트

2007년은 이른바 '신정아 게이트'가 일어난 해이기도 하다. 십여 년이 지난 오늘날 다시 그 사건이 조명받는 이유는 사건의 중심에 있는 신정아와 윤석열의 부인인 김건희 사이의 유사성 때문일 것이다. 도플갱어를 연상케 하는 그녀들의 유사성을 따라가 보기로 하자.

1972년생으로 김건희와 동갑인 신정아는 2007년 학력위조 및 횡령 혐의로 기소되어 실형을 선고받은 바 있다.

성곡미술관 큐레이터와 동국대 조교수를 겸임하던 신정아는 광주비엔날레 공동 예술감독으로 내정되는 등 '미술계의 신데렐라'로 불리는 인물이었다. 신정아는 미국 캔자스대 3학년 중퇴가 전부임에도 '캔자스대를 졸업하고 예일대 박사 과정에 입학했다'고 학력을 위조함으로써 대학 강사에 임용되었다. 또한 미술 전시 관련 경력을 부풀린 의혹과 기업들로부터 대가성 후원을 받은 혐의도 받았다. 김건희도 학력위조 의혹과 코바나컨텐츠 전시의 후원 의혹을 받고 있다.

신정아는 변양균 전 청와대 정책실장과 부적절한 관계를 맺기도 했다. 김건희도 양재택 전 검사, 김범수 전 아나운서 등과 부적절한 관계였다는 의혹을 받고 있다. 신정아는 자신이 쓴 책을 통해, 정운찬 전 국무총리가 서울대 총장으로 재직하던 시절 서울대 미술대학 교수와 서울대미술관 관장 자리를 제안했다고 밝혔다. 이 과정에서 정운찬이 자신에게 사적인 만남을 강요했고, 나아가 연인 관계를 요구한 정황을 폭로하기도 했다. 정운찬은 〈열린공감TV〉에서 보도한 김건희의 주요 인맥 중 한 명으로, 김건희와도 뮤지컬 관람 등 사적인 만남을 가졌음을 시인한 바 있다.

여기서 아이러니한 점은, 당시 '신정아 게이트'를 수사한 검사가 김건희의 남편인 윤석열이라는 사실이다. 윤석열은 대검찰청 중수1과장 시절 '신정아 게이트'를 수사지휘했다.

'신정아 게이트'에 얽힌 의혹은 단순히 한 개인의 학력위조에서 끝나지 않았다.

신정아가 큐레이터로 근무한 성곡미술관의 관장은 김석원 쌍용그룹 전 회장의 부인인 박문순이었다. '신정아 게이트'를 수사 중인 검찰은 신정아의 기업 후원금과 조각품 매매금 횡령 혐의와 관련, 박문순의 자택을 압수수색하는 과정에서 수표와 현금 등 50억 원이 넘는 괴자금을 발견하게 된다. 김석원은 2004년 공금 310여억 원 횡령 및 배임 혐의로 구속기소되어 징역 3년 집행유예 4년을 선고받은 인물이다. 박문순의 자택에서 나온 괴자금이 쌍용그룹 비자금과 관련되어 있으리라는 추측은 매우 합리적이었다.

이 대목에서, 당시 윤석열이 지휘하는 수사팀이 김석원-박문순에게 허위진술을 유도했다는 의혹이 불거진다. 김석원-박문순은 검찰 조사에서 '(다른) 사건의 집행유예 판결에 감사하는 뜻에서 변양균에게 3억 원을 주었다'고 진술했다. 검찰은 이 진술을 근거로 변양균에게 알선수재 혐의를 추가 적용하여 구속기소했고, 김석원은 불구속기소했다. (변양균의 알선수재 혐의에 대해 이후 법원은 1심부터 대법원까지 모두 무죄를 선고했다) 즉 검찰이 '신정아 게이트'가 '쌍용그룹 비자금 게이트'로 번지는 것을 막기 위해 노무현 정권 인사인 변양균을 끼워 넣도록 유도했다는 것이 이 의혹의 본질이다.

당시 윤석열 수사팀은 왜 그런 일을 벌였을까? 앞에서도 언급한 대로 윤석열은 쌍용그룹의 김석원을 포함, 조남욱(삼부토건), 박순석(신안그룹), 황하영(동부전기산업) 등의 재계 인사들과 인맥을 쌓았다. 그들이 자원을 투자하여 검찰을 '관리'하려는 이유가 무엇일지를 생각하면 답을 얻을 수 있으리라고 본다.

참고로 김건희의 'member yuji' 박사 논문으로 구설수에 오른 국민대의 이사장 김지용은 김석원 쌍용그룹 전 회장의 아들이다. 이에 관련된 내용은 3장에서 다시 다루기로 한다.

신정아와 김건희의 기묘한 유사성, 혹은 연관성을 하나 더 소개하면, 현재 김건희는 서초동 아크로비스타에 살고 있다. 아크로비스타는 과거 삼풍백화점이 붕괴된 자리에 세운 고급 주상복합건물이다.

신정아는 당시 삼풍백화점 붕괴 현장에서 살아 나온 생존자 중 한 명이다.

논산 백제병원 리베이트 사건

2007년 4월, 경남 김해 한양약품의 고의 부도 사건을 수사하던 울산지검은 한양약품 대표의 CD 한 장을 발견하게 된다. CD 속에는 한양약품이 충남 논산에 있는 백제병원에 51차례에 걸쳐 19억 4천8백만 원의 리베이트를 제공했다는 내용이 기록되어 있었다.

당시 리베이트 의혹으로 이미 네 차례나 고발되었지만 모두 무혐의로 빠져나왔던 백제병원에게는 불행한 소식이었다. 울산지검은 논산지청이 네 차례 놓친 백제병원 대표이사 이모씨를 긴급체포해 울산구치소에 수감한다. 하지만 울산지검은 사건을 곧바로 관할 검찰청인 논산지청에 넘겨 버렸고, 논산지청은 그해 10월 대표이사 이모씨 등 3명을 불구속기소한다. 구속영장을 청구했지만 구속적부심에서 풀려났기 때문이다.

재판은 해를 넘겨 2008년까지 계속된다. 결심공판에서 검찰은 병원 대표이사 이모씨에게 징역 2년, 그 동생인 병원 관리이사 이모씨에게는 징역6개월을 구형하지만 재판부는 증거 부족을 이유로 이들 모두에게 무죄를 선고한다. 검찰이 계좌 추적 결과 등의 증거를 재판부에 제출하지 않았기 때문이다. 그리고 검찰은 이 사건에 대한 항소를 포기한다. 형사사건 1심에서 징역형을 구형한 검찰이 무죄선고가 나왔는데도 항소하지 않는 것은 극히 이례적인 일이다. 그 이례적인 일을 한 당시 논산지청의 지청장이 바로 윤석열(2008년 3월부터)이었다.

백제병원의 리베이트 수수 의혹은 울산지검이 수사에 나서기 전부터 네 차례나 고발된 바 있었다. 하지만 고발을 접수한 논산지청에서는 어떤 이유에서인지 매번 무혐의로 종결 처리했다. 그렇게 묻힐 뻔한 비리가 울산지검의 수사로 다시 한번 수면 위로 올라온 것인데, 논산지청의 허술한 대응으로 인해 또다시 수포가 된 것이다. 울산지검이 기소한 한양약품 고의 부도 사건은 울산지법에서 유죄가 선고되었다.

앞서 울산지검에서 찾아낸 CD(리베이트 내역이 기록된)는 재판에 결정적인 영향을 미칠 증거였다. 총 12번의 공판 중 3차 공판에서 판사는 검찰 측에 '백제병원의 횡령 및 착복 혐의에 대한 증명 책임은 검찰에 있다'면서 '검찰이 리베이트 금액에 대한 계좌 추적 영장을 청구하라'고 요구한 바 있다. 검찰의 증거가 미진하다는 지적이나 다름없다. 그런데 4차 공판에서 재판장이 갑자기 바뀌었고, 검찰은 전임 판사의 지적을 뭉개 버린다.

결국 8월 22일 공판에서 재판부는 '백제병원이 리베이트로 받은 금액을 병원의 경영 목적이 아닌 개인 목적으로 유용했다는 증거가 없다'며 무죄를 선고했다. 19억여 원의 리베이트는 사실이지만 이것이 개인 목적이 아닐 수 있다는 이상한 논리였다. 그러면서 재판부는 '범죄 사실에 대한 증거 책임은 검사에게 있다'는 점을 다시 한번 강조했다. 공판이 여러 차례 연기된 것도 석연치 않은 점 중 하나이다. 2008년 5월 2일 6차 공판에서 검찰의 구형이 내려졌는데, 이후 공판이 다섯 차례 연기되었고 12차 공판이 되어서야 선고가 진행되어 무죄가 선고된 것이다.

가장 이상한 점은 검찰이 항소를 하지 않은 것이다. 검찰은 징역 6개월~2년, 추징금 19억 4천8백만 원을 구형했는데, 재판부는 집행유예조차 내리지 않았다. 형사사건에서 구형량에 미치지 못하는 판결이 나오면 상급법원에 항소하는 것이 관행임에도, 논산지청은 항소를 포기했다. 백제병원 리베이트에 대해 이전부터 네 차례 논산지청에 고발했다가 모두 무혐의로 종결 처리당한 현모씨(백제병원 전 관리부장으로 내부고발자)는 당시 윤석열 지청장에게 '낮은 형량 판결 시 항소해 주시길 간청드린다'는 탄원서를 제출했지만, 결국 받아들여지지 않았다.

정치경제 관련 사이트 〈아주로앤피〉에 의하면, 현모씨는 윤석열의 뇌물수수 의혹을 제기했다고 한다. 현모씨는 2019년 4월 윤석열을 특정범죄가중처벌 등에 관한 법률 위반(뇌물수수) 혐의로, 백제병원 경영진에 대해서는 뇌물공여 혐의로 각각 고발했다. 검찰은 이를 무혐의 처분했고, 항소도 기각했다. 현모씨는 2020년 재항고했다.

현모씨는 '백제병원이 2008년 7월 논산의 모 은행에 담보를 제공하고 13억 원을 대출받은 사실이 있다'면서 '이 자금의 사용처를 추적해야 한다'고 말했다. 그는 '매년 당기순이익이 흑자인 백제병원이 병원 운영을 위해 대출을 받았다는 것은 말이 되지 않는다'고도 말했다. 그러면서 '2008년 5월 2일 검찰의 구형과 (잇따른 공판 연기 이후 진행된) 8월 22일 선고 사이에 백제병원이 13억 원의 대출금을 이용해 논산 지역 기관장들에게 로비를 했을 가능성이 있다'고 주장하며, '백제병원의 뇌물 의혹이 윤석열에 대한 주요 검증 대상이 되어야 한다'고 강조했다.

현모씨의 이전 고발은 2003년 11월부터 2007년 1월까지 네 차례에 걸쳐 이루어졌다. 이 고발 건들과 관련하여, 윤석열 논산지청장의 전임자인 최윤수는 국정원 차장을 지내는 등 박근혜 정부에서 승승장구했으며, 그 이전 지청장인 유상범은 현 국민의힘 의원이다.

정치검사의 길

BBK 특검

 윤석열은 2008년 1월 이명박 대통령당선인의 도곡동 땅과 다스 및 BBK 실소유 의혹과 관련, 이른바 'BBK 특검'의 일원이 된다. BBK 특검에는 판사 출신 정호영 특별검사 지휘하에 조재빈, 윤석열, 유상범, 신봉수 등 열 명의 검사들이 파견되었다. 정호영 특검팀은 다스에서 130억~150억 원의 비자금이 조성된 사실을 확인하고도 이를 제대로 수사하지 않았다는 의혹을 받는다.

 당시 수사에 참여한 복수의 관계자들은 '2008년 초 특검 수사에서 다스에 대한 광범위한 계좌 추적이 이루어졌고 그 결과 2003~2008년까지 5년 동안 130억~150억 원의 부외자금(비자금)이 조성된 사실을 확인하고도 수사하지 않았다'고 밝혔다. 이들은 '당시 이 부외자금을 관리하던 다스 경리부서 간부가 3억 원을 빼내어 아파트를 구입하는 데 사용한 사실도 확인했으며 그 사람을 불러 조사하기도 했다'고 덧붙였다.

그러나 정호영 특검팀은 2008년 2월 수사 결과를 발표하면서 다스에서 비자금이 조성된 사실을 공개하지 않았고, 비자금 조성 책임자를 찾아내 기소하지도 않았다. 수사 과정에서 다 밝혀내지 못한 부분을 검찰이 계속해서 수사하도록 요청해야 하지만, 다스 비자금과 관련해서는 이런 조처도 하지 않았다.

백억 원대 규모의 비자금 조성은 당연히 횡령과 탈세로 처벌받을 수 있는 사안이다. 당시 특검팀이 제대로 수사를 했다면 대한민국에 이명박이라는 희대의 사기꾼 대통령은 탄생하지 않았을지도 모른다. 당시 특검팀은 이전 검찰의 부실수사와 다를 바 없는 결론을 내리며 이명박에게 면죄부를 주었다. 이명박에 대한 조사는 단 한 차례, 특검팀 수장인 정호영과 이병박이 한정식집에서 꼬리곰탕을 먹는 방식으로 2시간 만에 마쳤고, 이로 인해 정호용은 '꼬리곰탕 특검'이라는 별명을 얻기도 했다.

특검의 봐주기 수사로 이명박의 도곡동 땅과 다스, BBK를 둘러싼 의혹은 그대로 묻혔고, 특검팀에 참여했던 검사들은 이후 검찰 요직을 차지하며 승승장구했다. 그러나 정치검찰의 이 같은 그릇된 행태는 이명박이 대통령 자리에서 물러난 뒤 재수사를 통해 드러나게 된다. 2018년 3월, 검찰은 '다스는 이명박의 것'이라고 밝혔다. 결국 다스 349억 원 횡령과 삼성전자의 미국 소송비 119억 원 대납 등이 사실로 밝혀짐으로써 이명박은 징역 17년이 확정되었고, 현재도 수감 중이다.

2008년 이명박 대통령당선인에게 무혐의 결론을 내린 특검팀에는 윤석열이 소속해 있었고, 앞서 논산 백제병원 리베이트 사건에서도 언급된 유상범(현 국민의힘 의원)도 포함되어 있었다.

C&그룹 사건

BBK 특검 이듬해인 2009년, 윤석열은 대검찰청 범죄정보2담당관으로 발령받는다. 당시는 이명박 정권 초기인데, 본연의 업무인 범죄정보뿐만 아니라 정치인, 기업인 및 언론인 관련 정보를 대거 수집하여 검찰총장을 통해 청와대에까지 보고한 것으로 전해진다. 당시 대검 범죄정보과는 1과와 2과로 운영되었다. 각 담당관 산하에 8명의 수사관을 두었고, 50여 명의 요원들이 활동했다고 한다. 윤석열에게 '최고의 특수통'이라는 수식어가 붙게 된 것도 이 무렵이며, 당시 두 개의 범죄정보과를 지휘하던 범죄정보기획관은 박근혜 정부에서 민정수석을 지낸 우병우였다.

소위 '범정'으로 불리는 범죄정보기획관은 검찰 조직 개편 이후 수사정보정책관으로 바뀌었으며, 참고로 윤석열의 '고발 사주' 의혹의 핵심에 있는 손준성(현 대구고검 인권보호관)이 바로 그 직책이었다.

BBK 특검 이후 정치검찰로서 본격적인 행보에 나선 윤석열은 범죄정보2담당관 이후 소위 특수통 검사의 본거지라고 할 수 있는 대검찰청 중수부에 입성, 중수2과장과 중수1과장 자리에 연달아 오른다.

윤석열이 받는 의혹 가운데 하나인 'C&그룹 사건'은 그가 중수2과장이던 시절에 벌어졌다. 당시 대검 중수부는 C&그룹의 임병석 회장에게 256억 원 횡령, 1612억 원 배임, 1조 543억 원 사기대출 등의 혐의로 22년 6월을 구형했다. 경제사범으로는 이례적으로 높은 구형이라고 할 수 있다.

이후 1심에서 횡령과 배임 및 분식회계와 대출 사기 등으로 징역 10년이, 2심에서 징역 7년이 선고되었지만, 2년 뒤인 2012년 6월 대법원에서는 상고심을 파기하고 사건을 서울고등법원으로 돌려보낸다. 이유는 해당 사건을 검찰의 기획수사, 표적수사로 판단했기 때문이다. 당시 수사 책임자가 중수2과장인 윤석열이었다.

대검 중수부는 2010년 10월 임병석 회장을 구속할 때만 해도 정관계 로비 의혹에 수사력을 집중했다. 하지만 광범위한 계좌 추적에도 불구하고 비자금과 관련된 차명계좌는 발견되지 않았고, 임병석 회장을 비롯한 임직원 14명을 횡령 및 배임 등의 혐의로 기소하는 데 그쳤던 것이다. 당시 임병석 회장은 'C&그룹 수사는 당시 국회의원인 박지원, 정두언, 이성헌 등을 겨냥한 기획수사이자 표적수사'라고 주장했고, 정두언(당시 새누리당 의원)도 '나와 이성헌 의원을 겨냥한 것이어서 임 회장이 억울할 것'이라고 밝힌 바 있다. 임병석 회장은 수사를 받을 당시 '1억 원의 비자금이라도 발견되면 검찰이 주장하는 모든 혐의를 인정하겠다'라고 말할 정도로 정관계 로비에 관한 한 결백을 강하게 주장했던 것으로 알려진다.

부산저축은행 비리 사건

2011년에는 현재까지도 여진이 이어지고 있는 '부산저축은행 비리 사건'이 터진다. 윤석열은 부산저축은행 비리 사건의 주임검사로 2012

년 대법원 판결문에 나오는 기소검사 명단 맨 앞줄에 자신의 이름을 올려놓는다.

당시 부산저축은행은 심각한 경영 문제를 가지고 있었음에도 임원들 주도하에 120여 개의 특수목적법인을 설립, 4조5천억 원이 넘는 부실대출을 해 준다. 또한 이 특수목적법인의 대표에 저축은행 임원들의 친인척을 바지사장으로 앉혀 대량으로 월급을 타먹기도 한다.

2011년 초 부산저축은행 검찰 수사팀의 주축은 윤석열, 윤대진, 이남석 3인방이다. 당시 검찰은 확실한 물증을 찾으려 노력하기보다는 저축은행 경영진의 진술에만 의존한 수사를 했다는 지적을 받았다. 그 결과 회장 박연호 등 경영진과 전 금융감독원장 등이 실형을 받는 성과도 있었지만, 검찰권력과 유착되었다는 의심을 받는 일부 인사들은 법망을 교묘히 빠져나오게 된다. 당시 신안그룹(회장 박순석)의 계열사인 신안저축은행도 재판에 넘겨졌으나 법인만 넘겨지고 박순석과 그의 아들 박상훈은 기소조차 되지 않았다. 신안저축은행 사주들이 저축은행 비리 수사선상에서 사실상 실종되는 기현상이 발생한 것이다.

여기서 주목할 점은, 수사 결과 발표 1주일 전인 2013년 3월 14일 신안저축은행이 윤석열의 장모 최은순에게 22억 원을 대출해 주었다는 것이다. 수사 결과 발표 직후인 2013년 4월 1일에는 신안그룹 특수팀에서 근무하던 김x성이 최은순에게 거액의 위조 잔고증명서를 발행해 주기도 한다. (이 김x성이라는 인물에 대해서는 나중에 다시 다루기로 한다)

최근 나라를 소란스럽게 만드는 '대장동 사건'도 이 '부산저축은행 비리 사건'에서 시작되었다고 볼 수 있다. 이 부분에 대해서는 조금 더 자세히 살펴볼 필요가 있다.

'대장동 사건'의 핵심이라고 할 수 있는 '화천대유'에 1조 원대로 추정되는 엄청난 수익을 안긴 출발지는 '씨세븐'이라는 부동산개발 시행사였다. 대장동(경기도 성남시) 개발 사업은 본래 LH(대한토지주택공사) 주도의 공영개발로 추진 중이었다. 하지만 당시 여당인 한나라당(현 국민의힘)이 주축이 된 성남시시의회의 반대로 번번이 무산되다가, 결국 씨세븐 주도의 민간개발로 넘어가게 된다. 민간개발을 주도하기 위해서는 사업부지 내 토지를 매입하는 지주 작업이 선행되어야 한다. 씨세븐은 이를 위한 자금으로 부산저축은행이 주도하는 11개 저축은행으로부터 2009~2010년 다섯 차례에 걸쳐 총 1805억 원을 대출받는다(부산저축은행에서만 1155억 원).

문제는 씨세븐이 부산저축은행 등으로부터 막대한 자금을 대출받는 과정에서 불법적인 알선행위가 개입되었다는 점이다. 부산저축은행 회장 박연호의 인척 중에는 타운하우스 사업을 하는 조우형이라는 인물이 있었다. 씨세븐과 관련된 회계사 정영학(대장동 사업 전체의 밑그림을 그린 자로 추정된다)이 조우형을 씨세븐 대표 이강길에게 소개하고, 씨세븐이 조우형을 통해 대출을 받는 과정에서 10억 3천만 원의 알선 수수료가 오간 사실이 밝혀진 것이다.

당시 부산저축은행은 부실대출로 인해 경영 악화에 빠져 있었다. 결국 부산저축은행과 계열사인 대전저축은행은 2011년 2월 17일에, 또 다른 계열사인 부산2저축은행과 중앙부산저축은행과 전주저축은행은 2월 19일에 금융위원회로부터 영업정지 처분을 받게 된다. 부산저축은행은 2011년 9월 대신증권에 인수된다.

대검 중수부의 수사는 부산저축은행 영업정지 직후인 2011년 3월부터 시작되었다. 동원된 수사 인력만 133명에 이르고, 피조사자는 연인원 3,387명, 기소자는 연인원 117명으로 단일 금융 비리 사건으로는 최대 규모였다고 한다. 당시 대검 중수부는 '불법대출 등 금융 비리, 횡령 등 기업 비리, 고위층 로비 등 권력형 비리, 지역공무원 청탁 로비 등 토착 비리의 성격을 모두 갖는 비리의 종합판임을 규명했다'고 자평했다.

그런데 어찌 된 영문인지 씨세븐 대출 건은 수사 결과에서 쏙 빠져 버렸다. 부산저축은행에 영업 악화를 초래한 부실대출이 집중적인 수사 대상이었음에도 1800억 원이 넘는 씨세븐 대출 건에 대한 수사는 흐지부지 넘어갔다. 대출 만기가 2010년 12월이고, 영업정지 처분이 내려진 2011년 2월까지 자금을 상환하지 못했음에도 2011년 3월 시작된 수사 대상에서는 빠져 버린 것이다. 심지어 거액의 알선 수수료를 챙긴 조우형에 대해서는 계좌 추적을 통해 증거를 확보했음에도 참고인 조사만으로 끝내 버렸다. 상식적으로 납득하기 힘든 일이 아닐 수 없다.

그런 일이 벌어진 이유는 무엇일까? 당시 조우형의 변호를 맡은 사람은 대검 중수부장 출신이자 '박근혜 국정농단 사건'의 특별검사로 이름을 떨친 박영수였다. 조우형은 검찰의 소환 통보를 받은 뒤 〈머니투데이〉의 법조전문기자 김만배(화천대유의 대표)를 통해 박영수를 소개받았다고 한다. 그리고 당시 수사팀의 핵심인 윤석열은 박영수와 중수부 선후배 간으로 각별한 사이였다. '박근혜 국정농단 사건' 특검팀이 꾸려질 당시 한직인 대전고검에 있던 윤석열을 수사팀장으로 발탁한 사람도 박영수이다. 또한 부산저축은행 사건 초기 대검 중수부장은 현재 윤석열 대선캠프에서 정치공작진상규명 특별위원회 위원장을 맡고 있는 김홍일이다. 여기서도 검찰권력의 인맥이 놀랍도록 촘촘하다는 사실을 알 수 있는데, 박영수는 현재 화천대유 관련 '50억 클럽'의 한 명이라는 의혹을 받고 있다.

다시 부산저축은행 비리 사건으로 돌아가서, 씨세븐의 후신이라고 할 수 있는 화천대유가 대장동 사업을 통해 천문학적인 이익을 거두었으니 종잣돈이라고 할 수 있는 부산저축은행 대출금은 상환되어야 마땅할 것이다. 그러나 결과는 그렇지 않았다. 씨세븐은 사라졌고, 씨세븐 자문단에 있다가 대장동 사업권을 인수한 남욱은 시행사 명칭을 '다한울'로 변경했다가 추후 화천대유의 일원이 되어 천억 원 이상의 수익을 챙긴다. 참고로 남욱은 대장동 관련 로비 혐의로 기소되었다가 무죄판결을 받게 되는데, 당시 2심을 재판한 판사는 전 감사원장으로 국민의힘 대선예비후보에 등록한 최재형이다.

씨세븐 대출금 중 회수되지 못한 4백억 원(이자를 포함한 현 액수는 그에 몇 곱절이다)은 국민들에게 그대로 전가되었다. 당시 저축은행의 대규모 부실 사태로 예금보험공사 등을 통해 투입된 공적자금은 27조 원에 달한다.

운명의 여인과의 만남

　윤석열은 조남욱 삼부토건 전 회장이 '관리'하는 검사였다. 때문에 조남욱이 소유한 라마다르네상스호텔 연회장에 종종 초대되어 조남욱의 차남 조시연(삼부토건 전 부사장)을 비롯한 여러 인사들과 친분을 쌓았는데, 그중 지금의 부인인 김건희도 포함되어 있었던 것으로 보인다.
　윤석열이 조남욱의 주선으로 김건희를 정식 소개받은 것은 2007년 6월경으로 알려진다. 당시 김건희는 조남욱의 수발비서로서 삼부토건이 검사들을 '관리'하는 일에 깊숙이 개입한 것으로 보인다. 그리고 윤석열은 대검 중수부 검찰연구관 신분으로 불법대선자금 사건, 현대자동차 비자금 사건, 삼성 비자금 사건 등 굵직한 사건 수사에 참여한 특수통 검사로 이름을 얻고 있었다.
　두 사람의 관계가 곧바로 발전하지는 못한 것으로 보인다. 이는 김건희가 양재택(전 차장검사)과 동거하던 시기이기 때문인데, 윤석열의 선배 검사인 양재택은 '미래의 검찰총장' 소리까지 듣던 잘나가던 검사의 전형이었다.

그러던 중 2008년 3월, 양재택이 부적절한 처신으로 인해 검찰을 떠나는 일이 벌어진다. 제보에 따르면, 김건희는 곧바로 양재택과 헤어지고 4월 무렵부터 윤석열과 간헐적 동거에 들어갔다고 한다. 두 사람이 동거를 한 서초동 아크로비스타 아파트 3xx호는 삼부토건의 조남욱이 마련해 주었다는 제보도 있다. 이때 등기부등본 상의 권리자는 '전상흠(일명 제이슨)'이라는 이름으로 되어 있는데, 이 부분에 대해서는 3장에서 다시 다루기로 한다.

삼부토건이 윤석열에 대해 들인 노력은 어느 정도 성과를 낸 것으로 보인다. 윤석열이 대검 중수1과장이던 2011년, 서울중앙지검 특수2부에서는 삼부토건과 관련된 각종 비리 의혹을 수사 중이었다. 조남욱 입장에서는 그동안 '관리'해 온 검사들을 이용할 때가 온 셈이다.

우선 조남욱은 그 무렵 검경수사권 문제를 놓고 검찰 측 입장을 대변하다가 사직한 검사장을 변호사로 선임한다. 훗날 '정운호 게이트'에 연루되어 실형을 선고받은 홍만표(전 대검기획조정부장)가 바로 그 인물이다.

당시 서울중앙지검 특수2부는 삼부토건 사무실과 임직원 자택을 압수수색하는 등 수사에 속도를 냈으나 사건은 흐지부지 마무리되었다. 비자금 조성과 횡령 등의 혐의를 받던 조남원 삼부토건 부회장과 건설사업본부장 등 10여 명의 임직원들도 모두 불기소로 처리되었다. 이에 대해 검찰 관계자는 '특수부가 나서서 압수수색까지 마친 사건이 그렇게 마무리된 경우는 찾기 힘들다'고 말했다. 다른 관계자는 '홍 만표가 변호사 개업 후 맡은 첫 사건으로 검경수사권과 관련해 검찰 측 입장을 대변하다가 사직한 홍 변호사에 대한 동정 여론이 검찰 내에 작용했다'고 말하기도 했다. 법조계의 오랜 폐단인 '전관예우'에 대한 의혹이 나오는 대목이다.

이 사건에서 윤석열의 이름이 등장하는 것은 소위 '조남욱 다이어리' 위였다. 삼부토건 수사가 한창 진행 중인 2011년 4월 2일 오전 조남욱과 윤석열, 윤석열의 장모 최은순, 심무정(무정 스님)이 경기도 광주에 있는 모 골프장에서 동반 라운딩을 한 것이 다이어리 위의 메모 형식으로 남아 있다. 수사에 영향을 끼칠 수 있는 중수1과장의 신분으로 비리 의혹 사건의 최정점에 있는 인물과 동반 라운딩을 했다는 것은 상식적으로 납득할 수 없는 일이다. 조남욱은 이전에도 회사가 보유한 골프장 회원권을 이용해 전·현직 검사들을 '관리'한 것으로 알려진다.

이후 삼부토건은 경영 위기에 시달리다가 법정관리를 신청한다. 회사가 어려운 시기에도 법조계 로비 등에 열을 올림으로써 위기를 심화시켰다는 비판이 따른다.

윤서방파

조폭 집단 이름을 연상케 하는 '윤서방파'라는 용어는 윤석열 검찰총장과 추미애 법무부장관이 대립할 당시 검찰청사 앞에 보수단체 회원들의 화환이 길게 도열해 있는 사진을 보고 SNS에 떠돌던 글에서 비롯되었다. 조폭을 잡는 검찰이 조폭에 비유되는 것은 상당한 아이러니지만, 대한민국에서 절대적인 권력을 가진 검찰이 검사동일체라는 그릇된 원칙하에 패거리 문화(주로 제 식구 감싸기로 나타난다)에서 벗어나지 못한다면 '또 다른 서방파'는 언제든 출현할 수 있다. 검찰개혁의 필요성이 바로 여기에 있다.

1장에서 살펴본 것처럼 윤석열의 성장기는 패거리 문화와 밀접해 있다. 본인이 즐겼다고 볼 수도 있으며, 물론 그 자체로는 비난당할 소지가 없다. 그러나 패거리 문화에 젖은 검사와 검찰권력은 비난당할 소지가 크다. 다음 사건들이 좋은 예가 되어 줄 것이다.

윤우진 용산세무서장 뇌물 사건

윤우진은 검찰 내 '윤석열 3인방'이라 불리는 윤석열, 윤대진, 이남석 중 윤대진의 형으로 윤석열과도 호형호제하는 사이로 알려진 인물이다.

검찰 내에서 대윤(大尹)과 소윤(小尹)으로 불리는 윤석열과 윤대진의 인연은 두 사람이 고시생이던 시절로 거슬러 올라간다. 각각 79학번, 83학번으로 서울법대 동문인 그들은 사법시험에 비교적 늦게 합격한 편이라 고시생 기간이 길었다. 당시 윤석열은 윤대진의 집에 자주 놀러 갔는데 윤대진의 형인 윤우진과 친분을 맺은 것도 그 무렵이라고 한다.

이후 윤석열과 윤대진은 2년 차이를 두고 사법시험에 합격하여 검사가 되었고, 2007년 '신정아 게이트' 사건, 2011년 '부산저축은행 비리 사건' 등에서 함께 수사했으며, 윤석열이 서울중앙지검 특수1부장으로 승진 발령 난 2012년에 윤우진은 윤석열이 2년 전에 앉았던 대검 중수2과장 자리로 발령 나기도 했다.

윤우진 용산세무서장이 마장동 육류수입업체인 태원트레이더스로부터 뇌물을 수수하기 시작한 것은 그 무렵이었다. 태원트레이더스 대표 김연포는 축산업자 사이에서 '마장동 재벌'로 통한다고 한다. '김 사장은 전남 무안이 고향인데 마장동 밑바닥부터 시작해 돼지고기 수입으로 돈을 엄청 벌었다. 마장동 일대에 김 사장이 소유한 부동산이 적지 않다'라고 말한 업계 제보자도 있다. 김 씨는 2010년 아들을 한국예술종합학교에 부정입학시킨 혐의로 경찰 조사를 받았다. 한예종의 이모 교수로부터 고가의 악기(콘트라베이스)를 구입하고, 아들이 한 예종에 합격한 뒤에는 거액의 사례비를 건넨 혐의였다.

입시 비리 수사 과정에서 김 씨의 조세포탈 혐의가 포착되었다. 경찰은 김 씨가 회사를 고의로 폐업한 후 재창업하는 방식으로 법인세를 포탈한 혐의를 찾아냈다. 또한 육류를 부풀린 가격으로 거래처에 넘긴 뒤 차액을 되돌려 받는 수법으로 비자금을 조성한 혐의도 찾아냈다. 그런데 뭉칫돈의 흐름을 추적하다 보니 김 씨와 국세청 고위간부 사이의 수상한 거래가 드러난 것이다. 그자가 당시 용산세무서장이던 윤우진이다.

서울경찰청 광역수사대는 2012년 2월 말부터 윤우진에 대한 내사에 들어간다. 그해 6월 말에는 성동세무서 직원들을 참고인으로 불러 조사한다. 윤우진은 경찰 수사망이 좁혀 오자 우울증 등을 핑계로 병원에 입원한다. 그리고 당시 중수1과장이던 윤석열에게 도움을 요청한다. 이에 윤석열은 윤우진에게 3인방 중 한 명인 이남석(당시 변호사)을 소개해 준다. 변호사법 위반이다. (2019년 7월 8일 검찰총장 인사청문회에서 윤석열은 '윤우진에게 변호사를 소개한 적이 없다'고 증언했고, 이는 위증으로 드러났다)

그 무렵 윤석열이 윤우진과 골프 회동을 가진 것을 포착한 경찰은 2012년 7월 25일, 윤우진이 자주 이용한 영종도 모 골프장 등 5곳에 대해 압수수색 영장을 신청한다. 하지만 사건을 지휘하는 서울중앙지검 형사3부는 '포괄적'이라는 이유로 영장 신청을 반려한다. 경찰은 톨게이트 하이패스 기록을 뒤져 윤석열과 윤우진의 동선이 일치한다는 것을 찾아내고 다시 영장을 신청하지만 검찰에 의해 역시 반려당한다. 검찰은 이후로도 네 번 더 경찰의 영장 신청을 반려한다. 참고로 당시 영장을 거듭 반려한 서울중앙지검 형사3부의 부장검사는 이형택으로, 윤우진의 변호사인 이남석과 고대법대 선후배 사이이다. 윤석열이 왜 윤우진에게 이남석을 소개해 주었는지 짐작할 수 있는 대목이다.

압수수색 영장이 잇달아 반려되자 경찰은 우회로를 택한다. 윤우진이 육류수입업자 김 씨뿐 아니라 검사들과 골프 회동을 가진 정황증거를 확인한 것이다. 윤우진은 본인 명의 휴대폰 외에 대포폰(차명 전화)을 두 개 가지고 있었다. 그 대포폰에서 검·경 및 기자들과의 통화내역이 발견되었는데, 그 가운데는 윤석열의 것도 있었다. 그리고 김 씨의 다이어리에서 '윤석열 라운딩' 메모도 발견되었다. 뿐만 아니라 서울중앙지검 형사3부와 이웃한 형사부 부장검사의 이름까지 발견되었다.

육류수입업자 김 씨가 골프 회동을 뇌물 상납으로 이용하는 방식은 매우 교묘했다. 골프장 직원 통장에 골프 비용을 예치해 놓으면 직원이 사인을 하고 카드를 결제하는 방식, 이른바 골프비 대납이었다. 윤우진은 예치된 골프비를 카드깡으로 현금화해 함께 골프를 친 사람들에게 나눠 주기도 했다고 알려진다.

결국 윤석열은 윤우진과 골프를 함께 한 적은 있다고 인정했다. 하지만 '2010년에 중수2과장이 된 이후로는 골프를 거의 치지 않았기 때문에 아마 그전이라고 기억된다'고 얼버무렸다. 윤우진 사건 당시 경찰이 주목한 골프 접대 시기와 겹치지 않는다는 뜻이었다. 골프비 역시 각자 부담했다고 해명했다. 그리고 육류수입업자 김 씨는 알지도 못한다고 했다. 이에 대해 경찰은 '수사방해에 가까운 영장 기각으로 검사들 접대와 관련된 수사는 더 나아가지 못했다'고 발표했다. 2012년 9월 10일, 경찰은 용산세무서를 압수수색한다. 그리고 그해 11월 20일, 윤우진에 대해 체포영장을 발부받지만 윤우진은 이미 해외로 도피한 뒤였다. 경찰은 인터폴에 적색수배를 내린다.

검찰의 제 식구 감싸기는 멈추지 않았다. 2013년 2월 27일, 검찰은 윤우진의 소재 파악이 되지 않는다며 기소중지 처분을 내린다. 경찰은 다음 날 여권 무효 조치를 신청한다. 그리고 국세청은 무단결근 상태인 윤우진에게 복귀 명령을 내린 뒤 3월 5일자로 파면 조치한다.

결국 윤우진은 2013년 4월 19일 태국에서 불법체류 혐의로 체포되어, 4월 25일 국내로 압송된다. 경찰은 인천공항에서 윤우진의 신병을 확보한다. 그리고 체포 48시간 이내인 4월 27일 구속영장을 신청한다. 그러나 이번에도 검찰 단계에서 구속영장이 반려된다. 인터폴 수배로 강제 송환된 윤우진을 검찰이 풀어 준 것이다.

경찰은 보강수사를 거쳐 7월 22일 윤우진에 대한 구속영장을 다시 신청한다. 이때는 검찰도 반려하지 못하고 법원에 구속영장을 청구했으나, 기각된다. 당시 법원은 '범죄혐의에 관한 소명이 충분치 않고 수사 진행 상황 등에 비추어 구속 사유와 필요성을 인정하기 어렵다'라며 기각 사유를 밝혔다. 경찰은 2013년 8월 7일 기소 의견으로 사건을 검찰에 송치한다. 하지만 검찰은 그 뒤로 18개월 동안 사건 처리를 미룬다. 윤우진의 구속은 그로부터 여러 해가 지난 2021년 12월 7일에야 이루어진다.

최근 검찰은 이 사건의 의혹들에 대해 다시 들여다본다고 했다.

조희팔 다단계 사기 사건

그 전 시기인 2004~2008년에는 단군 이래 최대 다단계 사기극이라는 '조희팔 사건'이 일어났다. '조희팔 사건'은 경찰 추산 피해액만 2조 5천억 원(실제 피해액은 훨씬 크다)에 피해자 7만 명, 자살한 피해자만 30여 명에 이르렀던 대형 금융사기 사건이다. 이런 종류의 사건 대부분이 그렇듯 '조희팔 사건'에도 온갖 로비 의혹이 불거졌는데, 그중에는 검찰도 당연히 포함되어 있었다. 윤석열은 이때에도 자신의 패거리를 지키는 데 선봉장 역할을 한 것으로 보인다.

'조희팔 사건'에 대한 수사가 진행되던 시기에는 중수부 폐지나 검경수사권 충돌 등으로 검찰 조직이 한창 어수선할 때였다. 또한 조희팔은 다단계 사기극을 벌이는 동안 검찰 및 경찰에 거액의 뇌물을 뿌려 놓은 상태였다. 수사는 자연히 미진할 수밖에 없었다. 그사이 주범인 조희팔은 중국으로 밀항하고, 이어 2011년 12월 19일 중국 현지에서 사망했다는 소식이 조희팔의 장례식 동영상과 함께 전해 오게 된다. (조희팔이 생존했다는 의혹은 여전히 남아 있다)

당시 경찰청 지능범죄수사대는 조희팔의 측근으로부터 거액의 뇌물을 수수한 혐의로 김광준 서울고검 부장검사 등에 대한 내사에 들어간다. 이에 검찰은 특임검사(검사 관련 범죄에만 예외적으로 운영되는 제도)를 임명함으로써 경찰이 선점한 주도권을 빼앗아 오려고 시도한다.

특임검사 수사 결과가 발표된 뒤 경찰은 수사 결과에 포함되지 않은 세 가지 혐의에 대한 추가조사 의견을 검찰에 송치했지만, 서울중앙지검 특수1부장 윤석열은 '이미 특임검사팀에서 기소했으며 수사 내용이 같아 공소권 없음 처분하고 수사를 종결했다'라고 발표한다.

당초 경찰은 김광준이 뇌물수수에 이용한 것으로 의심받던 차명계좌로부터 김광준의 실명계좌로 거액이 이동한 사실을 포착하고 실명계좌에 대한 압수수색 영장을 신청했다. 윤석열은 이때에도 '차명계좌에 돈을 넣은 사람이 뇌물이라고 시인하거나 그렇게 볼 만한 정황이 있어야 김광준이라는 공직자가 자신의 계좌가 강제로 열리는 불이익을 감수할 만한 사유가 된다'라며 영장 신청을 반려한 바 있다.

윤석열의 제 식구 감싸기가 또다시 발동한 것이다.

웅진그룹 불법어음 사건

윤석열의 제 식구 감싸기 의혹은 검찰만을 대상으로 한 것이 아니었다. (앞서 김찬경 미래저축은행 대표의 경우 심지어 가짜 동문이었다)

윤석열이 서울중앙지검 특수1부장으로 재직하던 2012년 말에는 웅진그룹의 불법 기업어음 발행 사건이 일어난다. 웅진그룹 회장 윤석금은 2012년 7월부터 9월까지 회사의 신용 하락을 예상했음에도 1198억 원 상당의 기업어음을 발행한다. 이전 극동건설 인수와 관련하여 극심한 자금난을 겪던 윤석금은 그룹 내부에서 이미 회생신청을 결정했음에도 그 사실을 알리지 않은 채 기업어음을 발행한 것이다.

또한 2011년 9월부터 2012년 5월까지 웅진홀딩스·웅진식품·웅진패스원의 자금을 임의로 끌어다 부실기업인 웅진캐피탈에 지원함으로써 968억 원의 손해를 끼친 혐의와, 렉스필드CC의 자금으로 웅진플레이도시를 불법 지원함으로써 592억 원의 손해를 끼친 혐의도 받는다.

웅진(공주의 옛 이름)이라는 그룹명에서 짐작할 수 있듯 윤석금은 충남 공주 출신이다. 윤석금은 공주 출신 유력인사들의 모임에서 회장을 맡으면서 정관계 인사들과 친분을 쌓아 온 것으로 알려져 있는데, 당시 만난 인물 중에는 윤석열의 부친인 윤기중도 포함되어 있었다. 윤석열이 서울 출생임에도 충청권 대권 주자로 거론되는 이유는 부친 윤기중의 고향이 공주이기 때문이다. 윤석금과 윤기중은 절친한 사이로 알려져 있는데 두 사람 모두 파평 윤씨라는 이유도 작용하는 것으로 보인다.

윤석금의 웅진그룹은 2007년 건설업에 진출하기 위해 외국계 투기자본인 론스타로부터 극동건설을 6천6백억 원에 인수한다. 당시 업계의 평가에 따르면 극동건설의 실제 가치는 약 3천억 원 수준이라고 하는데, 웅진그룹에서는 그보다 두 배 높은 가격에 인수한 것이다. 6천6백억 원의 인수금 중 4천여억 원이 부채일 만큼 위험성이 높은 투자에 웅진그룹이 나선 이유는 지금까지도 많은 의혹을 불러오고 있다.

이후 웅진그룹은 극동건설 정상화를 위해 약 1조 원가량의 연대보증을 섰지만 회생에 실패, 거기에 신규 사업인 태양광 사업도 침체에 빠짐으로써 결국 그룹 전체가 매각당하는 혹독한 대가를 치르게 된다.

그보다 앞선 2009년, 윤석금은 부천에 있는 타이거월드라는 테마

파크를 석연치 않은 과정을 통해 인수, 웅진플레이도시를 설립한다. 부천에 위치한 타이거월드는 원래 주식으로 큰돈을 번 지역 사업가가 소유하고 있었다. 그런데 당시 채권은행이던 하나은행이 경영권을 극동건설로 넘기라고 압박했고, 이 요구를 거부하자 대출금 회수 및 주거래 통장을 정지시켜 버렸다. 그 결과 타이거월드는 순식간에 부도가 나고 말았다.

이후 타이거월드는 하나은행 주도로 공매에 넘겨지는데, 이때 응찰한 태성T&R은 윤석금이 타이거월드 공매 공고 닷새 뒤에 급조한 개인회사인 것으로 밝혀졌다. (태성T&R은 이듬해 웅진플레이도시로 합병된다) 국내 최초의 실내 스키장으로 유명해진 타이거월드가 준공 2년 만에 윤석금의 개인회사로 넘어간 셈이었다. 타이거월드 인수 과정에서 불거진 비리 의혹은 2012년과 2018년 두 번에 걸쳐 검찰의 수사를 받게 되는데, 윤석열은 그 두 번의 수사 모두에 부적절한 개입을 한 것으로 의심된다.

2012년 수사 때에는 수사 주체인 서울중앙지검 특수1부장으로서 법리를 구성하는 초동수사만으로 수개월을 끌다가 결국 자리를 옮긴다. 이후 윤석금은 불구속 상태로 재판을 받아 집행유예를 선고받는데, 기소검사는 윤석열과 친한 이원석 부장검사였다.

2018년 수사 때에는 윤석금은 물론 하나금융그룹 김승유 회장까지 얽혀 있었지만, 당시 윤석열의 검찰총장 취임을 며칠 앞둔 검찰은 제대로 된 수사를 진행하지도 않은 채 불기소 처분해 버린다.

또한 2012년에는 윤석금과 회사 경영진이 현대스위스저축은행으로부터 빌린 돈 150억 원을 갚지 않아 고소를 당한 일도 있었는데, 검찰은 이 역시 고의성이 없다는 이유로 무혐의 종결했다.

윤석열이 주장해 온 법과 정의의 잣대가 본인의 가족과 본인의 조직과 본인의 인맥에 대해서만큼은 늘었다 줄었다 하는 고무줄이나 다름없음을 알 수 있는 대목이다.

양말 폭탄주

마지막으로 윤석열과 관련된 엽기적 일화 하나를 소개한다.

윤석열이 아버지뻘 되는 기업주나 임원을 룸살롱으로 불러내어 자기 구두 속에 양말을 벗어 넣은 술잔으로 폭탄주를 마시게 했다는 이야기가 널리 회자된다. 윤석열의 이 '양말 폭탄주' 일화는 2013년 10월 〈TV조선〉의 '저격수다' 코너를 통해 처음 공개되었다. 공개한 사람은 이동욱 당시 〈월간조선〉 기자였다. 이동욱은 '룸살롱에 가서 자기보다 나이가 훨씬 많은 그룹 회장에게 술을 권하는데 그냥 권한 게 아니다'라며 '구두를 벗어서 그 안에 자기 양말을 구겨 집어넣고 거기다 양주를 따르고 이러고는 권하는 것'이라고 말했다. 그러면서 '물론 녹음된 테이프도 있다'라며 본인 발언의 신뢰성을 강조하기도 했다.

이 내용은 그해 10월 31일 대검찰청 국정감사에서 김진태 당시 새누리당 의원을 통해 공개적으로 언급된다. 이에 대해 길태기 당시 검찰총장 직무대행이 '들은 적 없다'고 하자, 김진태는 '그 말을 방송에 나가 한 사람은 녹음테이프까지 가지고 있다'며 '확인해 봐라, 기업인하고 룸살롱에 간 것 자체도 적절치 않다'고 목소리를 높인 바 있다.

검사 출신인 홍준표 현 국민의힘 의원도 검찰 내 패거리 문화를 공개적으로 질타하는 과정에서 이 '양말 폭탄주' 건을 언급했다. 홍준표는 자신의 SNS에서 '구두 속에 양말까지 넣어 양주잔 만들어 상대방에게 강권, 밤새도록 폭탄주를 돌리는 등 조폭 같은 의리로 뭉쳐 국민 위에 영감(슈監)으로 군림해 왔다'면서 '그 문화에 끼이지 않으면 철저하게 아웃사이더로 취급했다'고 주장했다. 나아가 '(검찰)인사 때마다 광어족, 도다리족, 잡어족으로 나누어 패거리 인사 특혜를 누려 왔다'고 강조했다.

〈TV조선〉에서 윤석열의 '양말 폭탄주'를 이슈화시킨 이유는, 당시 윤석열이 '국정원 댓글 사건'의 특별수사팀장으로서 박근혜 정부와 대립 관계에 있었기 때문으로 보인다.

윤석열은 지난 국정감사에서 '룸살롱 가 본 적이 언제입니까?'라는 소병철 더불어민주당 의원의 질문에 '글쎄 뭐 한 20년 된 것 같습니다'라고 태연히 답변했다.

윤석열의 법과 정의

윤석열은 2013년 4월부터 2014년 1월까지 국정원 대선 개입 사건 특별수사팀 팀장이었다. 2013년 4월 수원지방검찰청 여주지청장으로 발령받는 동시에 2012년 대선 당시 박근혜 정부 국가정보원의 댓글 조작 의혹 사건의 수사팀장으로 임명된 것이다.

당시 윤석열은 국정원 직원에 대한 체포·압수수색 영장을 집행하는 등 원칙 있는 수사를 했다는 평가를 받았다. 또한 그해 10월 국정감사에서 '수사에 외압이 있었다'고 폭로하며 '나는 사람에게 충성하지 않는다'는 발언으로 주목을 받기도 했다. 윤석열에게 씌워진 정의로운 검사 이미지는 이때 만들어진 것으로 보인다.

그러나 2017년 2월 10일 열린 국회 대정부질의에서 황교안 전 국무총리는 이상돈 전 국민의당 의원의 '국정원 댓글 수사 과정에서 박근혜 정부의 외압에 항명하다 징계를 받고 좌천된 윤석열 검사가 (박근혜 국정농단) 특검에서 맹활약 중인데 어떻게 생각하느냐'라는 질문에 대해 충격적인 답변을 내놓는다. 황교안은 '윤석열 검사는 지금 말씀하신 사안으로 좌천된 것이 아니고, 그 이후에 다른 부적절한 일들이 있었다. 그것으로 징계를 받은 일이 있고 그것 때문에 본인이 원하지 않은 보직으로 간 것으로 알고 있다'고 답변한 것이다.

윤석열이 징계를 받을 당시(2013년 12월, 정직 1개월) 황교안은 검찰 징계권자인 법무부장관이었다. 징계 사유는 '항명'과 '재산신고 누락'이었다. 항명은 중앙지검장의 지시를 위반하고 보고 및 결재 없이 국정원 직원들에 대한 체포영장 및 압수수색영장을 청구·집행한 점이고, 재산신고 누락은 2013년 정기 재산변동사항 신고 시 배우자 명의의 토지 등 총 9건(5억여 원)의 재산을 중대한 과실로 잘못 신고한 점이다.

이후 〈열린공감TV〉는 윤석열의 장모 최은순과 서울 오금동 건물의 투자수익 배분 문제를 놓고 18년째 소송과 분쟁을 이어 온 정대택 씨를 취재할 수 있었다. 정 씨는 윤석열이 김건희와의 결혼을 전후해 부인과 장모 관련 사건에 영향력을 행사했다는 의혹을 제기했다. 그러면서 2012년과 2013년 법무부와 검찰에 윤석열의 독직, 위증, 명예훼손 등을 알리는 진정서를 제출했다고 밝혔다.

2013년 12월 31일, 정 씨는 법무부로부터 '귀하께서 법무부 민원실을 통해 제출한 민원은 윤석열 검사에 대해 엄중한 징계가 필요하다는 취지로 보인다. 이에 검사징계위원회에서는 12월 18일 윤석열 검사에 대해 정직 1개월 징계 처분을 의결하였음을 알려 드린다'는 회신을 받는다. 정 씨의 진정이 윤석열 징계에 영향을 미쳤다고 볼 수 있는 대목이며, 황교안이 국감에서 증언한 '다른 부적절한 일들'의 실체를 짐작하게 해 준다.

 징계 이후 대구고검과 대전고검 등 한직을 떠돌던 윤석열에게 뜻밖의 기회가 찾아온다. 박근혜 정부 몰락의 결정적 원인이 된 최순실의 국정농단이 세간에 알려지고, 이를 수사하기 위한 특검팀이 2016년 말에 조직된 것이다. 윤석열은 '박영수 특검팀'이라고도 불리는 국정농단 사건 특검팀에 수사팀장으로 화려하게 복귀한다.

 여기서 당시 특검팀의 두 핵심인 박영수와 윤석열의 관계를 다시 한번 살펴볼 필요가 있다. 2011년 부산저축은행 비리 사건 당시 수사의 핵심이었던 윤석열은 대출 알선 브로커 조우형을 참고인 조사만 받고 입건조차 하지 않았는데 당시 조우형의 변호를 맡은 자가 대검 중수부장 출신 박영수였다. 두 사람이 대검 중수부에서 한솥밥을 먹던 각별한 사이임을 알 수 있다. 참고로 당시 국민들의 성원 속에 출범한 박영수 특검팀 소속 검사들 중 다수는 현재 각종 의혹에 휩싸여 있는 것으로 알려진다.

 국정농단 사건을 발판 삼아 서초동으로 금의환향에 성공한 윤석열은 과거 자신을 '물 먹인' 사건에 대해 잊지 않았다. 국정원 댓글 조작 사건이 재소환되었고, 보복성 무리한 수사라는 평가 속에서 두 명의 희생자가 나오게 된다. 수사 및 재판방해 혐의를 받던 정치호 변호사와 변창훈 검사가 그들이다.

 정치호는 2017년 10월 31일 춘천시 소양강댐 주차장에서 숨진 채 발견되기 전 변창훈과 수차례 통화한 사실이 드러났다. 그로부터 1주일 뒤인 2017년 11월 6일, 변창훈은 영장실질심사를 앞두고 서초동에 있는 한 법무법인에서 상담을 받던 중 건물 4층에 위치한 화장실 창문으로 투신 사망한다. 변창훈이 국정원에 파견된 것은 국정원 댓글 조작 사건으로 압수수색이 진행되기 보름 전이라고 알려진다. 댓글 조작 과정과는 큰 관련이 없을 것이라는 추측이 가능하다. 그러나 수사는 무자비했다. 해당 사건에 구원(舊怨)이 있는 윤석열이 재수사의 주체가 된 것부터가 문제라는 언론 비판도 있었다.

윤석열과 변창훈은 사법연수원 동기(23기)였다. 동문의 경조사에는 어떤 일이 있어도 참석한다던 서울법대의 마당발 윤석열도 변창훈의 빈소에는 모습을 보이지 않았다고 한다. 자신을 건드린 자에 대한 윤석열의 법과 정의는 이처럼 저승사자 같았고, 실제로도 그렇게 되었던 것이다.

2014년 12월 2일에는 '서울시향 대표 성추문 사건'이 벌어진다. 서울시향 사무국 소속 직원들이 당시 서울시향의 박현정 대표가 강제추행, 성희롱, 업무방해, 명예훼손 등을 했다며 고소한 것인데, 검찰은 이를 종로경찰서로 보냈고 경찰은 9개 혐의 모두에 무혐의 결론으로 2015년 8월 10일 검찰에 송치한다. 검찰은 2년이나 지나 '강제추행이 아닌 폭행'이라면서 벌금 3백만 원으로 약식기소한다. 1심 재판부는 벌금 3백만 원을 선고했지만, 2심에서는 원심을 깨고 박 대표의 무죄가 선고된다.

이 사건은 피의자가 피해자가 되고 유죄가 무죄가 되는 반전을 거듭한다. 〈열린공감TV〉가 취재한 바에 의하면, 당시 박현정은 서울대를 졸업하고 하버드대에서 박사학위를 받았으며 삼성그룹에서 임원으로 여성 인력 관련 업무를 하던 중 서울시향 대표직 제의를 받았고, 처음에는 고사했다가 정명훈 감독 등의 간곡한 요청으로 대표를 맡았다고 한다.

박현정은 서울시향 대표로 취임하면서 경영 전반의 문제점을 손보기 시작했다고 한다. 하지만 박 대표의 까다로운 성격은 그동안 방만한 운영을 해 온 서울시향과 직원들에게 불편할 수밖에 없었고, 특히 정명훈의 부인인 구순열이 박 대표를 눈엣가시로 보기 시작했다고 한다. 정명훈은 얼마 후 서울시에 박 대표의 퇴진을 요구했고, 그러던 차에 사건이 터진다. 서울시향 직원들이 단체 대화방을 만들어 박 대표로부터 받은 피해 사례를 날조하거나 과장했고 이를 공개함으로써 박 대표를 서울시향에서 축출하려고 한 것이다. 그 일의 배후에는 한국 음악계의 거장 정명훈의 부인 구순열과 세계적으로 인정받는 작곡가인 진은숙이 있다는 의혹이 있다. 참고로 진은숙은 정치평론가 진중권의 친누나이기도 하다.

훗날 박현정 대표는 '많은 사람이 가진 위선의 민낯을 보았다. 악인도 싫지만 착한 척, 국가와 국민을 위하는 척, 예술에 몰두하는 척, 인권을 내세우며 온갖 화려한 표정과 제스처를 동원하고 뒤로는 온통 자기 욕심밖에 없는 위선자들의 모습은 정말 가증스러웠다'고 회상했다. 또한 박 대표는 힘든 법적 투쟁을 하면서 그들과 결탁한 검찰권력이 공정하지 못한 수사를 진행했다고 성토했다. 그러면서 '명백한 압수물을 숨기고 구순열을 3년간 조사 한 번 없이 최종 불기소했는데, 당시 차장검사는 윤석열의 심복인 한동훈이었다'며 '당시 정명훈의 변호인인 김영문(서울중앙지검 첨단범죄수사부장검사 출신, 이후 관세청장)은 윤석열의 측근 윤대진과 가까운 사이'라고 주장했다.

　박 대표는 '윤석열은 제가 삼성을 떠난 지 오래되었음에도 저같이 미미한 전직 삼성 직원의 계좌까지 두 번이나 탈탈 털었다'라며, '저는 윤석열 검찰이 없는 죄를 어떻게 만들고 있는 죄를 어떻게 숨겨 주는지 구체적으로 경험한 당사자'라고 언급했다. 이어 '(윤석열이) 정의와 공정, 상식을 말하는 뻔뻔함이 가증스럽다'라고 주장한 바 있다.

덮어 버려! (1)

삼성 이재용 구하기 밀실 회동

〈열린공감TV〉는 2017년 서울 강남의 한 식당에서 있었던 매우 부적절한 밀실 회동에 관해 2021년 11월 15일 보도한 바 있다. 이 자리에는 두 명의 검사와 한 명의 야당 인사가 있었다. 두 명의 검사는 문무일과 윤석열이었다. 당시 문무일은 검찰총장이었고 윤석열은 서울중앙지검장이었다. 이들과 함께 한 야당 인사는 모 국회의원이었다. 그날 이들이 앉은 테이블에서는 한 명의 이름이 거론되었는데 바로 삼성의 이재용 부회장이었다.

개인적인 술자리는 누구나 가질 수 있고, 거기서 누구의 이름이 거론되더라도 큰 잘못은 아닐 것이다. 하지만 검찰총장과 서울중앙지검장과 야당 인사가 합석한 밀실 회동에서 재벌 부회장의 이름이 오고 갔다면 얘기는 달라진다.

〈열린공감TV〉취재 결과 윤석열은 2017년 서울중앙지검장이 된 직후부터 삼성의 로비를 집중적으로 받았던 것으로 보인다. 2018년 11월 중앙홀딩스의 홍석현 회장과 심야 술자리 회동은 이미 유착된 윤석열과 삼성그룹 간의 친밀도를 보여 주는 증거로 해석할 수 있다.

제보자는 2017년 서울 강남에서 고급 음식점을 운영하는 지인으로부터 윤석열에 대한 얘기를 들었다고 한다. 3인의 밀실 회동이 있던 그 음식점은 판검사들이 특별한 목적으로 자주 이용하는 곳이고, 그만큼 보안에 철저했다고 한다. 제보자에 따르면, 3인의 밀실 회동은 문무일의 소개로 윤석열과 야당 인사(당시 새누리당 의원)가 만나는 자리였으며, 거기서 삼성과 관련된 논의를 했다는 것이다.

그들이 밀실 회동을 갖는 동안 이재용의 변호를 맡은 법무법인 소속 변호사가 근처에서 기다렸다는데, 확인해 본 결과 삼성그룹이 박영수 특별팀에 대비해 선임한 문강배 변호사로 밝혀졌다. 문강배는 박영수 특검팀 당시 특검보 후보에 오르기도 한 인물로서, 전남 장흥 출신으로 서울법대를 졸업하고 서울중앙지법과 서울동부지법, 서울고등법원에서 판사를 지낸 뒤 변호사로 전업해 2000년부터 법무법인 태평양에서 일해 왔다. 문강배(80학번)와 윤석열(79학번)은 서울법대 선후배 사이로 대학 시절부터 친하게 지냈다고 한다. 윤석열은 2002년 잠시 변호사를 했는데 당시 법무법인 태평양에서 문강배와 같이 근무하기도 했다.

삼성이 검찰총장과 야당 의원까지 내세워 이재용 부회장 구명 로비에 나선 것은 사실로 보인다. 그렇다면 삼성은 서울중앙지검장이던 윤석열을 만나 도대체 무엇을 부탁하려 했을까?

삼성이 구속 상태로 재판을 받던 이재용 부회장의 보석을 노리고 접근했을 수는 있다. 보석 결정은 재판부에서 내리지만 검찰의 의견도 중요하기 때문이다. 하지만 당시는 문재인 정부가 출범한 지 1년도 지나지 않은 시점이라 이재용의 보석이 가능하지 않다는 점은 충분히 인식했을 것으로 보인다.

박근혜 전 대통령에게 뇌물을 준 혐의로 기소된 이재용은 2017년 8월 1심에서 5년의 실형을 선고받고 항소를 제기했다. 제보에 따르면, 3인이 밀실 회동을 가진 시점은 윤석열이 서울중앙지검장 자리에 오르고 몇 개월 뒤인 2017년 가을이었다. 그러므로 삼성이 현실적으로 그려 볼 수 있는 최상의 시나리오는 이재용이 항소심에서 집행유예로 풀려나는 것임을 짐작할 수 있다.

그러려면 한 가지 사건이 비화되는 것을 반드시 막아야만 했다. 바로 이명박 전 대통령이 관련된 'BBK 소송비 대납 사건'이다. 2017년 가을 무렵, 검찰은 삼성과 현대자동차의 이명박 소송비 대납 혐의에 대한 내사를 진행한 것으로 알려진다. 그러므로 3인의 밀실 회동은 이 사건에 대한 수사를 무마시키기 위해 이루어졌을 가능성이 높아 보인다.

이재용 부회장은 2018년 2월 5일 항소심에서 징역 2년 6개월에 집행유예 4년을 선고받고 풀려난다. 이때 서울중앙지검이 삼성의 BBK 소송비 대납 사건을 공개수사로 전환한 시점이 중요하다. 검찰의 삼성전자 압수수색은 2018년 2월 8일 집행되었다. 절묘하게도 이재용이 집행유예로 풀려난 지 3일 뒤였던 것이다. 만약 항소심 선고 전에 공개수사로 전환되었다면 재판부도 여론이 부담되어 집행유예를 선고하기 어려웠을 것으로 보인다.

   삼성의 로비가 성공했다고 볼 수 있는 또 다른 근거는 이학수 부회장에 대한 부실수사일 것이다. BBK 소송비를 집행한 것으로 의심되는 이학수에 대한 여러 혐의는 당시 의식불명 상태에 있던 이건희 회장에게 떠넘겨졌다. 이학수는 검찰의 소환 조사를 받았는데, 그로부터 무려 2년이 지난 2020년 3월 4일 법사위 전체회의에서 추미애 법무부장관은 '이학수에 대해 아직도 수사 중이라고만 보고받았다'고 답변했다. 2020년 10월 이건희 회장이 사망하면서 이학수 부회장에 대한 수사도 중단되었다. 결과적으로 BBK 소송비 대납 사건을 무마하기 위한 삼성의 로비는 성공을 거두었다고 볼 수 있다.

   법무법인 태평양의 문강배 변호사는 2017년 3인 밀실 회동 당시 근처에 대기하고 있었냐는 〈열린공감TV〉의 질문에 그런 사실이 없다고 부인했다. 문무일 전 검찰총장에 대해서는 몇 차례 통화를 시도했으나 실패했으며, 문자와 카톡도 받지 않았다. 윤석열에 대해서도 본인과 캠프 대변인에 사실 확인을 요청했지만 양쪽 모두 아무런 답변이 없었다.

BBK 소송비 대납 사건 무마 의혹

   이명박은 대통령 재임 시절인 2009년 자신이 BBK에 투자한 140억 원을 회수하기 위해 김경준 전 BBK 대표를 상대로 미국에서 소송을 진행했다. 그런데 소송과 무관한 국내 대기업들이 이명박의 소송 대리인인 미국 법무법인 에이킨검프에 거액의 변호사 비용을 대납하는 어처구니없는 일이 벌어진다. 이것이 BBK 소송비 대납 사건이다.

이 사건의 법원 판결로 '다스가 누구 것'인지에 대한 논란은 '이명박 것'으로 결론이 났다. 하지만 삼성이 대납한 변호사 비용의 최종 승인 권자를 이건희 회장으로 지목하고 의식불명인 이건희를 기소중지하는 것으로 마무리되었다. 삼성에 대해서는 봐주기 수사로 마무리된 것이다.

이 사건과 관련해 세간의 관심에서 벗어난 기업이 있다. 바로 현대자동차이다.

당시 언론 보도에 따르면, 검찰이 포착한 소송비 대납 기업에는 삼성뿐 아니라 현대자동차도 포함되어 있었다. 그러나 현대자동차 수사 관련 소식은 삼성 수사 속보에 묻혀 더 이상 볼 수 없었다.

〈열린공감TV〉로 들어온 제보에 의하면, 다스 관련 검찰 수사가 한창이던 2018년 2월 15일 이학수 전 삼성전자 부회장이 검찰에 소환된다. 하지만 언론에는 잘 보도되지 않은 또 한 명의 소환 대상자가 있었다. 검찰 포토라인에 선 이학수와 달리 그 인물은 지하 주차장을 통해 은밀하게 출석하게 되는데, 현대자동차의 전 부회장이던 김동진이 바로 그 인물이다.

이후 삼성에 관련된 수사는 대대적인 언론 보도 속에서 결론(기소중지)이 나지만, 삼성보다 더 많은 760만 달러의 소송비를 대납한 의혹을 받은 현대자동차는 기소조차 되지 않는다. 그 과정에서 주목받는 인물이 바로 채양기다.

채양기는 1953년 전남 함평에서 출생했으며, 1978년 현대자동차에 입사하여 1992년 정주영 전 회장 대선 출마 시 법률지원실장으로 '초원복집 사건'을 녹취하여 정몽구 당시 선거대책위원장에게 전달한 인물이기도 하다. 채양기는 기업 내 외자부, 할부관리부 등에서 일하다 1999년 재무관리실장에 임명, 같은 해 부사장으로 승진했으며, 2005년 현대자동차 기획관리본부장으로 복귀해 같은 해 기획총괄본부장(사장)으로 초고속 승진하기도 했다. 현대오토넷 인수와 현대글로비스 상장에도 관여했으며, 2004년 이후로는 정몽구의 오른팔 역할을 담당했다. 정몽구와 벽 하나를 사이에 두고 사무실을 쓸 정도였으며, 정몽구는 '네 위에는 나밖에 없다'는 말로 채양기에 대한 두터운 신뢰를 보여 주었다고 한다.

채양기는 현대자동차 계열사인 현대글로비스를 만들어 현대자동차의 비자금을 관리했다는 의혹도 받는데, 제보자는 그렇게 만들어진 비자금이 정몽구와 채양기의 사무실 벽 사이에 설치된 금고에서 관리되었다고 말했다. 하지만 채양기가 그 비자금에 손을 대기 시작하면서 정몽구와의 관계에 금이 갔다고도 말했다. 당시 채양기는 내연녀들과 마카오를 수십 차례 오가고 서초동 아크로비스타 3채를 현금으로 매입하는 등 재력을 과시했다고 알려진다. 결국 정몽구는 채양기를 쳐내게 되고, 이는 채양기가 현대자동차에 앙심을 품는 계기가 된 것으로 보인다. 당시 채양기는 '감히 나를 잘라?'라며 분노했다고 한다.

2005년 12월, 현대글로비스에 대한 비자금 수사가 시작된다.

현대글로비스 모 부장의 공익제보로 시작된 비자금 수사는 점차 확대되며 당시 현대자동차의 총괄기획본부장인 채양기까지 수사 대상에 올라가게 된다. 이때 검찰은 채양기에게 '플리바게닝'을 시도한 것으로 보인다. 그 결과 채양기는 현대글로비스의 비자금과 관련된 자료를 검찰에 통째로 건넸다고 한다.

결국 정몽구 회장은 구속기소되어 징역 3년에 집행유예 5년을 선고받게 된다. 이 사건의 수사팀장은 박영수 당시 대검중수부장이며, 수사검사에는 윤석열과 한동훈이 포함되어 있었다.

〈열린공감TV〉에서는 2021년 11월 3일 방송을 통해 윤석열이 서울중앙지검장 재직 시절 현대자동차의 BBK 소송비 대납 의혹에 대한 수사를 무마해 주었다는 충격적인 사실을 공개한 바 있다. 11월 5일에는 전용기 더불어민주당 의원이 국회 소통관에서 기자회견을 열고 윤석열 당시 국민의힘 대선예비후보의 수사 무마 의혹을 제기하기도 했다.

윤석열 캠프 측에서는 '윤석열 후보는 당시 서울중앙지검장으로서 법과 원칙에 따른 수사를 통해 삼성의 이명박 전 대통령 소송비 대납을 규명해 기소한 바 있다'고 밝혔다. 그러면서 '당시 현대자동차가 미국 로펌에 지급한 돈에 대해 수사했고 그 돈이 이명박 전 대통령의 소송비가 아니라 현대자동차의 미국 내 소송비로 지급된 것임을 확인했다'고 했고, '수사를 통해 드러난 객관적 자료와 증거에 따라 불기소 조치를 취한 것일 뿐 수사를 무마했다는 주장은 윤석열 후보를 흠집 내기 위한 또 다른 네거티브이며 허위'라고 반박했다.

또한 '누군가의 내연녀라고 주장하는 정체불명의 제보자를 내세워 명백한 허위 내용을 퍼뜨린 유튜브 방송과 일부 매체가 오보를 반복하는 의도는 속이 뻔히 보이는 치졸한 공작이며 이에 대해 법적 조치를 취할 계획'이라고 밝혔다.

이에 제보자는 본인이 문자를 발송한 휴대폰 화면 하나를 공개했다. 수신자는 '대검중수부 윤석열 부장검사'로 되어 있고, 윤석열의 휴대폰 번호와 '2018년 11월 6일 오후 3시 29분'이라는 시간도 기록되어 있었다. 문자 내용은 다음과 같다.

'검사님. 불미스럽게도 제가 어떻게 접근하여 일들을 봐야 할지 문외하여 죄송하지만 문자로 남깁니다. 채양기 김동진 현대 전 사장 및 부회장 관련 비자금에 관리 및 기타 제가 드릴 수 있는 것들에 대해 전달드리고 싶은데요. 제가 처한 여러 두려움을 생각해주시고 보호해주신다면 협조하겠습니다.'

당시 제보자는 윤석열을 적폐 청산의 적임자라 믿었다고 한다. 그리고 채양기와 공유된 연락처를 통해 윤석열의 연락처를 알게 되었다고 한다. 제보자는 문자를 보낸 뒤 한 시간여 만에 검찰청에서 응답이 왔다고 한다. 검찰 수사관이 제보자에게 전화를 걸어 '당일에 만나자'고 했다고 한다. 제보자가 당시 서울에 없었기 때문에 다음 날 만나기로 했는데, 이때 수사관은 '신분 노출을 막기 위해 흔적을 남겨서는 안 된다'는 말도 했다고 한다. 때문에 당시 서울지검을 방문하면서 방문 기록을 남기지 않았다고 한다.

또한 제보자는 윤석열에게 문자를 보내기 전에 카카오톡 단체 대화방에 윤석열을 비롯해 박영수 등 채양기의 휴대폰에 연락처가 저장된 사람들을 초대해 현대자동차 비리를 폭로한 적이 있다고 한다. 즉 윤석열은 현대자동차 비리 관련 내용을 단체 대화방을 통해 사전에 인지한 뒤에 개인 문자로 다시 받았을 가능성이 큰 것이다.

제보자가 제공한 당시 카카오톡 단체 대화방 화면을 보면 윤석열이 자신과 관련된 내용이 올라온 뒤 방에서 나갔다는 기록이 남아 있다.

[윤석열 님이 대화방을 나가셨습니다]

제보자는 단체 대화방에 폭로할 당시 본인의 이름이 노출된 적이 있어서 윤석열 검사장이 본인이 누군지 알 수 있었던 상황이라고 말했다.

윤석열 대선캠프에서 언급한 것처럼 제보자와 채양기는 내연의 관계였다. 제보자는 자신의 사생활이 모두 드러날 것을 각오하고 사건을 제보한 것이다. 하지만 현대자동차 비리를 제보한 이듬해 검찰에 의해 감옥에 갇히는 신세가 되고 만다. 채양기가 제보자를 고소했기 때문이다. 내연 관계가 틀어지면서 두 사람은 맞고소를 하게 되었는데, 제보자의 고소는 모두 불기소 처분된 반면 채양기가 고소한 건은 기소된 것이다.

당시 제보자는 채양기의 설득과 회유에도 고소를 진행했다. 제보자가 채양기의 비리를 가족과 지인에게 먼저 폭로했고, 이에 채양기가 제보자를 명예훼손으로 고소했던 것이다. 채양기는 여기서 한술 더 떠 제보자를 성폭력처벌법 위반으로 또 고소한다. 제보자가 채양기의 신체 사진을 다른 사람들에게 보냈다는 이유인데, 이후 제보자는 6개월 실형을 선고받고 구속된다.

이후 포렌식 검사를 통해 문제의 사진이 채양기 스스로가 찍으라고 했음이 밝혀지지만, 구치소에서 보낸 세월을 되돌릴 수는 없다. 경찰과 법원은 제보자가 폭로한 내용을 사실로 인정했다. 채양기가 명예훼손으로 고소한 사건에서 특이한 점은, 경찰이나 법원은 명예훼손 내용을 허위사실로 보기 어렵다고 판단했다는 것이다.

당시 윤석열은 서초동에 있는 아크로비스타에 기거하고 있었다. 같은 동에 기거하던 채양기는 아크로비스타 입주자대표였다. 윤석열과 채양기는 같은 아파트 이웃으로 엘리베이터에서 인사를 나눌 수 있는 가까운 사이임을 알 수 있다. 당시 윤석열의 집에서 나는 개 짓는 소음으로 인해 이웃의 민원이 잦았는데 입주자대표인 채양기가 해결해 주었다는 제보자의 증언도 있었다. 제보자는 '현대자동차 수뇌부인 채양기를 지목해 현대자동차 비리를 제보했지만, 도둑이야라고 소리친 제보자에게 벌금을 물게 하고 감옥에 가둔 꼴'이라고 항변했다.

검찰이 제보 내용에 대한 확인 과정은 시늉만 내다 말았고, BBK 소송비 대납 사건이 세간의 관심에서 멀어질 때까지 제보자를 구치소에 수감해 둔 것이 아닌가 하는 의심을 살 수 있는 대목이다.

최순실의 해외 은닉재산 환수 지시 불이행

2018년 5월 14일, 문재인 대통령은 수석보좌관회의에서 최순실이 불법으로 해외에 은닉한 재산을 환수하라고 지시한다. 이 부분과 관련, 윤석열은 2019년 8월 8일 국회에서 정동영 민주평화당 대표와 지도부를 예방한 자리에서 조배숙 의원으로부터 '최근 불거진 최순실 재산 의혹과 관련해 어떻게 조사할 예정인가'라는 질문을 받고 '미스터리한 부분이 있다. 국세청과 공조해 수사를 진행하고 있다'고 밝혔다. 그러면서 '최순실 관련 재산은 검찰이 상당 부분 보전 청구해 놓은 상태여서 몰수하는 데 문제는 없을 거라고 본다'고 덧붙였다. 하지만 이후 최순실의 해외 은닉재산이 몰수되었다는 발표는 나오지 않았다.

2017년 박영수 특검이 최순실 재산 추적 전담팀을 구성할 당시, 최순실의 은닉재산은 최소 백억 원 이상인 것으로 파악되었다. 하지만 서울 신사동 빌딩과 강원도의 땅 등 최순실의 재산이 수천억 원에 달하리라는 추정과 비교하면 훨씬 적은 규모였다.

당시 이규철 특검보는 '최씨 일가의 재산 축적 부분, 환수 부분에 대해서는 최종 수사 결과 발표 시 말하겠다'고 밝혔다. 최씨 일가의 재산 형성 과정은 특검의 수사 대상에 포함되어 있었음을 알 수 있다. 참고로 특검법 제2조는 '최순실과 그 일가가 불법적으로 재산을 형성하고 은닉한 의혹'을 수사 대상으로 정해 두었다.

안민석 더불어민주당 의원은 언론과의 인터뷰에서 '독일, 오스트리아, 스위스 등에서 최순실의 페이퍼 컴퍼니가 꾸준히 발견되고 있다'며 '독일 내 재산 규모만 70억 유로(한화로 7~8조)로 추정된다'고 전했다. 이에 최순실은 안 의원이 허위사실을 유포해 피해를 봤다며 1억 원을 청구하는 소송을 걸었다.

안 의원은 소송에 무대응으로 일관했고, 재판부는 이를 사실상 자백으로 간주하며 최순실의 손을 들어 줬다. 안 의원은 '은닉재산이 없다는 최순실의 주장을 법원이 인정한 것은 어이가 없다. 항소심에서는 충실히 대응, 국정농단 세력의 부활을 막겠다'며 1심 결과에 불복, 항소하겠다는 뜻을 밝힌 바 있다.

옵티머스펀드 사기 사건 축소 은폐 의혹

2020년 6월부터 시작된 옵티머스 환매중단 사태는 금융권을 패닉 상태로 몰아넣었다. 2019년 7월 라임자산운용이 코스닥 기업들의 전환사채를 편법으로 거래하여 환매중단까지 가게 된 '라임 사태' 이후 연속해서 옵티머스펀드 사기 사건까지 터진 것이다.

라임과 옵티머스펀드 사건은 각각의 피해 규모가 수조 원에 이를 만큼 수많은 피해자를 양산했다. 수사 기관은 핵심 주모자들 외에 로비를 받은 금융권 고위층과 정관계 인사로까지 수사를 이어 갔으며, 이는 여야의 정치권 싸움으로까지 비화되었다.

그러나 검찰의 수사는 시간이 갈수록 이상한 방향으로 흘렀고, 몸통이 아닌 꼬리 자르기에 급급한 듯 보였다. 그러던 중 〈열린공감TV〉로 2020년 10월경 믿기 힘든 제보가 들어왔다. 옵티머스펀드 사기 사건이 처음부터 사기를 목표로 기획된 것이며, 과거 국정농단 세력과 금융권 모피아 세력, 법원과 검찰 고위층 및 정치권에 이르기까지 사회 핵심층을 형성하고 있는 주요 기득권들이 저지른 범죄라는 제보였다.

이후 〈열린공감TV〉는 심층 탐사취재를 통해 옵티머스 사태와 관련된 방송을 매주 이어 갔고, 2021년 3월 8일 '삼부토건과 최순실의 그림자! 삼부토건과의 소송 결과는?' 편에 이르기까지 총 24차례 방송을 통해 사회 상층에 도사리고 있는 거대 악을 고발한 바 있다. 그때 취재한 방대한 내용을 이 책에 모두 담기는 불가능하므로, 여기서는 윤석열이 옵티머스펀드 사기 사건에 어떻게 관여되어 있는지만을 살펴본다.

옵티머스는 공공기관에 투자한다고 사람들에게 믿음을 주고 펀드를 모집한다. 하지만 최초 투자자로 알려진 한국방송통신전파진흥원(이하 전파진흥원)은 2017년 6월부터 2018년 3월까지 옵티머스펀드에 총 1060억 원을 투자했다가 규정 위반이 드러나 투자를 철회하고 원리금을 전액 회수한다. 이후 과학기술정보통신부는 부실투자에 대한 특별감사를 벌여 당시 투자 책임자인 전파진흥원 기금운용본부장을 견책 처분하고, 2018년 10월 옵티머스를 검찰에 수사 의뢰한다. 옵티머스가 공기업 채권에 투자한다고 속여 자금을 모은 뒤 부실기업을 인수하는 데 사용했다며 사기·횡령·배임·자본시장법 위반 등 혐의에 대해 수사해 달라고 요청한 것이다.

하지만 당시 수사를 맡은 서울중앙지검 형사7부는 7개월 만인 2019년 5월 해당 사건을 무혐의 처분한다. 횡령과 가장납입(상법 위반) 두 가지 혐의를 수사한 뒤 옵티머스가 투자금을 당초 투자제안서대로 투자한 것으로 파악했고, 전파진흥원의 재산상 손해가 없다는 게 무혐의 처분의 사유였다. 전파진흥원이 수사를 의뢰했던 시점은 옵티머스 측이 성지건설의 상장 폐지 등으로 자금난이 악화되어 본격적인 펀드 돌려막기에 돌입하던 때였다.

당시 펀드 사기 규모는 천억 원 내였다. 하지만 옵티머스는 이후로도 펀드 영업을 지속해 5천억 원대의 펀드 환매중단 사태가 터지게 만들었고, 2021년 6월까지 피해액은 1조 원 이상으로 불어났다. 만약 2018년 당시 검찰이 수사를 제대로만 했다면 피해 규모가 기하급수적으로 늘어나는 일은 막을 수 있었던 것이다. 그러므로 옵티머스펀드 사기 피해의 책임은 수사를 제대로 하지 않은 서울중앙지검과 당시 지검장인 윤석열에게도 있다고 봐야 한다.

당시 윤석열은 옵티머스펀드의 고문 변호사인 이규철과 만난 사실이 밝혀졌다. 이규철은 박영수 특검팀에서 대변인으로 활동했던 인물이다. 〈열린공감TV〉 취재에서 이규철은 두 사람이 만난 사실을 인정했다. 다만 두 사람 모두 개를 키우고 있어서 '강아지 이야기만 하고 나왔다'고 말했다. 그 후 서울중앙지검은 옵티머스 김재현 대표 등을 증거 불충분으로 무혐의 처분했다.

해당 사건의 피해자들은 지금도 고통 속에 살아가고 있다. 하지만 검찰은 옵티머스 사기 사건의 피해가 눈덩이처럼 불어난 뒤에도 김재현 대표 및 실무자급만 구속했을 뿐, 〈열린공감TV〉에서 실질적 윗선으로 주목한 양호 전 나라은행장, 이헌재 전 부총리 등에 대해서는 수사를 진행하지 않았다. 〈열린공감TV〉는 2백여 개가 넘는 옵티머스 관련자들의 녹취파일을 입수 분석한 뒤 방송을 했지만 검찰은 모두 무시했고, 지금도 실무자들에 대한 법적 소송만 이어 가고 있을 뿐이다.

〈열린공감TV〉의 취재는 이후로도 멈추지 않았다. 취재를 통해 라임펀드 사기 사건과 옵티머스펀드 사기 사건의 몸통이 하나일 수도 있음을 찾아낸 것이다. 두 사건에 겹치는 인물들이 등장하며, 실제로는 그들이 가장 큰 수혜를 받은 것으로 보인다.

그러나 검찰의 수사는 여전히 꼬리 자르기에 급급한 듯 보인다.

무능한 건지 무능하려 한 건지

기무사 계엄 문건 수사 관여 의혹

박근혜 전 대통령 탄핵 국면 당시 국군기무사령부 계엄령 문건 수사와 관련해 당시 서울중앙지검장은 윤석열이었다.

검찰은 당시 검찰 조직과 별개로 구성된 '기무사 계엄령 문건 합동수사단'의 활동 기간 중 윤석열은 지휘 보고 라인이 아니어서 관련 수사에 관여한 바 없다고 했다. 하지만 합동수사단은 법률에 따라 설치된 별도의 수사기구가 아니다. 민간인 피의자에 대한 처분의 책임은 검찰에 있고, 최종 책임은 합동수사단장인 노만석 당시 서울중앙지검 조사2부장의 상관인 서울중앙지검장과 검찰총장에게 있었던 것이다. 당시 검찰은 어떤 이유에서인지 조현천 전 기무사령관을 불기소 처분했는데, 불기소 이유 통지서의 발신인란에는 '서울중앙지방검찰청 검사장'이라는 직인이 찍혀 있었다.

윤석열은 내란음모 사건 수사를 불투명하게 덮어 버리고도 '보고를 못 받았으니 책임도 없다'라는 이치에 맞지 않는 변명을 한 것이다. 대검찰청은 합동수사단 파견 검사를 서울중앙지검 검사 직무대리로 발령을 내고 사건을 처리하는 과정에서 벌어진 형식적 문제일 뿐 검찰의 지휘체계와는 무관하다고 재차 반박했다. 대검 관계자는 '별도의 수사단이 꾸려진 다른 사건들과 마찬가지로 계엄령 문건 사건도 민간인에 대한 처분은 서울중앙지검 검사로서 할 수밖에 없다'며 '불기소 이유 통지서는 사건이 등록된 기관장 명의로 일괄 발급되는 것이어서 서울중앙지검장의 직인이 찍혀 있을 뿐 윤석열 지검장이 관여한 바는 없다'고 했다.

합동수사단은 계엄령 문건 수사와 관련해 내란음모 피의자인 조현천을 기소 중지하고 박근혜 전 대통령, 황교안 전 대통령권한대행, 김관진 전 청와대 국가안보실장, 한민구 전 국방부장관 등 '윗선' 8명에 대해 참고인 중지 처분했다. 서울중앙지검은 합동수사단 해체 이후 이 사건을 넘겨받아 해외 도피 중인 조현천의 여권을 무효화하고 범죄인 인도를 청구하는 등 강제송환을 추진하고 있다고 한다. 하지만 조현천은 여전히 해외 도피 중이다. 못 잡아 오는 것인지 안 잡아 오는 것인지 의심이 되는 대목이다.

사법농단 전·현직 판사 무죄선고에 따른 기소 책임

대법원은 양승태 전 대법원장 시절 '사법행정권 남용' 관련 혐의로 재판을 받아 온 판사 3명에 대해 무죄를 확정했다.

2016년, 이른바 '정운호 게이트' 당시 서울중앙지법 영장전담판사였던 조의연과 성창호는 법관의 비리가 포함된 검찰 수사 기록을 신광렬 당시 형사수석부장판사에게 보고했고, 신광렬은 이를 상부에 보고해 공무상 비밀 누설 혐의로 기소되었다. 하지만 원심은 이들의 행위를 직무 수행의 일부로 판단했고, 대법원도 이를 인정한 것이다.

검찰은 2018년 사법행정권 남용 의혹을 수사해 양승태 전 대법원장, 임종헌 전 법원행정처 차장을 비롯한 전·현직 판사 14명을 재판에 넘긴 바 있다. 사실 검찰이 수사에 나서기 전에 법원 자체적으로 적절한 조치를 했어야 마땅한 일이다. 그런데 양승태 등 당시 법원 수뇌부에서는 오히려 재판 개입을 주도하고 판사 비위를 은폐한 혐의로 재판을 받게 된 것이다.

이들 가운데 유해용 전 대법원수석재판연구관을 포함한 4명의 무죄가 확정되었다. 임성근 전 부산고법 부장판사 등 4명도 1심 또는 2심에서 무죄를 선고받았다. 서울중앙지검이 특별수사팀까지 꾸려 대대적으로 수사를 진행했는데도 기소된 사람들 가운데 절반 이상이 무죄가 확정되었거나 하급심에서 무죄판결을 받은 셈이다.

물론 사법행정권 남용 전체가 면죄부를 받은 것은 아니다. 법원은 신광렬에 대해 '허용되는 내용의 범위를 넘어서는 정보를 취득했다'고 지적했다. 이민걸 전 법원행정처 기조실장 등 2명은 소송에 개입한 혐의로 1심에서 유죄판결을 받았다.

이렇게 판사들의 무더기 무죄판결을 초래한 데는 검찰의 책임이 가볍지 않다고 볼 수 있다. 신광렬 등이 보고를 주고받은 내용은 이미 외부에 알려진 것이 많아서 비밀로 볼 수 있을지 논란이 있었지만 검찰은 기소를 밀어붙였다. 적폐 청산의 분위기에만 편승, 치밀한 수사 없이 무리하게 기소했다는 비판이 뒤따랐다.

당시 기소 책임은 서울중앙지검장인 윤석열에게 있었다.

김관진 전 국방부장관 구속영장 기각에 따른 판사 압박 의혹

검찰과 군 검찰이 2013~2014년 사이버사령부의 정치 개입 의혹에 대한 국방부 조사본부의 축소·은폐 의혹을 수사하는 과정에서 김관진 전 국방부장관의 혐의점이 다수 발견되었다. 우선 국방부 조사본부에 '대선 개입은 없었다'는 수사 가이드라인을 주는 등 수사에 개입한 혐의(직권남용)를 받았고, 이후 2014년 7월 세월호 참사 후속 대응 과정에서 '국가안보실장이 국가위기상황 종합 컨트롤타워'라는 국가위기관리 기본지침의 내용을 무단 삭제하는 데 관여한 혐의(공용서류 손상 및 직권남용)도 받았다.

검찰은 당시 청와대에서 관련 회의를 연 후 수사 방향이 바뀐 정황을 포착한 만큼 '윗선'의 지시 및 공모가 있었는지에 수사의 초점을 맞추었다고 했다. 하지만 김관진의 구속영장은 법원에 의해 기각되었다. 검찰은 '지극히 비상식적이고 사안의 진상을 전혀 이해하지 못한 결정으로 도저히 납득하기 어렵다'고 감정적인 반응을 보이며 반발했다. 이에 법원에 대한 과도한 비판이 사법체계 전반의 신뢰를 흔들고 있다는 우려가 나왔다.

사건의 실체를 밝히기보다 결론을 정해 두고 질주하는 듯한 수사 행태에 대한 지적이 나온 것이다.

이재수 전 기무사령관 수사 책임론

세월호 유가족을 사찰했다는 의혹으로 검찰 수사를 받아 온 이재수 전 국군기무사령관이 '모든 것을 안고 가겠다'는 유서를 남기고 투신자살했다. 이처럼 검찰 수사를 받던 중 스스로 목숨을 끊은 사례가 자주 나오자 이를 총괄하는 윤석열의 책임론이 불거졌다. 이재수를 대변해 온 임천영 변호사는 '(수사 과정에서) 입회하고 토의해 보니 이 전 사령관이 상당한 압박감을 느낀 것 같았다'고 말했다. 그러면서 '답을 정해 놓고 끼워 맞추기식 수사를 하니 극단으로 몰리는 것'이라고 지적했다.

이재수는 2014년 6·4지방선거를 앞둔 상황에서 이른바 '세월호 정국'이 박근혜 정부에 불리하게 전개되자 이를 타개하기 위해 기무사 부대원들을 동원, 세월호 유가족과 안산 단원고 학생 동향을 사찰하도록 한 혐의(직권남용 및 권리행사방해)를 받았다. 검찰은 이재수를 불러 조사한 뒤 구속영장을 청구했으나 법원은 영장을 기각했다.

그러자 검찰은 고질적인 수사 압박을 가했던 것으로 보인다. 별건 수사로 압박을 했거나 가족 등을 거론했다라는 말까지 흘러나온다. 이에 이재수는 A4 용지 두 장 분량의 유서에 '내가 모든 것을 안고 가겠다. 세월호 유족에게 한 점 부끄러움 없이 일했다'고 적은 후 스스로 목숨을 끊은 것이다. 이재수는 박근혜 전 대통령의 남동생인 박지만과 중앙고, 육군사관학교(37기) 동기이기도 하다.

윤석열이 수사 책임자로 있을 때 유명을 달리한 피의자는 이재수가 처음이 아니었다. 앞서 살펴본 것처럼 국정원 댓글 사건 수사 진행 중

검찰 조사를 받던 피의자 두 명도 1주일 간격으로 목숨을 끊었다. 이에 검찰이 조사 과정에서 필요 이상의 압박을 가한 것 아니냐는 추측이 나오며, 수사를 총괄하는 윤석열의 책임론이 불거지기도 했다.

언론사 사주들과의 부적절한 만남

2020년 7월, 박상기 전 법무부장관은 〈뉴스타파〉와의 인터뷰에서 '윤석열 검찰총장이 서울중앙지검장 시절 언론사 사주들을 비밀리에 만나고 다녔다는 소문이 있어 이를 확인한 결과 사실이었다는 보고를 받았다'고 말했다. 〈뉴스타파〉는 박상기 전 장관의 증언을 확인하는 과정에서 당시 박 전 장관에게 윤석열과 언론사 사주의 회동을 보고한 법무부 간부가 윤대진 검찰국장(현 사법연수원 부원장)이며, 윤석열이 만난 언론사 사주는 〈조선일보〉의 방상훈 사장이라는 사실을 파악했다고 보도했다.

검찰의 간부가 언론사의 편집국장이나 사회부장을 만나는 일은 종종 있어 왔다. 하지만 언론사 사주를 직접 만나는 일은 매우 이례적이다. 더욱이 윤석열이 방상훈과 만난 시기에는 방씨 일가와 관련된 여러 건의 고소·고발이 서울중앙지검에 접수되어 수사가 진행 중이었으며, 윤석열의 정계 진출설이 나돌기도 했다. 윤석열과 방상훈의 비밀 회동은 수사기관의 수장이 피고발인을 몰래 만난 꼴이었던 것이다.

이에 박 전 장관은 '어이가 없었다. 도대체 이게 상식적으로 말이 안 된다'라며 이 문제와 관련해 '윤 총장이 (박 전 장관에게) 직접 보고나 해명을 한 적은 없었다'고 덧붙였다.

당시 방상훈 측은 각종 수사에 시달리고 있었다. 2018년 3월 민주언론시민연합 등 4개 단체가 '박근혜 국정농단 사태 무마를 위한 불법거래 의혹'을 수사해 달라며 〈TV조선〉 간부를 서울중앙지검에 고발한 사건을 시작으로, 2019년 2월 민생경제연구소 등이 고발한 방상훈 사장의 아들 방정오의 횡령·배임 의혹 사건, 2019년 3월 〈뉴스타파〉의 보도로 알려진 로비스트 박수환 문자 관련 형사고발 사건, 2019년 6월 전국언론노동조합 등이 〈조선일보〉 방상훈 사장과 경영진을 배임 등의 혐의로 고발한 사건 등이 있었다. 또한 그것들과는 별도로 2018년 초부터 서울중앙지검은 검찰과거사위원회의 권고에 따라 '故 장자연 씨 사건'과 관련해 방정오 〈TV조선〉 전 대표와 그 동생인 방용훈 코리아나호텔 사장에 대한 수사도 진행하고 있었다.

결국 윤석열이 서울중앙지검장이던 시기 내내 〈조선일보〉와 방씨 일가는 서울중앙지검의 수사 대상에 올라 있었던 것이다. 윤석열 측에서는 지금까지 공개된 일정 외에는 누구를 만났는지, 또 어떤 성격의 만남이었는지 확인해 줄 수 없다는 답변만 하고 있다.

언론사 사주와의 부적절한 만남은 비단 〈조선일보〉에 국한된 것이 아니었다. 〈뉴스타파〉의 또 다른 보도에 의하면, 지난 2018년 11월 어느 날 밤 서울 인사동에 위치한 한 술집에 윤석열 당시 서울중앙지검장이 나타났다. 해당 술집의 사장은 윤석열과 오래전부터 아는 사이인데 윤석열이 찾아온 것은 10여 년 만이었다고 한다. 당시 윤석열은 양복 상의를 입지 않은 와이셔츠 차림이었고, 비가 와서 우산을 씌워주던 운전기사를 제외하면 혼자였으며, 이미 술을 많이 마신 상태로 보였다고 한다.

그리고 잠시 뒤 중앙홀딩스의 홍석현 회장이 나타났다. 홍석현은 술을 마시지 않은 상태로 보였고, 양복이 아닌 갈색 가죽점퍼 차림이었다. 홍석현은 혼자 오지 않았다. 홍석현이 대동한 사람은 점을 치거나 사주팔자를 봐 주는 역술가였다고 한다.

해당 술집은 누구나 드나들 수 있는 대중적인 술집이지만, 당시는 늦은 시각이어서 손님이 거의 없었다고 한다. 윤석열과 홍석현의 회동은 밤 11시쯤 시작되어 새벽 1시까지 이어졌다고 한다. 홍석현은 삼성그룹 전 회장 이건희의 처남이다. 그의 부친인 홍진기는 일제강점기에 판사를 하다 해방 후 이승만 정권의 내무부장관을 지냈으며, 4·19혁명 이후 사형을 선고받았으나 감형되어 석방된 인물이다. 이후 1967년 이건희의 부친 이병철과 사돈을 맺고 〈중앙일보〉 회장 등을 지냈다. 홍석현은 부친 홍진기로부터 〈중앙일보〉 등을 물려받았고, 현재 〈중앙일보〉와 〈JTBC〉, 메가박스 등 45개 계열사를 지배하는 중앙홀딩스의 회장이다.

홍석현은 주미대사를 지내던 2005년 당시 폭로된 이른바 '삼성X파일 사건'에서 이건희의 지시에 따라 전·현직 검사들에게 직접 뇌물을 전달한 사실이 드러났지만, 결국 처벌을 받지 않은 인물이기도 하다.

그가 설립한 '여시재'라는 씽크탱크에는 이헌재, 이광재 등 전·현 정부의 관계자들이 연관된 것으로 알려진다.

2018년 11월 20일은 금융위원회 산하 증권선물위원회가 삼성바이오로직스 관련자들을 고의 분식회계 혐의로 검찰에 고발한 날이었다. 이 사건은 다음 날인 11월 21일 윤석열이 지검장으로 있는 서울중앙지검 특수2부에 배당되었다. 이렇게 민감한 시기에 범(凡)삼성가의 원로 격인 홍석현과 당시 수사지휘자인 윤석열이 만나 술자리를 가졌다는 자체가 매우 부적절한 일이 아닐 수 없다.

화천대유와 윤석열

화천대유와 윤석열 부친의 연희동 집

발단은 부동산이었다.

〈열린공감TV〉는 2021년 9월 28일 단독 보도를 통해 대장동 개발 사업으로 수천억 원의 배당금을 챙긴 천화동인 3호의 소유주와 윤석열 부친 윤기중 사이에 부동산 거래가 있었던 사실을 공개했다.

천화동인 3호의 소유자는 대장동 개발 사업 시행사인 화천대유의 대주주 김만배의 친누나인 김명옥이다. 그녀가 윤석열이 검찰총장 인사청문회를 준비하던 시점인 2019년 7월 2일 윤석열 부친의 연희동 집을 매입한 것이다. 그 집은 윤기중이 1973년부터 46년간 살던 단독주택으로 현 시세는 30억~40억 원에 이른다고 하며, 일반 아파트와 달리 전세나 매매 등 거래 자체가 거의 없는 지역이라 사실상 직거래했을 확률이 높다는 의견이 많았다.

집을 이미 두 채나 소유한 김명옥이 왜 하필 거래가 활발하지도 않은 주택가의 비싼 집을 매입한 것일까? 혹시 부동산 매매를 위장한 뇌물성 거래는 아니었는지 합리적 의심을 하기에 충분한 사안이었다. 서류상으로는 윤기중이 거래한 것으로 되어 있으나 고령인 부친을 대신해 윤석열이나 부인 김건희가 거래했을 수도 있으며, 매입 금액을 실거래가보다 더 쳐주는 뇌물성 거래일 가능성도 제기되었다.

이에 윤석열 측은 '〈열린공감TV〉 오보에 대한 입장문'을 통해 '윤 명예교수는 2019년 3월 고관절 수술을 받아 연희동 집 계단을 오르는 것이 불가능해 부득이 딸을 통해 인근 부동산중개소에 시세보다 싼 평당 2천만 원에 급히 집을 내놨다'며 '부동산에서 3명 정도를 소개받았고 그중 한 명인 김 씨에게 부동산중개소에 내놓은 금액대로 총 19억 원에 매도했다. 윤 명예교수의 건강 문제로 급히 팔았기 때문에 시세보다 많이 낮은 가격이었다'고 해명했다. 그러면서 '〈열린공감TV〉에 대한 민·형사상 법적 조치를 취하겠다'고 별렀다.

〈열린공감TV〉는 이들의 주택 거래 사실을 확인하기 위해 윤석열 부친이 거주하는 서대문구 남가좌동 아파트를 찾았다. 인터폰을 통해 문을 열어 줘 해당 아파트에 들어갔고, 엘리베이터를 통해 아파트 문 앞까지 정상적으로 도착했으나, 윤석열의 여동생으로 추정되는 사람의 제지로 자택 안으로 입장하여 취재하기는커녕 문밖에서 볼멘소리만 들은 채 발길을 돌려야 했다.

이에 윤석열 캠프의 김병민 대변인은 논평을 통해 '〈열린공감TV〉가 윤석열 후보의 노부모 자택을 막무가내로 찾아와 취재를 빙자한 패륜적 행위를 한 경악스러운 일이 벌어졌다'고 했으며, 윤석열의 여동생은 〈열린공감TV〉를 무단 주거침입으로 경찰에 신고하기까지 했다. 하지만 〈열린공감TV〉가 공개한 동영상을 보면 김병민 대변인이 우려할 만한 막무가내식 방문이나 패륜적 취재 행위는 일절 없었으며, 무단 주거침입이 아니라 윤기중의 집에서 아파트 공동현관문을 열어 주어 엘리베이터를 타고 올라갈 수 있었음을 알 수 있다.

〈열린공감TV〉는 이어 2021년 10월 18일 방송된 '윤석열의 거짓 해명 입증할 추가 증거! 강아지 키울 마당 있는 집 원했던 화천대유 김만배(누나)의 수상한 부동산 거래' 편을 통해 윤석열 측에서 밝힌 해명에 대해 증거를 토대로 조목조목 반박 보도했다.

윤석열 측이 부동산 거래를 중개했다고 지목한 연희제일공인중개사무소(이하 연희제일)는 〈채널A〉와의 인터뷰에서 '2019년 3월에 매물이 나와서 한 달 만에 계약이 체결되었다'고 했다. 하지만 정작 연희제일이 운영하는 블로그에는 2019년 4월 9일에 매물을 올려놓았다. 아마도 블로그에 매물을 올려놓은 걸 깜박하고 거짓말을 한 것으로 보인다.

윤석열 측에서는 3월에 급매물을 내놓았고 집 사진과 영상만 한 달 뒤에 올린 것이라고 주장할 수 있겠지만, 이 역시 말이 안 된다. 〈열린공감TV〉가 조경 전문가에게 블로그 사진과 동영상에 나오는 정원수와 화초의 상태를 보여 주고 문의한 결과 4월 중순을 전후해 촬영된 것으로 보인다는 감정 소견을 받았다.

조경 전문가의 의견까지 종합해 볼 때, 연희제일에서는 윤석열 측의 요청으로 부친 집을 촬영해 2019년 4월 9일 블로그에 올리고 3일 후인 4월 12일 계약을 체결한 것으로 보인다.

그렇다면 윤석열 측과 연희제일은 왜 4월 9일 블로그에 매물을 올려놓고도 3월에 내놓은 급매물이 한 달 뒤에 팔린 것으로 거짓 해명을 했을까?

우선 양쪽 모두 급하게 해명을 내놓으면서 2019년 4월 9일 블로그에 매물을 올린 사실을 깜박했던 것으로 의심된다. 만약 블로그에 매물을 올려놓은 사실을 염두에 두고 있었다면 3월에 급매물을 내놨고 한 달 후에 계약이 체결되었다는 식의 해명을 하지는 않았을 것이기 때문이다. 이는 아마도 상대방을 알지 못한 상태에서 계약이 이루어진 것처럼 보이게 하려는 의도로 판단된다. 4월 9일 블로그에 매물이 올라오고 3일 뒤인 4월 12일에 19억 원짜리 계약이 체결되었다면 정상적인 거래로 보이기 어렵기 때문이다. 더구나 해당 블로그에는 대지면적, 건물평수, 시세 등 매물과 관련한 필수 정보가 전혀 나와 있지 않았다.

윤석열 측과 김명옥(김만배) 측은 블로그에 매물을 올려놓기 전에 이미 매매계약을 체결하기로 합의되어 있었던 것으로 보인다. 다만 연희제일을 통한 통상의 거래로 보이게 하기 위해 형식적으로 부동산 블로그에 매물을 올려놓은 것이다. 연희제일은 〈열린공감TV〉 보도가 나간 후 해당 블로그의 매물을 삭제했다. 하지만 〈열린공감TV〉는 혹시 모를 사태에 대비, 해당 블로그를 이미 캡처해 놓은 상태였다. 아마도 윤석열 측에서는 2019년 4월 9일자 매물만 안 보이게 하면 거짓말을 유지할 수 있을 것으로 판단한 것 같다. 2019년 3월 달에 10여 곳 부동산중개업소에 부친 집을 매물로 내놨고 이를 보고 연희제일에서 3

명을 소개해 이 중 한 명과 4월 12일 계약을 체결한 것으로 말 맞추기를 해야만, 계약 당시 부친의 집을 산 사람이 김만배의 누나라는 사실을 몰랐다고 주장할 수 있기 때문이다.

하지만 매매계약 체결 3일 전 연희제일 블로그에 부친 집의 매물이 올라온 사실이 〈열린공감TV〉를 통해 공개되면서 그 계획에 차질이 빚어진 것 같다. 윤석열 측에서는 이에 대해 지금까지 단 한 마디의 해명이나 반박도 내놓지 못하고 있다.

김명옥은 〈JTBC〉, 〈채널A〉와의 인터뷰를 통해 '강아지를 키울 만한 마당이 딸린 집이 필요해 윤석열 부친의 집을 사서 그곳에서 살았다'고 했다. 하지만 〈TV조선〉에서는 '매입 후 곧바로 월세를 줬다'고 했다. 자신이 어떤 집에 살았는지 안 살았는지를 혼동한다는 것은 상식적으로 있을 수 없는 일이다. 현재 김명옥이 윤기중으로부터 구입한 집에는 다른 사람이 살고 있다.

그렇다면 당시의 윤기중은 반평생 살아온 집을 헐값에 팔아야 할 만큼 경제적으로 궁한 상태였을까? 아들인 윤석열은 공직자 재산신고 금액만 60여 억 원에 이르는데도?

부자지간이라도 경제적으로는 엄연히 구별되는 만큼 부자인 아들이 궁핍한 부친을 나 몰라라 할 수도 있겠다. 하지만 윤기중은 연희동 집을 팔기 전 새로 이사할 아파트를 이미 계약했고 등기까지 마친 상태였다. 이를 보면 윤기중이 정든 집을 헐값에 내놓을 만큼 급전이 필요했을 것 같지는 않다.

윤석열이 부친의 연희동 집이 안 팔려 고민이라는 것을 안 김만배가 친누나 명의로 그 집을 사 주지 않았나'라는 합리적인 의심이 드는 이유도 여기에 있다. 또는 고령인 윤기중이 잘못될 경우 상속세 등 각종 세금에 대한 문제를 인식하고 미리 '파킹 뇌물(부동산 등을 차명으로 구입한 다음 시간이 지난 뒤에 여러 단계를 거쳐 돌려주는 방식)'을 장치했을 가능성도 배제할 수 없다.

윤석열은 '김만배와 개인적으로 친분이 없고 10여 년 전 상갓집에서 먼발치로 눈인사를 나눈 정도가 전부'라고 했다. 그러나 2019년 6월 윤석열이 검찰총장후보자에 지명되었을 당시 김만배와 몇몇 기자들이 국회 인사청문회를 같이 준비했다는 제보가 〈열린공감TV〉에 들어왔다. 당시 김만배는 〈머니투데이〉의 법조전문기자였다. 인사청문회를 함께 준비할 정도라면 두 사람이 오래전부터 가까운 사이였음을 짐작할 수 있다.

김명옥의 친척이라는 어떤 제보자에 따르면, 김명옥은 연희동 집을 구일할 당시 그 집이 윤석열 부친의 소유임을 이미 인지하고 있었다고 한다. 2019년 김명옥이 윤석열의 부친 집을 샀다고 자랑하는 이야기를 들었다고 증언하기도 했다. 김명옥은 '나라사랑새정신운동본부'라는 단체의 대표인 것이 밝혀졌다. 김명옥은 2010년 이 단체에 이사로 합류, 2019년 8월에 대표로 취임한 뒤 현재까지 대표직을 유지 중이다. 이 단체의 설립에는 소위 '뉴라이트운동'을 이끈 서경석 목사도 참여했던 것으로 드러났는데, 서경석이 2006년 주도한 '한반도 평화를 위한 시국선언'의 서명자 명단에는 윤석열의 부친 윤기중도 포함되어 있었다. 서경석과 윤기중의 관계, 서경석과 김명옥의 관계를 감안할 때 윤기중과 김명옥이 서로를 몰랐을 가능성은 오히려 적어 보인다.

참고로 '나라사랑새정신운동본부'는 2011년 학생인권조례 저지 및 폐기 운동, 2014년 종교계 인사들의 이석기 전 통합진보당 의원 탄원에 대한 반대 운동, 2015년 종북세력청산범국민협의회 출범 등에 참여한 극우 성향의 보수 단체로 알려진다.

〈열린공감TV〉는 각종 제보와 취재를 토대로 윤석열과 김만배가 '깐부' 사이였음을 입증했다. 그런 의미로 볼 때 '20년 법조출입기자 김만배와 잘나가던 검사 윤석열이 호형호제하는 사이'라는 김의겸 열린민주당 의원의 주장은 타당해 보인다.

화천대유와 SK 그리고 윤석열

사실 대장동 화천대유 게이트가 어떻게 시작되었는지를 알기 위해서는 돈의 흐름만 추적하면 된다. 하지만 검찰 수사는 화천대유 게이트의 몸통으로 넘어가지 못하고 유동규, 남욱, 정영학, 김만배 등 화천대유 4인방에 대한 수사에서 제자리걸음을 하고 있다. 돈의 흐름이 아니라 정영학의 녹취록에 기초한 수사를 하고 있기 때문이다. 정작 화천대유의 몸통, 즉 누가 '50억 클럽'에 속한 자들에게 거액의 뇌물을 주도록 지시했는지에 대해서는 별다른 관심을 보이지 않는 것 같다.

대장동 개발 사업을 추진한 하나은행컨소시엄은 2015년 3월 우선협상대상자로 선정된 뒤 '성남의뜰'이라는 특수목적법인을 만든다. 출자지분은 성남도시개발공사가 50%(+1주), 하나은행과 KB은행과 기업은행이 30%, 동양생명과 하나자산이 13%, SK펀드에 금전신탁으로 들어간 천화동인1호~7호가 6%, 화천대유가 1%(-1주)이다. 하지만 진행 상황을 보면 불과 1%의 주식을 가진 화천대유가 모든 사업과 수익 배분을 좌지우지했다는 것을 알 수 있다. 즉 화천대유를 지배하는 자가 화천대유 게이트의 몸통인 것이다.

국민의힘과 보수언론에서는 이재명 전 성남시장이 민간사업자에게 막대한 개발 이익을 안겨 준 몸통이라고 지목하지만, 정작 화천대유를 누가 지배했는지는 애써 외면하고 있다. 그래서 화천대유 게이트의 몸통을 밝히기 위해서는 국민의힘에서 했던 처음의 질문, '화천대유는 누구의 것입니까?'로 돌아가야 한다. '화천대유는 누구의 것입니까?'라는 질문은 '화천대유는 누구의 돈으로 만들어진 것입니까?'로 바꿀 수 있다. 바로 이 질문에 대답하기 위해 우리는 명동 사채업자 정창성에 대해 조사를 시작했다.

정창성은 명동 사채시장에서 꽤 알려진 업자이다. 그는 양창갑이라는 전설적인 사채업자 밑에서 6년간 사무장으로 일하면서 부동산 개발업자들과 인연을 맺은 것으로 알려진다. 제보에 따르면, 정창성은 머니투데이 김만배 기자와 킨앤파트너스(SK그룹과 특수 관계에 있는 회사) 박중수 대표에게 4백억 원을 빌려 준 인물로 지목된다.

킨앤파트너스의 감사보고서를 보면 2015년에 4백억 원을 차입하는데 차입처가 '개인3'으로 기재되어 있다. 즉 '개인3'이 킨앤파트너스를 거쳐 화천대유에 돈을 빌려 준 것이다. 이 '개인3'이 누구인지를 밝혀내야 화천대유의 몸통이 누구인지를 알 수 있다.

SK그룹에서는 '개인3'이 최태원 회장이 아니라 최 회장 동생인 최기원 SK행복나눔재단 이사장이라는 해명을 내놓았다. 그런데 〈열린공감TV〉 취재 결과 킨앤파트너스에 최초로 4백억 원을 수혈해 준 사람이 명동 사채업자 정창성이라는 정황이 포착된 것이다. 그렇다고 정창성이 '개인3'이라는 뜻은 아니다. '개인3'이 급전을 구하기 어려워 사채업자 정창성으로부터 거금을 빌렸을 수도 있기 때문이다.

당시 최태원은 횡령죄로 수감되어 있었다. 아무리 재벌 회장이라도 감옥 안에서 4백억 원을 마련하기란 쉽지 않았을 것으로 보인다. 만약 '개인3'이 최태원이라면 화천대유가 설립된 2015년 2월 감옥 안에서 화천대유에 4백억 원을 수혈해 주기 위해 믿을 만한 사채업자로부터 급전을 빌렸을 수도 있다.

제보에 따르면, 정창성은 재벌들은 물론 정치권 인사들, 언론사 간부들과도 상당한 친분이 있다고 한다. 화천대유 대주주인 김만배 〈머니투데이〉 기자가 SK그룹 출신 킨앤파트너스 박중수 사장과 같이 정창성을 찾아간 것도 이 같은 배경 때문으로 보인다.

또한 정창성은 자신의 동생이 서울중앙지검 1호차를 운전했다면서 주변에 윤석열 서울중앙지검장과의 친분을 자랑하고 다녔다는 제보도 있다. 정창성은 〈열린공감TV〉 취재진에게 자신의 동생이 서울중앙지검 1호차 운전사라는 사실을 인정했다. 다시 말해, 정창성은 화천대유에 최초 자금을 지원해 준 킨앤파트너스 대표 박중수와 화천대유 대주주 김만배는 물론 윤석열과도 연결되는 인물인 것이다. 김만배를 그저 이름만 아는 사이라고 한 윤석열의 해명이 군색해지는 대목이다.

제보자는 정창성의 동생 정x모가 현재 윤석열 대선캠프에 있다고 언급하기도 했다.

〈열린공감TV〉는 대장동 개발 사건과 관련, SK그룹 최태원 회장 남매와 화천대유의 유착 의혹에 대해 여러 차례 보도했다. 보도가 나가고 난 뒤 SK그룹에서는 'SK그룹과 최태원 회장의 명예를 훼손하는 허위사실을 유포해 온 〈열린공감TV〉 관계자들을 고발하겠다'는 보도자료를 언론에 배포하였다. 기성언론들은 그 보도자료 그대로 기사를 작성하여 〈열린공감TV〉가 허위사실을 유포한 것이 기정사실로 보이도록 만들었다. 언론권력과 유착된 자본권력의 힘을 실감한 순간이었다.

〈열린공감TV〉는 SK그룹 최태원 회장이 화천대유 게이트에서 어떤 역할을 했는지 규명하는 것이 대단히 중요하다고 보고 대장동 개발사업 초기 SK그룹과 특수 관계인 킨앤파트너스로 흘러들어 간 350억 원의 자금을 추적했다. 그리고 킨앤파트너스의 법인등본과 감사보고서 등을 조사하는 과정에서 킨앤파트너스가 화천대유에 빌려 주기로 약정한 금액이 무려 3826억 원이라는 사실을 발견하게 되었다.

사업 초기 자금이 필요해 누군가에게 돈을 빌렸다면 최초 약정한 이자만 지급하면 된다. 그런데 빌린 돈을 투자금으로 변경해 주고, 그에 따른 수익률을 6%에서 20%로 변경해 주는 사업가는 없을 듯싶다.

또한 2017년 말 화천대유 차입 현황을 보면 총 대출약정 한도가 4120억 원으로 늘어나고 실제 차입금액도 3090억 원으로 늘어난다. 그런데 차입처를 보면 킨앤파트너스의 차입금액은 각 블록별로 30억 원에서 70억 원으로 다 합쳐 봐야 4백억 원 남짓에 불과하고, 실제 차

입금액은 성남대장제1차, 제2차, 제3차라는 정체불명의 회사가 블록당 3~4백억 원씩 2천5백억 원에 가까운 돈을 대출해 준 것으로 나온다. 그리고 킨앤파트너스의 350억 원 대여금은 955억 원짜리 수익증서로 변경된다. 대출의 주체가 킨앤파트너스에서 성남대장제1차, 제2차, 제3차로 변경된 것을 알 수 있다.

결국 킨앤파트너스는 사업 초기 화천대유에 3천8백억 원의 대출한도를 설정해 주고 350억 원의 브릿지론을 제공한 대가로 955억 원의 투자수익을 올린 것이다. 이 정도 규모의 프로젝트라면 당연히 최기원 이사장의 개인적인 대여 활동으로 보기는 어렵고, SK그룹이나 최태원 회장이 개입되었을 가능성이 엿보이기에 관련 의혹을 보도한 것이다.

이런 합리적 의심을 근거로, 킨앤파트너스는 최태원 회장의 실소유로 볼 수 있으며, 이렇게 되면 화천대유는 SK그룹 계열사로 분류될 수 있다. 킨앤파트너스가 최기원 이사장에게서 연리 10%로 돈을 빌려 와서 그중 291억 원을 6.9% 이율로 화천대유에 빌려 주었는데, 이러한 금융거래 행위가 화천대유를 SK그룹 계열사로 만드는 역할을 한다고 볼 수 있기 때문이다. 공정거래법상 '통상적인 범위를 초과하여 동일인 또는 동일인 관련자와 자금 거래를 하고 있는 회사로서 당해 회사의 경영에 대하여 지배적인 영향력을 행사하고 있다고 인정되는 회사는 계열사로 인정(공정거래법 시행령 제3조)'된다.

10%에 빌려 온 자금을 6.9% 낮은 이율로 291억 원이나 거래한 것은 통상적인 범위를 초과하여 자금 거래를 하는 것이다. 또한 킨앤파트너스는 자본금 5천만 원인 화천대유에 291억 원의 자금을 공급하

고 대여 한도를 3천8백여억 원으로 설정해 주는 등의 방법으로 통상적인 범위를 초과하여 거래하였고, 이로써 화천대유의 경영에 대하여 지배적인 영향력을 발휘하고 있었다. 심지어는 다른 곳의 금전대차는 하지 말아야 한다는 구속적인 약정까지 걸어 두었다.

그래서 화천대유가 SK 계열사로 인정된다고 보는 것이다.

덮어 버려! (2)

이정우 씨 변사 사건 무마 의혹

2018년 3월 31일, 영신금속공업 대표이사 이정우 씨가 용산구 서빙고동에 있는 자택 안방에서 목과 사타구니 등의 자상으로 인한 과다 출혈로 사망하는 사건이 벌어진다. 바로 앞 동에 살고 있던 90대 노모는 아들의 시신이 실려 나가는 동안에도 아무런 연락을 받지 못하고 다섯 시간이 지난 뒤에야 사돈을 통해 아들이 자살했다는 청천벽력 같은 통보를 받게 된다. 노모는 그 사건에 많은 의혹이 있다며 3년이 지난 지금까지도 재수사를 촉구하고 있다.

당시 초동수사를 진행한 경찰은 고인의 목 2곳과 사타구니 2곳에 남은 깊은 자상으로 미루어 타살의 여지가 충분한데도 자살로 처리했다. 그렇게 처리한 사유는 시신 옆에 놓인 전단지 뒷장에 '장례 없이 화장해서 뼛가루를 뿌려 주세요'라고 휘갈겨 쓴 유서 같지 않은 유서가 전부였다.

고인의 노모는 '집안 대대로 독실한 가톨릭신자이므로 아들이 자살을 하는 것은 말도 안 된다'고 항변했다. 하지만 고인의 아내와 처가 식구들이 자살에 동의함으로써 장례가 곧바로 진행되었다. 고인의 형제들은 이 사건의 진실을 밝히기 위해 동분서주했고, 사건 발생 당시 부부가 합의이혼 후 최종판결 3주 전이라는 사실을 알아내게 된다. 이에 고인의 노모와 형제들은 지난 3년간 검찰에 재수사를 요청했고, 경찰서 앞에서 1인시위를 벌이는 등 백방으로 노력했지만 흐지부지 묻히고 말았다.

고인은 양쪽 목과 양쪽 사타구니 네 군데의 대정맥이 절단되었다. 머리맡에서 발견된 칼에는 고인의 지문이 없었고, 스스로 9센티미터 깊이의 상처를 내면서도 주저흔(자해한 상처에서 드러나는 머뭇거리는 흔적) 하나 나오지 않았다고 한다. 평소 온순한 성품이라는 고인이 스스로 네 군데의 깊은 자상을 내었고, 과다출혈로 죽어 가는 와중에도 칼에 남은 자신의 지문을 지웠다는 뜻이다. 더욱 이상한 사실은 고인의 시신이 나체로 발견되었다는 점이다. 평소 자녀 사랑이 유별났다는 고인이 대학생인 두 딸과 17세 아들이 있는 집 안방에서 벌거벗고 자살을 했다는 점에는 의문이 따를 수밖에 없다.

그러나 고인의 시신을 부검한 부검의는, 고인이 나체인 이유는 사타구니 대정맥을 찾아 찌르기 위함으로 보이며 이는 전형적인 자살 사건과 유사하다고 말했다고 한다. 상식을 가진 사람이라면 납득하기 힘든 말이 아닐 수 없다.

이런 의문들에도 불구하고 경찰은 서둘러 사건을 종결했다. 초동수사의 기본적인 매뉴얼, 즉 사망시각을 추정할 수 있는 사체온도 측정, 휴대폰 통화목록 조사, 지문 및 유서의 필적감정, 고인의 가방 속에 있던 이혼 관련 서류 조사 등 어느 것도 하지 않은 채 3개월 만에 사건을 종결해 버린 것이다.

경찰에 따르면, 고인의 가족은 사건 당일 오후 3시 고인이 코를 고는 소리를 듣고 집을 나왔으며 오후 5시 귀가하여 5시 50분경 시신을 발견했다고 한다. 이 진술을 토대로 경찰이 추정한 사망시각은 오후 3시부터 5시 사이였다. 그러나 2년 반 뒤에 얻은 부검의의 소견서에는 '발견 당시 시체 강직이 온관절까지 형성되었고 시반이 등까지 내려왔다'고 되어 있었다. 이는 사망한 지 6~8시간이 지난 뒤에 나타나는 현상이며, 낮 12시 이전에 사망한 것으로 봐야 한다는 전문가의 의견이 있다. 경찰이 추정한 사망시각과는 상당한 차이를 보이는 것이다.

이정우 씨는 부검결과서가 나오기도 전에 화장되었다. 오로지 현장에서 발견된 필적감정조차 하지 않은 유서가 화장한 이유의 전부라고 한다.

고인의 형제들은 법의학 방면 전문가들의 의견을 물으러 다녔으나 매번 석연치 않은 침묵과 마주해야 했다고 한다. 정황상 잘못이 의심되더라도 동료가 내놓은 결론에 가타부타할 수 없다는 것이었다.

그러던 중 겨우 검찰의 윗선과 접촉이 되어 사건을 다시 들여다보겠다는 긍정적인 답신을 받았다고 한다. 하지만 재수사는 제대로 진행되지 않았다. 그 검찰 윗선이 바로 윤석열 서울중앙지검장이었다. 그는 유족과 다리를 놓은 모 가톨릭 신부에게 '조직에서 한 일을 자신이 어떻게 할 수는 없다'고 말했다고 한다. 조직에서 덮은 사건이기에 유족의 요청을 묵살하고 사건을 다시 덮어 버린 것이다.

이정우 씨의 변사 사건을 수사한 두 명의 형사는 이후 고속 승진을 한 것으로 알려진다. 현재 고인의 형제들은 이 사건에 대한 고소장을 제출한 상태이다. 유서 조작의 가능성이 새롭게 제시되었기 때문이다. 경찰이 당초 자살의 근거로 내세운 것은 전단지 쪼가리에 쓴 조악한 유서가 전부였다. 필적감정 결과 그 유서는 고인의 필적과 불일치하다는 소견이 나왔다.

원자력발전소 입찰 비리 수사 무마 의혹

경기도는 한국수력원자력(이하 한수원)에서 발주한 원전 관련 입찰 과정에서 담합이 있었다는 공익제보를 받았다며 이를 공정거래위원회에 신고하고 검찰에 고발했다. 경기도 공익제보 핫라인에 신한울 원전 초고압차단기 입찰에 참여한 효성중공업이 다른 기업들과 담합한 정황이 제보되었다며 관계기관에 고발한 것이다.

공익제보자는 효성중공업 직원으로 알려졌다. 제보에 따르면, 효성중공업은 신한울 원전 입찰뿐 아니라 월성·신고리 원전 건설 과정에서도 사전에 모의해 순차 입찰이나 들러리 입찰 등 부당행위를 한 의혹이 있다고 했다. 이 밖에도 입찰 담합 과정에서 원가를 조작했으며, 한수원은 이를 알고도 묵인함으로써 낙찰 기업이 적게는 수십억 원에서 많게는 수백 억 원대의 부당이익을 취하게 했다는 의혹을 제기했다.

또한 2018년 2월 한수원이 발주한 고리2호기 비상전원공급용 변압기 구매 입찰 과정에서도 효성과 LS산전의 담합 행위가 있었다고 제보하기도 했다. 당시 공정위는 효성과 LS산전에 각각 2900만 원과 1100만 원의 과징금을 부과하고 효성을 검찰에 고발한 바 있었다.

제보를 받은 경기도는 입찰 담합 사건에 대한 조사권이 없었다. 그래서 증거자료를 취합·정리하여 공정위에 신고하고 주요 혐의에 대한 법률 검토를 거쳐 효성중공업을 검찰에 정식 고발했다. 하지만 윤석열 검찰은 수사를 제대로 하지 않았다. 서울중앙지검은 이듬해 '입찰 비리 사건은 전속 고발권을 가진 공정위가 고발해야 수사할 수 있다'며 공소권 없음으로 불기소 처분했다. 이에 불복한 경기도가 서울고검에 항고했지만 기각되었고, 대검도 서울중앙지검의 처분이 옳다고 보고 재항고(고등검찰청의 항고 처분에 불복해 고소인이나 고발인이 대검찰청에 다시 판단을 구하는 절차)를 기각했다.

대검의 재항고 기각으로 신한울 원전 담합 비리 의혹과 관련된 효성중공업의 형사 절차는 사실상 종료되었다.

세월호 사건 수사 뭉개기 의혹

윤석열이 검찰총장에 재직할 당시 대검찰청은 '세월호 참사 관련 수사 의뢰 사건 등 수사를 위해 세월호 참사 특별수사단을 설치한다'고 밝혔다. 이에 임관혁(53·사법연수원 26기) 안산지청장을 단장으로 하여 총 8명의 특수통 검사들이 포함된 특별수사단이 구성되었다. 하지만 특별수사단의 수사는 번번이 지연되었으며, 결국 유가족 사찰을 포함한 대부분의 의혹에 대해 무혐의 처분을 함으로써 수사를 종결했다.

신천지 대구교회 영장 반려

윤석열은 2021년 12월 14일 프레스센터에서 열린 관훈클럽 토론회에서 '검찰총장 시절 대구에서 코로나19가 창궐할 때(2020년 2월) 신천지에 대해 압수수색을 하라는 법무부장관의 공개 지시가 내려왔는데 제가 불가하다고 했다'고 밝혔다. 소위 '정무적 판단'으로 상부인 법무부의 지시를 거부했음을 자인한 것이다.

윤석열은 그 이유에 대해 '감염병법 위반 내용이라고 하는 것은 정부의 방역을 위한 지시를 어긴 경우고 그 혐의에 대해서만 압수수색을 할 수 있는데 그런 압수수색은 방역과 역학조사에 도움이 안 된다'며 '더구나 이걸 공개적으로 한다는 것은 너무 어이가 없는 짓이었기 때문'이라고 말했다.

코로나19 사태 초기인 2020년 2월은 신천지발 감염 확산으로 국민들이 불안해하던 시기였다. 국내의 본격적인 확산은 신천지 대구교회에서 시작되었다고 할 수 있다. 확진자 수가 해당 교회 교인들을 중심으로 걷잡을 수 없이 번져 나가는 상황인데도 교회는 교인 명단을 누락함으로써 방역에 차질을 빚게 만들었다.

신천지교회에 대한 국민적 분노는 들끓을 수밖에 없었고, 이에 추미애 당시 법무부장관은 2020년 2월 28일 교단 책임자들에 대한 강제조사와 교회 압수수색 등 '선제적 수사'를 검찰에 특별지시했다. 당시 법무부는 '보건당국의 역학조사를 거부할 때에는 고발이나 수사 의뢰가 없더라도 압수수색 등 강제수사에 착수하라고 검찰에 지시했다'고 밝힌 바 있다.

하지만 윤석열 검찰은 '코로나19 수사 유의사항'을 담은 업무 연락을 각급 검찰청에 전달하는 과정에서 '압수수색 등 강제수사에 돌입할 시 반드시 대검과 사전 협의할 것'이라며 '질병관리청 등 방역당국이 방역에 필요한 명단을 확보한 상태이므로 당장은 강제수사가 필요하지 않다'는 입장을 내놓았다. 법무부의 지시를 정면으로 거부한 것이다.

당시 이만희 신천지교회 총회장을 비롯한 교단 핵심 인사들은 누락된 신도 명단을 제출하는 등 비협조적인 자세로 일관했다. 교육생은 신도가 아니라서 빼고, 지파가 다르다고 빼는 등 당시 대구에서만 2천 명가량의 명단이 누락되었음이 확인되었다. 즉 방역당국이 확보한 명단과 신천지교회가 실제 가지고 있는 명단 사이에는 큰 차이가 있다는 뜻이었다.

확진자의 동선이 파악되지 않는 혼란스러운 상황에서 신천지교회를 압수수색해 명단을 조속히 확보해야 한다는 여론이 절대적이었음에도 윤석열 검찰은 이를 공개적으로 거스르며 신천지교회에 대해 이상하리만치 소극적인 태도를 취했던 것이다.

실제 그 무렵 대구광역시는 '신도 수를 속였다'며 신천지 대구교회 관계자들을 경찰에 고발했고, 대구지방경찰청은 정확한 신도 명단을 파악하기 위해 신천지 대구교회에 대한 압수수색 영장을 대구지검에 신청했다. 그러나 대구지검은 '명단 누락 의혹과 관련해 신천지 측의 고의성을 확인하는 게 중요한 만큼 보강수사가 필요하다'며 영장을 두 차례나 반려했다.

이 일을 두고 추미애 전 장관은 2020년 6월 29일 국회 법제사법위원회에 출석해 '지시를 공문으로 내린 날짜는 2월 28일이었다. 교회 CCTV를 나중에 확보하게 되었는데 압수수색을 했다면 교회에 누가 출입했는지 알 수 있었을 것'이라며, '압수수색 골든타임을 놓쳐 CCTV가 자동 삭제되었다. 귀중한 자료를 확보하지 못하고 제때 방역하지 못한 우를 범했다'고 검찰을 질타했다.

조국을 잡아라

　무차별적 저인망 수사로 조국 전 법무부장관 일가의 인권을 말살한 윤석열 검찰의 만행은 역사에 기록될 것이다. '검찰 반란'에 해당하는 이 사건은 기득권과 언론에 의해 '조국 사태'라는 이름의 프레임으로 덧씌워졌고, 결국 사람들에게 조국 일가에 대한 잘못된 인식을 심어 주었다.

　다만, 이 책에서 조국 일가에 대한 윤석열 검찰의 비상식적 기소권·수사권 남용 사례를 일일이 설명하지는 않겠다. 이 책에서는 세 인물과 윤석열의 관계를 기록함으로써 당시 폭주하던 윤석열의 심리를 추적하는 것에 중점을 두겠다.

조국과 윤석열

　〈열린공감TV〉로 들어온 제보에 따르면, 윤석열은 문재인 대통령이 자신을 차기 대선 주자로 생각한다는 착각에 빠져 있었다고 한다.

박근혜 정부 초기에 터진 '국정원 댓글 사건' 당시 수사팀장이던 윤석열은 박근혜 정권과 대립적인 모습을 보여 주었다. 윤석열은 수사 방향을 놓고 번번이 충돌하던 조영곤 당시 서울중앙지검장에게 보고도 거른 채 국정원 직원들을 전격 체포했다가 항명 파동의 중심에 서기도 했다. 특히 윤석열이 2013년 10월 국정감사장에서 '수사에 외압이 있었다'는 폭탄선언과 함께 한 '나는 사람에게 충성하지 않는다'라는 발언은 그에게 강직한 검사의 이미지를 안겨 주는 결정적인 일화가 되었다.

문재인 당시 민주통합당 의원도 '강직한 검사' 윤석열을 좋아했던 것으로 보인다. 정직 1개월 징계를 받고 한직을 전전하던 윤석열을 만날 때마다, '아이고, 우리 윤 검사 고생이 많아요'라며 격려를 해 주었다는 후문이 있다. 이런 일이 윤석열에게 불필요한 기대를 심어 주지 않았나 싶다. 그래서인지 문재인 정부 출범 후 윤석열은 대통령이 자신을 신임하여 검찰총장에 앉혀 줄 것이라 믿었다고 한다.

윤석열의 기대는 들어맞았다. 2017년 5월 정부 출범과 함께 윤석열은 서울중앙지검장으로 영전했다. 당시만 해도 윤석열은 청와대의 적폐 청산 의지에 부응하는 듯 보였다. 이명박 전 대통령의 다스 의혹, 양승태 전 대법원장의 사법농단 의혹, 세월호 참사 사찰 의혹, 삼성바이오로직스 분식회계 의혹 등의 수사도 빠르게 진행되는 듯 보였다.

2019년 문무일 검찰총장이 퇴임할 무렵, 후임 검찰총장으로 몇몇 후보가 물망에 올랐다. 당시 윤석열은 청와대 인사 관련자들에게 '검사로서 나의 정체성은 국정농단 사건이다. 그런 내가 문재인 정부에 등을 돌릴 일이 있겠느냐'고 설득하고 다녔다고 한다. 뿐만 아니라 자신이 검찰총장이 되어 국정농단 세력의 공소를 유지할 수 있도록 해달라고 간청했다고도 한다.

검찰총장 인선을 앞두고 청와대 공직기강비서관실에서 조국 당시 민정수석에게 수차례 '윤석열 불가' 의견이 보고되었다. 하지만 여권 일각과 청와대 일부 비서진이 윤석열을 강하게 천거했고, 윤석열은 결국 검찰총장에 지명된다. 전임자인 문무일(18기)보다 5기수 아래였으니 그것만으로도 엄청난 파격이었고, 한직을 떠돌던 몇 년 전을 떠올리면 문자 그대로 벼락출세가 아닐 수 없었다.

검찰총장에 오른 윤석열은 문재인 대통령에게 영원히 충성하겠다고 말하고 다녔다고 한다. 하지만 자신의 총장 임명을 반대했던 조국 당시 민정수석과 청와대 민정팀에 대해서는 극도의 반감을 품었을 것으로 보인다. 그러다가 문재인 대통령이 조국 민정수석을 법무부장관으로 임명하려 했고, 이 소식을 들은 윤석열은 불같이 분노했다고 한다.

이후 윤석열은 조국에 대한 보복에 돌입하여 세계적으로 유례를 찾을 수 없는 기소권·수사권 남용을 자행한다.

최성해와 윤석열

동양대 전 총장인 최성해는 2020년 3월 조국의 부인인 정경심 동양대 교수 재판에 출석해 '(2019년 8월 27일) 63빌딩 중국식당에서 김병준 전 자유한국당 비상대책위원장과 우동기 전 대구교육감 등을 만났다'고 증언한 바 있다. 구체적으로 무슨 이야기를 나눈 것인지는 확인되지 않지만, 비슷한 시기 최교일 당시 미래통합당(현 국민의힘) 의원이 국회에서 동양대와 검찰만 알 수 있는 내용의 정경심 교수 관련 폭로를 이어 간다. 이 일로 인해 최성해와 미래통합당 간 사전 밀약설이 불거질 수밖에 없었다.

최성해를 미래통합당에 연결시켜 준 고리로는 최교일이 지목된다. 검찰 출신인 최교일은 당시 동양대가 있는 경북 영주를 지역구로 둔 국회의원이었다. 최성해는 〈열린공감TV〉와의 통화에서 '(내가) 최 전 의원의 당선을 많이 도와줬다'고 말한 바 있다. 이에 〈열린공감TV〉는 검찰이 정경심 교수에 대한 수사를 본격화하기 전 최성해와 정보를 주고받은 것이 아니냐는 의혹을 제기했다.

최성해는 애초 알려진 것과 달리 두세 차례 이상 검찰 조사를 받았거나 검찰에 간 것으로 보인다. 최성해가 2019년 9월 4일 서울중앙지검에 출석해 조사를 받은 것은 이미 보도된 사실이다. 그러나 최성해는 이어 9월 10일 검찰에 한 번 더 출석해 추가조사를 받은 것으로 확인되었다.

최성해는 〈열린공감TV〉 강진구 기자와의 통화에서 '(조사 내용은 밝힐 수 없지만 두 번째 조사는) 표창장 관련한 조사가 아니었다. (첫 번째 조사 때는) 미국 경제에 대한 설명을 하느라 조사가 길어졌다'고 설명했다. 검찰에 협조한 대가일까? 최성해는 본인에 대한 학력위조 관련 고발 사건에 대해 '무혐의 처분을 받았다'고 주장했다. 또한 최성해와 그 동생인 최모 동양종합건설 회장은 일감 몰아주기 의혹 등으로 2017년 검찰 수사를 받았지만 가벼운 벌금형 처분만 받은 것으로 확인되었다. 이에 〈열린공감TV〉는 검찰이 학력위조 등 이른바 '최성해 파일'을 두고 최성해와 거래를 한 것일 수도 있다는 합리적 의심을 갖게 되었다.

2020년 8월 정경심 교수 재판에서 최성해와는 다른 증언을 한 최성해의 조카는 본인의 증언과 관련해 '(삼촌 최성해가) 내가 윤석열 총장과 밥도 먹었고 (나와 윤 총장이) 문재인과 조국을 상대로 싸우고 있으니 까불지 말라고도 했다'라고 말했다. 또한 '(최성해가) 너도 구속시켜 버리겠다고 말하기도 했다'고 덧붙였다.

박상기와 윤석열

2020년 7월 2일, 박상기 전 법무부장관은 검찰의 조국 장관후보자 압수수색 당일 윤석열 검찰총장으로부터 '조국은 장관후보에서 낙마해야 한다'는 취지의 말을 들었다고 폭로했다.

당시 박상기 법무부장관은 이성윤 법무부 검찰국장으로부터 '서울중앙지검 특수부가 조국 법무부장관후보자와 관련해 20여 곳에 대한 압수수색을 시작했다'라는 보고를 받는다. 압수수색 대상에는 조국 자녀의 입시 관련 의혹이 제기된 대학들과 가족이 돈을 댄 사모펀드, 가족이 운영 중인 부산 소재 웅동학원도 포함되었다. 사실상 조국에 대한 대대적이고도 전방위적인 강제수사가 시작된 것이다.

박상기 전 장관은 당시의 상황을 두고 '어이가 없는 일이었다'고 회상했다. 또한 '이건 정치행위다', '궁극적으로는 대통령의 인사권을 흔들기 위한 의도가 있지 않았나 싶다', '내가 주도한 검찰개혁안에 대한 검찰의 반발도 이유가 되었다고 느꼈다'고 말했다. 박 장관은 검찰국장의 보고를 받은 뒤 곧바로 수사 책임자인 배성범 서울중앙지검장에게 전화를 건다. 이때 배성범 지검장은 곤혹스러워하며 '사실상 윤석열 총장이 직접 결정하고 지시한 수사'라는 말을 했다고 한다.

조국 전 법무부장관에 대한 검찰의 강제수사는 윤석열이 직접 기획하고 결정한 것이 사실이었다. 윤석열은 2019년 10월 17일 국회 국정감사 답변에서 '이런 종류의 사건은 제 승인과 결심 없이는 할 수가 없지요'라고 밝힌 바 있다.

박 장관은 국무회의가 끝나고 가는 길에 윤석열에게 전화를 걸었다. 윤석열은 박 장관과의 통화에서 노골적으로 '(조국 후보자가) 이제 그만 내려오라는 뜻으로 제가 (압수수색을) 지시했습니다'라고 말했다고 한다. 이것은 검찰의 쿠데타였다.

박 장관은 윤석열과 통화를 하며 약속을 잡았다. 장소는 대검찰청과 가까운 서울 반포의 M호텔, 두 사람의 회동은 1시간을 훌쩍 넘겼다.

그 자리에서 윤석열은 박 장관에게 '내가 사모펀드 좀 아는데 조국 이놈 아주 나쁜 놈입니다'라고 말했다고 한다. 당시만 해도 조국 법무부장관후보자를 둘러싼 의혹 중 언론이 가장 집착한 대상은 자녀의 입시 비리였다. 하지만 윤석열의 속내는 다른 곳에 있었다. 정경심 교수가 돈을 댄 사모펀드 투자에 조 후보자가 어떻게 관련되었는지를 집중적으로 본 것이다. 윤석열은 조국 전 장관이 사모펀드를 통해 대선 자금을 마련하려 했다고 본 듯하다. 차기 대통령을 노린 조국이 대선 자금을 마련하기 위해 사모펀드를 이용했다고 생각한 것이다. 윤석열의 부인 김건희는 도이치모터스 주가 조작 의혹에 깊이 연루되어 있다. 아마도 유사한 불법행위가 조국 전 장관에게도 있었다고 예단한 듯하다.

박 전 장관은 당시 윤석열이 자신과 대화한 시간의 대부분을 조국 가족의 사모펀드 관련 의혹에 할애하여 검찰 수사의 정당성을 주장했으며, 특히 '사모펀드는 사기꾼들이나 하는 짓인데 어떻게 민정수석이 그런 걸 할 수 있느냐'는 말을 반복했다고 한다.

박 전 장관의 증언이 사실이라면, 이날 회동에서 윤석열은 수사를 넘어 사실상 대통령의 임명권에 적극 개입했음을 스스로 밝힌 셈이 된다. 당시 윤석열은 청와대 비서진들과도 수시로 통화하여 조국 장관에 대한 사퇴를 종용했고, 문재인 대통령과의 독대를 수차례 요청하기도 했다고 알려진다.

제 식구 감싸기

김학의 전 법무부차관 사건 관련

2013년 3월 15일 박근혜 정부는 김학의 당시 대구고검장을 초대 법무부차관으로 임명한다. 하지만 임명 발표 직후 김학의가 건설업자 윤중천으로부터 강원도 원주에 있는 한 별장에서 성접대를 받았다는 폭로가 나왔고, 이에 김학의는 6일 만에 차관직에서 사퇴한다.

사건 수사에 들어간 경찰은 성접대 동영상을 확보하고 김학의에 대한 출국금지를 신청했으나 검찰에 의해 반려당한다. 이후 검찰은 '동영상 속 여성을 파악할 수 없다'는 이상한 논리로 윤중천에 대한 구속영장만 신청한다. 이듬해 동영상 속 여성이 직접 고소장을 접수함으로써 수사가 재개되지만, 이때에도 검찰은 기존 수사 검사에게 사건을 배당함으로써 또다시 무혐의 처분이 나오도록 만든다. 두 차례 수사에도 불구하고 성접대 당사자인 김학의에 대해서는 압수수색 한 번 집행되지 않은 채 사건은 그대로 묻히는 듯 보였다.

그러던 중 박근혜가 탄핵당하고, 문재인 정부의 검찰과거사위원회에서는 김학의 사건에 대한 재수사를 대검에 권고한다. 이에 김학의는 2019년 3월 22일 한밤중에 인천국제공항을 통해 출국을 시도하다 제지당한다. 당시 김학의는 본인과 비슷한 외모의 남성을 앞세워 언론의 시선을 분산시킨 뒤, 본인은 모자와 선글라스와 목도리로 정체를 숨긴 채 공항에 진입해 첩보영화를 방불케 하는 장면을 연출하기도 했다.

당시 검찰과거사위원회가 수사를 권고한 대상은 김학의뿐이 아니었다. 1, 2차 수사 당시 수사 외압을 가한 것으로 의심되는 곽상도 전 민정수석과 이중희 전 민정비서관을 비롯, 부실수사를 한 1, 2차 수사팀의 검사들도 그 대상에 포함되었다. 특검 요구까지 빗발치는 시점에 대검은 억지춘향식으로 '법무부 검찰과거사위원회 수사 권고 관련 수사단(3차 수사팀)'을 꾸린다. 하지만 3차 수사팀의 유모 검사는 김봉현 전 스타모빌리티 회장이 폭로한 '라임 술접대 사건'에 연루되기도 한 것으로 밝혀져 공분을 사기도 했다. 낮에는 검찰 스폰서를 수사하던 검사가 밤에는 스폰서에게 룸살롱 접대를 받은 셈이다.

3차 수사팀의 수사 결과는 예상대로 초라했다. 그들은 '검사의 징계시효는 3년이고 직무유기 공소시효 역시 5년에 불과하다. 시효 만료로 더 이상의 수사를 못 했다'고 변명했다. 하지만 수사 대상이 검사인 경우 '선 수사 후 시효 검토'인 경우가 많았다. 김학의 사건의 수사 상황을 잘 아는 경찰 관계자는 '한마디로 검찰이 제 식구(김학의)를 감싸려고 덮은 사건인데, 3차 수사에서도 시효를 이유로 다시 제 식구(1, 2

차 수사팀 검사)를 감쌌다'고 지적했다.

3차 수사팀은 '1, 2차 수사에 대한 외압도 확인할 수 없었다'라며 곽상도와 이중희 등 박근혜 정부 청와대 요직들에 대해 불기소 처분을 내린다. 수사 중 경찰의 지휘체계가 바뀐 점에 대해서도 '정상적인 인사'라고 결론을 내린다.

게다가 검찰 유력인사들의 이름이 등장하는 '윤중천 리스트'와 관련한 수사는 '수사에 착수할 단서가 없다'라는 이유로 진행조차 하지 않는다. 원주 별장 압수수색 과정에서 나온 명함이나 윤중천 휴대전화에 저장된 전화번호 등은 단서가 되지 않는다는 이해할 수 없는 논리를 편 것이다. 검찰 발표 뒤 한상대 전 검찰총장과 윤갑근 전 검사장 등은 명예를 훼손당했다며 민·형사소송을 걸기도 했다.

3차 수사로 김학의와 윤중천은 구속기소된다. 김학의에게는 뇌물수수 혐의가 적용되었는데 1심은 무죄, 2심은 유죄로 재판부마다 판단을 달리했다. 윤중천은 강간치상, 사기, 알선수재, 공갈미수 등의 혐의가 적용되었는데, 공소시효에 걸리는 강간치상 혐의를 제외한 혐의들이 인정되어 5년 6개월 형을 확정받게 된다.

〈열린공감TV〉는 이 대목에서 한 가지 의문을 가지게 되었다. 1, 2차 수사에서 김학의를 감쌌던 검찰은 정권이 바뀐 3차 수사 때도 동일한 태도를 취했다. 이것이 단지 김학의 한 사람을 감싸기 위함이었을까?

〈한겨레신문〉은 2019년 10월 11일자 1면과 온라인판을 통해 '윤석열도 별장에서 수차례 접대/검찰, 윤중천 진술 덮었다'는 제목 아래 '윤석열 검찰총장이 김학의 전 법무부차관의 스폰서였던 건설업자 윤중천의 별장에 들러 접대를 받았다는 윤 씨의 진술이 나왔으나 추가 조사 없이 마무리되었다'는 보도를 했다.

보도 뒤 여러 달이 지났지만 윤석열의 별장 접대 의혹에 대한 추가적인 증거나 증언은 나오지 않았다. 이로 인해 〈한겨레신문〉은 사과 보도를 내야 했다. 하지만 서초동에서는 윤석열도 윤중천의 별장에 있었을 것이라는 풍문이 돌았고, 더 나아가 2013년부터 총 세 차례에 이르는 김학의 관련 사건을 덮은 장본인은 윤석열이라는 이야기도 있는 것으로 전해진다.

윤석열 검찰은 2019년 김학의에게 내려진 출국금지 조치의 절차상 위법성을 이유로 검찰과거사위원회 조사8팀 이규원 검사를 직권남용 등의 혐의로 기소한다. 당시 이규원 검사는 김학의의 비밀 출국을 막기 위해 김학의가 과거 무혐의 처분을 받은 사건번호를 출국금지요청서에 기재했다. 이 일에 대해 법무부는 '이규원 검사는 서울동부지검 검사 직무대리 발령을 받은 수사기관에 해당하므로 내사 및 내사번호 부여, 긴급 출국금지 요청 권한이 있고, 당시는 중대한 혐의를 받고 있던 김학의 전 차관이 심야에 국외 도피를 목전에 둔 급박하고도 불가피한 사정을 고려할 필요성이 있다'고 했다. 그러자 윤석열 검찰은 '급박하고 불가피하면 불법이라도 괜찮다는 것이냐, 황당하다'는 반응을 보였다.

하지만 〈열린공감TV〉가 2021년 5월 25일 방송한 '검찰이 윤석열 검찰총장 직인파일로 공문서 위변조했다? 동양대 표창장 물럿거라! 윤석열 직인파일 나가신다!' 편과 6월 7일 방송한 '윤석열 검찰, 무려 52

명을 엮었다! 윤석열 검찰총장 직인파일로 공문서 위변조한 사건 점입가경!' 편을 통해 당시 검찰이 임시사건번호로 수사한 공문서에 윤석열 검찰총장의 직인이 찍힌 것을 보도한 바 있다.

결론적으로 윤석열 검찰은 김학의 사건을 덮으려고 했을 뿐만 아니라 김학의를 출국금지시킨 검사를 기소함으로써 사건의 본질을 왜곡하고 수사를 방해했다. 윤석열이 김학의 사건을 그토록 필사적으로 덮으려 한 이유는 무엇일까?

한명숙 전 국무총리 사건 관련

윤석열이 검찰총장 재직 당시 '한명숙 전 총리 수사검사들에 대한 진정 사건'이 대검 감찰부에 접수된다. 이에 한동수 대검 감찰부장은 윤석열에게 진정서 접수 보고를 올린다. 윤석열은 대검 감찰부에 이미 배당되어 사건번호까지 붙은 사건을 '재배당' 절차를 무시한 채 서울중앙지검에 접수시킨다. 그때 접수시킨 것은 진정서 원본도 아닌 사본이었다. 한동수 감찰부장이 윤석열의 재배당 지시에 '우리가 계속 맡겠다'는 의사를 개진한 지 불과 하루 뒤에 벌어진 일이었다.

감찰부가 윤석열에게 사본을 전달한 것은 사건 재배당에 협조하기 위함이 아니었다. 절차대로라면 상급자 지시에 하급자가 의견을 달리할 경우 의견 조율을 거쳐 재배당 지시를 다시 내렸어야 한다. 대검 사정을 아는 한 검사는 '원본이 아닌 사본을 이용한 사건 재배당은 초유의 일이어서 내부에서 논란이 많았다'고 말했다.

이 일에 대해 추미애 당시 법무부장관은 '재배당 과정에 편법과 무리가 확인되었다'라며 '감찰 사안을 인권 문제로 변질시켰다'고 질타했다. 법무부는 감찰부가 중요 참고인을 직접 조사해 수사 과정의 위법 여부를 파악하도록 지시했다. 그러자 대검은 '재배당이 아닌 배당 지시를 감찰부장이 어겼다'고 반박했다.

윤석열이 입버릇처럼 강조해 온 '법과 원칙'은 이 사건에서도 무시당한 것이다.

윤갑근 전 고검장 관련

대검 반부패부장, 서울중앙지검 차장 등 검찰의 요직을 거친 대표적인 특수통 윤갑근 전 고검장은 이종필 전 라임자산운용 부사장에게 우리은행 로비 명목으로 2억 원을 받은 혐의(특정경제범죄가중처벌법상 알선수재)로 수사를 받게 된다. 이 사건과 관련하여 윤석열 당시 검찰총장은 무려 5개월 동안이나 직보를 받은 것으로 알려진다. 당시 윤석열이 받은 보고에는 윤갑근 관련 사항만이 아니라 검사들의 술접대 의혹도 포함되어 있었다. 하지만 윤석열은 '법무부장관에 보고할 사항은 아니었다'라는 해괴한 논리로 사건을 축소시킨다.

이에 추미애 당시 법무부장관은 윤석열을 수사지휘에서 배제하는 초강수를 둔다. 윤석열이 전·현직 특수부 검사의 범죄에 대한 수사를 고의로 뭉개려 한다고 판단한 것이다. 검찰의 사무규칙에 따르면 검사나 정치인의 중요 범죄행위는 검찰총장뿐 아니라 대검 반부패부장과 법무부장관에게도 보고하게 되어 있다. 그러나 수사를 맡은 송삼현 당시 남부지검장은 이런 보고 체계를 무시한 채 윤갑근의 금품수수 사건과 검사들의 술접대 사건에 대한 보고를 검찰총장인 윤석열에게만 직보한 것이다.

국정감사에서 이 점에 대해 추궁받은 윤석열은 '보안 유지를 위해 그렇게 했다'며 '완벽히 수사하고 있다'고 답변한 바 있다. 하지만 답변과 달리 가시적 수사 결과는 나오지 않았고, 결국 윤석열이 수사 지휘에서 배제된 이후에야 윤갑근에 대한 압수수색과 구속이 이루어졌다.

검찰의 제 식구 감싸기는 이후로도 멈추지 않았다. 라임 사태 관련 술접대를 받은 검사들에 대해 '(접대 금액이) 96만 원에 불과하다'며 불기소 처분을 한 것이다. 만약 피고발자와 술자리를 함께한 자가 검사가 아닌 일반 공무원이라면 뇌물죄로 기소되었을 수도 있는 중대한 사안이었다. 참고로 일반 형사사건의 기소율이 30%대인 데 반해 검사 비위 관련 기소율은 0.1%대에 불과하다.

라임 사태 관련 선택적 수사

라임 사태로 구속기소된 김봉현 전 스타모빌리티 회장은 법무부의 직접 감찰 조사 과정에서 놀라운 사실을 폭로한다. 검찰 조사를 받을 때 '검찰 요인 및 검찰 출신 야권 정치인에 대해 억대의 금품을 제공했다'는 사실을 진술했지만 관련 수사가 제대로 이루지지 않았다는 것이다. 당시 검찰총장이던 윤석열이 검찰 관련자들의 비위 의혹을 보고받고도 수사를 뭉갰다는 취지의 폭로였다.

더욱 충격적인 점은, 검찰 출신 변호사로부터 '여당 정치인들과 청와대의 강기정 정무수석을 잡아 주면 보석으로 재판을 받도록 해 주겠다'는 제안까지 받았다는 것이다. 심지어 '윤석열의 운명이 걸렸다'면서 '청와대 수석은 반드시 잡아넣어야 한다'는 말도 들었다고 한다.

이를 입증하듯 윤석열 검찰은 여당 인사를 위주로 한 선택적 수사를 진행했다. 이에 추미애 당시 법무부장관은 라임 사태에 연루된 검사들에 대한 수사지휘권을 발동하기도 했다. 검찰은 라임으로부터 룸살롱 술접대를 받은 현직 검사 3명 중 1명을 불구속 기소하는 데 그쳤다. 국정감사에서 해당 사건에 대해 지적받은 윤석열은 '결론이 나오면 사과를 하겠다'고 했으나 검찰 수사 결과가 나온 뒤에도 사과는 하지 않았다.

지난해 공수처는 라임 술접대 사건을 은폐했다는 의혹으로 윤석열 전 검찰총장 등이 고발당한 사건을 검찰에 이첩했다. 공수처 관계자는 이첩 이유를 묻는 질의에 '확인해 주기 어렵다'고만 말했다. 라임 사태의 몸통으로 지목되는 메트로폴리탄그룹의 회장 김영홍은 아직까지 해외 도피 중이다.

새로운 식구들

〈열린공감TV〉는 이 지면을 통해 윤석열이 감싸는 식구의 영역이 어떤 방향으로 확장되었는지를 짚어 보려고 한다.

김성태

2018년 12월 20일 〈한겨레신문〉은 김성태 당시 자유한국당(현 국민의힘) 의원 딸의 KT 특채 의혹을 보도했다. 이듬해 2019년 6월 서울남부지검은 김성태를 직권남용 및 권리행사방해, 업무방해 혐의로 소환해 조사했고, KT 이석채 회장의 국정감사 증인 채택을 무산시켜 준 것을 대가로 딸이 정규직에 채용되었다고 판단, 뇌물수수 혐의로 김성태를 불구속 기소했다. 뇌물을 주었다는 이석채 등 KT 임원은 구속되었는데 정작 뇌물을 받은 국회의원은 불구속 상태로 재판을 받게 된 것이다.

이후 윤석열은 2021년 말 선대위를 구성하며 김성태를 직능총괄본부장으로 임명했다가 여론의 반발에 부딪혀 급히 취소한 일도 벌어졌다.

박덕흠

박덕흠 국민의힘 의원(무소속으로 나왔다가 윤석열이 국민의힘 대선후보가 된 뒤 복당함)은 5백억 원대의 자산가로 유명하다.

박덕흠이 국회 국토교통위원회 소속 위원으로 있던 5년간, 그의 가족이 지배하는 기업은 국토교통부 산하 기관들을 상대로 천억 원대의 매출을 올린다. 상임위에 속한 국회의원이 절대적으로 지켜야 하는 '이해충돌 방지'를 대놓고 위반한 것이다. 박덕흠은 2009년 대한전문건설협회장 재임 당시 지인이 소유한 충북 음성군 골프장을 시가보다 2백여억 원 부풀린 465억 원에 사들이는 등 조합 재산에 손실을 끼친 혐의로 검찰에 고발되어 서울중앙지검의 수사를 받은 적도 있었다.

이에 시민단체에서는 박덕흠을 직권남용, 부패방지법 위반, 공직자

윤리법 위반 등의 혐의로 경찰청에 고발한다. 박덕흠은 즉시 국토위를 사임하고 환경노동위원회로 자리를 옮기는 꼼수를 부린다.

　서울경찰청 반부패·공공범죄수사대는 서울 중구에 있는 서울시 도시기반시설본부 사무실을 압수수색함으로써 박덕흠 일가의 특혜 수주 의혹에 대해 강한 수사 의지를 보인다. 반면에 검찰은 윤석열이 검찰총장을 그만둘 때까지 박덕흠 관련 수사를 고의로 지연했다는 의혹을 받는다.

　윤석열 검찰이 박덕흠 관련 수사에 지지부진한 이유를 알기 위해서는 두 사람 사이를 연결하는 또 다른 인물을 주목할 필요가 있다. 충남 공주·부여·청양을 지역구로 하는 정진석 국민의힘 의원이 바로 그 인물이다.

　앞의 1장에서 살펴보았듯, 윤석열의 부친 윤기중(파평 윤씨)은 충남 공주·논산 출신으로 조상 때부터 논산시 노성면에서 살았다고 알려진다. 정진석의 모친은 파평 윤씨 윤증의 직계 후손으로 노성면에 있는 윤증 고택이 정진석의 외가이다. 즉 정진석과 윤석열은 외가 쪽으로 먼 친척인 셈이다. 중요한 사실은, 정진석과 박덕흠이 같은 당 동료 의원을 넘어선 특수 관계라는 점이다. 충북 보은·옥천·영동·괴산을 지역구로 하는 박덕흠이 정진석과 사돈지간이 된 것은 2020년 6월이다. 충북과 충남을 대표하는 보수당 의원들은 그렇게 인척이 되었고, 그러던 참에 박덕흠에 대한 검찰 고발(2020년 9월)이 이루어진 것이다. 윤석열의 입장에서는 참으로 난감했을 것으로 짐작된다.

　최근 검찰은 박덕흠 무소속 의원의 골프장 고가 매입 의혹과 전문건설협회 배임·횡령 혐의를 병합하여 수사하기로 밝혔다. 윤석열이 떠난 검찰이 얼마나 달라진 모습을 보일지 관심이 쏠리고 있다.

나경원

윤석열 검찰은 나경원 전 미래통합당(현 국민의힘) 의원이 고발된 사건 13건(자녀의 입시 비리, 사단법인 SOK 사유화, 홍신학원 사학 비리 등)을 증거가 충분하지 않거나 공소시효가 지났다는 이유로 모두 불기소 처분한다. 또한 나경원의 아들이 고교 시절 서울의대 포스터(연구 발표문)에 '제1저자'로 부정 등재된 의혹도 무혐의 처분한다. 다만 '제4저자'로 등재된 포스터의 외국 학회 제출과 예일대 부정입학 부분은 미국 당국의 수사 결과가 도착할 때까지 시한부 기소중지 처분한다.

나경원의 남편은 김재호 판사이며, 김재호는 윤석열의 장모 최은순이 연루된 이른바 '정대택 사건'에서 별다른 이유 없이 1년 이상 재판을 지연시켰다. 나경원 측에서는 '판사가 고의로 재판을 지연시킨 것이 아니라 피고인의 의사에 따라 연기해 준 것'이라고 주장했지만, 〈열린공감TV〉 취재 결과 피고인 정대택 씨는 '재판을 연기해 달라고 요청한 적이 없었으며 재판을 빨리 열어 달라는 진정서까지 제출했다'고 밝혔다.

〈열린공감TV〉는 최은순의 손자가 미국 유학 시절 나경원의 자식과 함께 기거했다는 제보를 받은 바 있다. 최은순의 손자는 현재 홍콩의 모 기업에 다니는 것으로 파악되었다.

검찰 쿠데타

　윤석열 검찰은 울산시장 선거 개입 의혹과 유재수 전 부산시 경제부시장에 대한 감찰 무마 의혹 등을 이유로 청와대를 겨냥한 수사를 시작한다. 청와대는 검찰이 피의사실을 언론에 흘리며 수사 프레임을 만드는 것에 대해 경고했지만 윤석열은 아랑곳하지 않는다. 검찰은 백원우 당시 민정비서관과 조국 당시 민정수석 등 청와대 관련 인물들을 줄줄이 소환한다.
　이 무렵의 상황은 공수처 출범과도 맞물린다. 기소권 독점을 생명처럼 여기는 윤석열과 검찰 조직은 공수처 출범을 저지하기 위해 필사적이었고, 그것을 위해 검찰권력을 망나니 칼처럼 휘두른다. 검찰의 반란이 본격화된 것이다. 이 장에서는 그 반란 과정을 사건별로 추적해 보기로 한다.

〈채널A〉 검언유착 사건 의혹

2020년 3월 31일 〈MBC〉는 〈채널A〉 이동재 기자의 취재윤리 위반 행위가 있었음을 보도한다. 〈채널A〉 법조팀 이동재 기자가 금융사기로 복역 중인 이철 전 밸류인베스트코리아 대표에게 접근, 윤석열의 최측근인 한동훈 검사장이 본인과 특수 관계라고 주장하며 유시민 노무현재단 이사장 등 여권 인사의 비리를 진술하도록 강요했으나 미수에 그쳤다는 것이 당시 보도의 핵심이다.

방송통신위원회 조사에서 김재호 〈채널A〉 대표는 '취재 과정에서 해당 기자가 이철 대표에게 편지를 보낸 것'과 '이철 대표의 대리인으로 주장하는 취재원을 만나는 과정에서 가족에 대한 검찰 수사 가능성을 언급하고 제보하면 선처를 받을 수 있다는 논리로 취재원을 설득한 것'을 사실로 인정한다.

한동훈 당시 부산고검 차장검사는 이 사건으로 법무연수원 연구위원으로 좌천된다. 그러나 검찰 수사심의위원회는 검찰과 언론의 유착이 아닌 단순 취재윤리 위반으로 결론 내리면서 '이동재 기자에 대해서는 기소 및 수사 계속, 한동훈 검사장에 대해서는 불기소 및 수사 중단'을 권고한다. 이에 검찰은 녹취록에서 공모를 입증할 증거를 찾아내지 못했다며 이동재의 기소와 한동훈의 불기소를 결정한다. 이 결정에 반발한 이성윤 당시 서울중앙지검장은 불기소 내용이 담긴 보고서를 한 달간 결재하지 않는다. 그러자 수사팀은 이성윤 지검장을 직접 찾아가 한동훈 무혐의 의견을 전달하고 결재를 요구하는 등 집단적 항명을 하며, 이후로 전자결재를 요구하기도 한다.

이후 이동재는 1심에서 무죄를 선고받는데, 재판부는 이동재와 한동훈의 유착 가능성을 의심하기 어렵다고 판시함으로써 이후 한동훈에 대한 공범 수사를 이어 갈 명분을 없애 버린다.

추미애 당시 법무부장관은 이 사건과 관련해 윤석열이 지휘 감독을 하지 못하도록 수사지휘권을 행사한다. 이후 추미애 장관은 윤석열이 최측근인 한동훈에 대한 수사와 감찰을 방해했다며 직무 정지와 함께 징계를 청구하고, 법무부 검사징계위원회에서 이를 징계 사유로 받아들여 윤석열 총장에 대한 2개월 정직 처분을 결정한다. 하지만 서울행정법원은 윤석열 총장이 본안 소송에서 승소할 가능성이 있다며 정직 2개월의 효력을 정지하여 총장 직무에 복귀시킨다.

그러나 윤석열이 추미애 법무부를 상대로 낸 징계처분 취소 청구 소송에서 서울행정법원 행정12부(정용석 부장판사)는 '검사징계위원회가 인정한 징계 사유 중 〈채널A〉 사건 감찰 및 수사방해 건과 재판부 사찰 건은 정직 2개월을 의결하기에 정당한 사유'라고 판결한다. 윤석열 측이 주장한 절차적 하자에 대해서도 적법하다고 판시했고, 3가지의 징계 사유 중 2가지는 명백히 인정된다고 했으며, 이것만으로도 면직 이상의 징계가 가능하며 따라서 정직 2개월의 양형은 충분히 적법하다는 점을 인정한 것이다.

윤석열이 패소한 징계처분 취소 소송 1심 판결문을 분석한 결과, 재판부는 한동훈 검사장이 피의자로 특정되자 윤석열 전 총장 스스로 수사지휘권을 대검찰청 부장회의에 위임하고 손을 떼겠다고 밝혔음에도 이후 자문단 소집을 지시한 것을 두고 '한동훈 검사장의 휴대폰 압수수색 사실과 또 다른 피의자인 이동재 기자 측의 수사자문단 소집 요청 사실을 보고받았기 때문'으로 판단했다.

재판부는 '자문단 심의 대상에는 한동훈 검사장 기소 여부도 포함될 텐데, 휴대폰 압수수색 외에는 별다른 수사가 이뤄지지 않은 상태에서 한동훈 검사장에게 유리한 방향으로 사건을 종결시키려는 의도가 있었다고 의심을 살 수 있는 부당한 조치였다'며 윤석열의 지시를 수사 개입으로 규정했다.

즉 윤석열 징계처분 판결로 〈채널A〉 사건 수사가 '무리한 수사'가 아닌 '부실수사'라는 주장이 힘을 얻게 된 것이다. 실제로 검찰 수사는 〈MBC〉의 첫 보도 이후 한 달 가까이 지난 뒤에야 이루어졌고, 한동훈의 소환은 수사 착수 석 달 만에 이루어졌으며, 이동재와 한동훈의 수상한 행적이 자세히 담긴 〈채널A〉 진상보고서는 재판에서 증거로도 채택되지 못했다. 이것만 보아도 윤석열이 사건에 직접 개입해 수사와 감찰을 방해했음을 짐작할 수 있다.

이로써 윤석열은 헌정사상 처음으로 '징계를 받은 검찰총장'이라는 불명예를 안게 된다. 보수언론과 야당이 주장하던 소위 '추-윤 갈등'은 실제로는 위법행위를 한 검찰총장에 대한 지휘감독권자 법무부장관의 정당한 징계였던 것이다.

윤석열 검찰 고발 사주 의혹

2019년 4·15총선을 앞두고 윤석열 당시 검찰총장의 핵심 측근인 손준성 대검 수사정보정책관이 김웅 국민의힘 의원(당시 미래통합당 후보)에게 유시민 노무현재단 이사장과 최강욱 열린민주당 대표, 언론사 기자 등을 공직선거법 위반과 명예훼손 등의 혐의로 고발하는 내용의 고발장 2건과 관련 증거자료를 보내 고발을 사주했다는 의혹이 터진다. 중요한 점은 이 혐의의 피해자로 윤석열과 부인 김건희, 윤석열의 복심으로 통하는 한동훈이 적시되어 있다는 것이다.

인터넷매체 〈뉴스버스〉는 2020년 4월 3일 이 내용을 최초 보도했다. 〈뉴스버스〉는 고발장에는 '명예훼손 피해자로 적시된 김건희 등에게 직접 확인이 필요한 내용이 들어 있다'면서 '(고발 사주가) 윤 전 총장의 지시하에 이루어졌다고 볼 수 있는 정황이 있다'고 했다. 그러면서 '피고발인의 실명이 들어간 판결문이 증거자료로 넘겨지는 등 검찰이 아니고서는 작성하기 어려운 내용이 들어간 점과 대검 수사정보정책관이 검찰총장의 측근이라는 점'을 이유로 들었다.

대검 수사정보정책관은 범죄정보를 수집·관리하며 검찰총장에게 직보하는, 즉 검찰총장의 눈과 귀 구실을 하는 핵심 참모다. 원래는 '범정'이라고 불리던 범죄정보기획관실이 문무일 검찰총장 시절 수사정보정책관실로 1차 축소 개편되었고, 2020년 8월 추미애 법무부장관 시절 수사정보담당관실로 2차 축소 개편되었다. 이 과정에서 손준성은 윤석열 당시 검찰총장의 신임을 받으며 유임되었기 때문에, 손준성의 이런 고발 사주 행위를 두고 배후에 윤석열의 지시가 있었는지를 의심하지 않을 수 없는 상황이 되었다. 손준성이 앉았던 수사정보정책관은 속성상 검찰총장의 지시 없이는 움직일 수 없는 자리이기 때문이다.

〈뉴스버스〉 보도 이후 조성은 씨는 〈JTBC〉와의 실명 인터뷰를 통해 자신이 제보자임을 밝혔다. 방송이 나간 후에는 권익위에 공익신고자 보호조치를 신청했다.

조성은은 김웅 당시 미래통합당 후보가 2020년 4월 3일부터 8일까지 텔레그램을 통해 본인에게 약 백 건 정도의 이미지 파일을 전송했고, 거기에 문제의 고발장 두 건이 포함되어 있음을 밝혔다. 그녀는 김웅이 본인에게 전화를 걸어 '대검 민원실에 접수를 하십시오, 절대 중앙지검은 안 됩니다. 알아서 다 처리할 겁니다'라고 말한 녹취도 공개했다. 이후 〈열린공감TV〉에 출연하여 녹취록 전문을 공개하기도 했다.

하지만 윤석열은 조성은을 향해 '과거에 그 사람이 어떤 일을 벌였는지 여의도에 모르는 사람이 없다'고 음해했다. 조성은은 이로 인해 황당함과 모욕감을 느꼈다면서 검찰총장을 역임했던 사람과 검사 출신 국회의원이 절대 할 수 없는 언행을 했기 때문에 사적 감정을 배제하고 반드시 법적 책임, 즉 형사 및 최고로 높은 정도의 민사 책임을 묻는 동시에 공익신고자보호법 위반에 대한 책임도 물을 계획이라고 밝혔다.

월성원전1호기 폐쇄 결정에 따른 고발 사주 의혹

감사원은 국민의힘 대선후보 중 한 명인 최재형이 원장으로 재직하던 2020년 10월 20일, 월성원전1호기의 경제성 평가 조작 의혹 관련 감사 결과를 발표하고 이틀 뒤인 22일 대검에 관련 자료를 송부한다.

국민의힘은 같은 날 저녁 대전지검에 백운규 전 산업통상자원부장관 등을 고발한다. 국정감사로 바쁜 시기에 야당이 이틀 만에 고발장을 작성할 수 있었던 배경에 검찰의 개입이 있었던 것 아니냐는 의혹이 생기는 대목이다. 고발장은 일과시간이 끝난 저녁 8시 반쯤 대전지검 당직실에 접수되었다. 접수시간과 접수장소 모두 이례적이지 않았다. 더욱이 고발장에는 사정기관이 아니면 파악하기 어려운 실무자들의 실명까지 그대로 적혀 의혹을 더욱 키웠다.

당시 서울중앙지검에서는 월성원전 관련 수사를 이미 진행 중이었다. 따라서 감사원의 자료도 서울중앙지검으로 가야 했지만, 국민의힘이 고발장을 낸 대전지검에도 관련 사건이 추가된다.

이후 윤석열은 수사를 기존 수사처인 서울중앙지검이 아닌 대전지검에 맡겼고, 대전지검은 감사원 자료를 받은 뒤 9일 만에 산업자원부와 한수원 등을 대대적으로 압수수색한다.

이 일과 관련된 의혹을 조사한 법무부는, 감사원이 대검에 자료를 송부한 당일 저녁 국민의힘 측 고발장이 대전지검에 접수된 것과 다음 날 대검이 감사원 자료를 기존 수사처인 서울중앙지검이 아닌 대전지검으로 보내기로 결정한 것이 석연치 않다고 판단했다. 참고로 당시 중앙지검장은 윤석열 검찰총장과 대립 관계에 있던 이성윤 검사장이었고, 대전지검장은 '윤석열 사단'의 일원으로 불리는 이두봉 검사장이었다.

이에 〈열린공감TV〉는 2021년 10월 1일 '원자력묵시록' 편을 통해 윤석열이 야당을 통해 또 다른 고발 사주를 한 정황을 보도한 바 있다.

대검 수사정책정보관실을 통한 집단 판사 사찰

대검 수사정보정책관실은 범죄정보 수집을 목적으로 만들어진 곳이다. 윤석열은 검찰총장 재직 시절 이 수사정보정책관실을 통해 판사들을 사찰했다는 의혹을 받는다. 윤석열의 징계에 가장 큰 쟁점으로 대두된 사안이기도 하다.

대검찰청 감찰부는 주요 사건 판사들의 신상정보 관련 문건을 작성한 대검 수사정보정책관실을 압수수색했다. 윤석열 검찰은 이와 관련된 의혹을 반박하기 위해 수사정보정책관실(현 수사정보담당관실)이 작성한 '주요 특수·공안사건 재판부 분석'이라는 제목의 문건을 공개하기도 했다.

문제의 수사정보정책관실은 검찰개혁의 핵심으로 꼽혀 온 곳으로서 그 뿌리는 1961년 4월에 출범한 대검 중앙수사국에 두고 있다. 이때 수사과, 사찰과, 특무과, 서무과 등 4개의 과가 설치되었는데, 이후 1973년 특별수사부로 이름이 바뀌면서 대통령의 하명 사건을 전담하는 등 권력을 키워 왔다.

1987년 6월항쟁 이후 들어선 노태우 정부는 '범죄와의 전쟁'을 선포한다. 이 과정에서 검찰은 급성장하게 되는데, 그 중심에는 대검 중수부가 있었다. 대검 중수부는 대한민국의 모든 정보가 모인다는 범죄정보기획관실(속칭 '범정')을 설치함으로써 본격적인 정보 수집 기구를 갖게 된다. 윤석열도 과거 그곳의 요직(범죄정보2담당관)을 지낸 바 있다.

범정은 군사정권부터 이명박, 박근혜 정부에 이르기까지 다양한 정보들을 수집하고 공유했다. 범정을 포함하여 국가정보원, 경찰정보과, 증권사 직원, 기업 대관팀, 기자들에 이르기까지 매일같이 모여 그날 수집한 정보를 교환하고 소위 '여의도 지라시'를 생산하기도 했다.

범정은 직제상 대검 차장 직속이지만 사실상 검찰총장 직속기구 성격으로 존재했다. 이 때문에 대검 중수부와 더불어 검찰총장의 권력을 지탱하는 양축으로 불리기도 했다. 그 범정의 후신인 수사정보정책관실이 범죄정보가 아닌 판사들의 동향을 사찰한 것이다.

당시 공개된 문건에는 조국 전 법무부장관 가족 사건과 청와대 울산시장 선거 개입 의혹 등 정치 사건을 재판 중인 판사들의 정치적 성향, 가족 관계, 취미, 성격 등이 담겨 있어서 논란에 더욱 불을 지폈다. 윤석열은 수사정보정책관실을 유달리 챙겼다고 한다. 아마도 본인의 의혹에 대한 정보도 가장 많이 수집한 곳이기 때문인 듯하다. 당시 수사정보정책관이던 손준성이 고발 사주 의혹의 핵심 인물로 지목되는 데는 다 이유가 있는 것이다.

윤석열의 판사 사찰 의혹은 현재 공수처에 고발되어 수사 중이다.

정치검찰의 검찰정치 선언

검찰개혁의 일환인 수사권과 기소권의 완전 분리 법안에 강하게 반발하던 '검찰주의자' 윤석열은 2021년 3월 4일 검찰총장직을 전격 사퇴한다. 청와대는 윤석열의 사퇴 표명 한 시간 만에 수용한다. 윤석열은 대검찰청 청사 앞에서 사퇴 입장문을 발표하면서 현 정부를 향한 날 선 비판이자 사실상 정계 진출을 선언했다. 표면상으로 검찰의 수사권을 지키겠다는 명분을 내세웠지만, 이후 윤석열이 보인 정치적 행보는 그 명분을 퇴색시킨 것으로 평가받는다. 정치적 중립을 엄정히 지켜야 할 검찰총장 자리를 대선 직행을 위한 발판으로 삼았기 때문이다.

결국 윤석열은 국민의힘 최종 대선후보가 되어 대한민국 차기 대통령에 도전하고 있다.

[여담] 검찰정치? 무속정치?

　국민의힘 경선 과정에서 윤석열이 손바닥에 임금 '왕(王)' 자를 적고 다닌 사실이 발각된다. 곧바로 윤석열에 대한 역술·무속 논란이 불거진다. 윤석열은 부랴부랴 성경책을 들고 여의도순복음교회 예배에 참석하고, 본인의 SNS에 '석열이형 밥 세 공기씩 먹던 여름성경학교 시절' 사진을 공개하는 등 수습에 나선다. 그럼에도 불구하고 역술·무속 논란은 좀처럼 사그라지지 않고 있다.
　이에 윤석열을 둘러싼 역술·무속 논란을 간략하게나마 다뤄 본다.

심무정
　앞서 '삼부토건 유니버스'를 읽은 독자에게는 '무정 스님' 혹은 '심희리'로 불리는 이 인물에 대해 따로 설명드릴 필요가 없을 것이다.

천공 스님

천공 스님은 윤석열의 멘토로 알려진 인물이다. 검찰 주변에서는 '윤석열이 고비 때마다 자문을 구한다'는 이야기가 들린다. 일부에서는 윤석열과 천공 스님의 관계를 안철수와 법륜 스님의 관계에 빗대기도 하는데, 물론 동의하지 않는 사람도 많다. 천공 스님은 비록 스님으로 불리지만 정식으로 계(戒)를 받은 승려는 아니다. 추종자가 수십만 명이라고도 하며, 누적 유튜브 조회수는 2억 2천7백만 뷰가 넘는다. 천공 스님 본인은 '(윤석열과) 전화를 하고 열흘에 한 번쯤 만난다'고도 했다.

천공 스님을 윤석열에게 소개한 사람은 부인인 김건희인 듯하다. 천공 스님은 '윤석열 부인이 오랫동안 내 강연 유튜브를 보고 공부했던 모양이다'라며 '부인으로부터 만나자는 연락이 왔고 부인을 통해 윤석열을 도와줬다'라고 했다.

이병환

윤석열이 서울 중구에 있는 남산예장공원 개장식 겸 이회영기념관 개장식에 참석할 당시 바로 뒤에서 윤석열을 보호하는 듯한 자세를 취하며 걸어가던 회색 재킷의 인물이 바로 이병환이다. 이병환은 항문에 침을 놓아 기를 불어넣어 준다는 항문침 전문가로 알려져 있다.

건진 법사

〈열린공감TV〉가 주목하는 무속인은 윤석열의 소위 '양재동 비선캠프'에서 활동하는 것으로 보이는 건진 법사다.

〈열린공감TV〉는 2021년 10월 12일 '윤석열 캠프 안의 제3의 무속인은? 누가 윤석열 부부에게 왕, 국모가 될 상이라 했을까? 손바닥에 왕자를 써 준 사람은?' 편을 통해 건진 법사의 실체를 보도한 바 있다. 김건희와 친한 관계인 건진 법사는 윤석열 비전캠프에서 중요한 위치를 차지하는 것으로 알려져 있다.

이 밖에도 행정학 박사 출신의 관상가인 노병한 한국미래예측연구소 소장과 서울 송파구에서 활동하는 역술인 B 선생, 지장 스님 등이 윤석열 주변의 역술·무속인으로 거론된다.

역술·무속에 대해 비난할 의도는 없다. 문제는 부인 김건희와 장모 최은순이 역술·무속과 지나치게 깊은 인연을 맺어 왔다는 데 있다. 그들은 점집에 자주 드나들며 역술·무속에 자신들의 운명을 의존해 온 것으로 보인다.

공교롭게도 김건희와 동거설이 있던 양재택 전 검사의 모친 역시 무속인(무당)이었다. 정치검찰이 선언한 검찰정치가 무속정치로 흐르지는 않을지 걱정되는 대목이다.

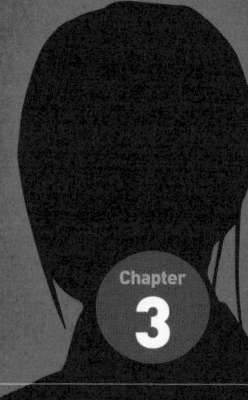

Chapter 3

부인 김건희

〈열린공감TV〉는 검찰 조직의 사유화와 검사라는 권력을 이용해 '패밀리 비즈니스'를 해 온 윤석열 일가의 민낯을 오랫동안 탐사보도 해 왔다. 많은 시민이 관심을 가지지 않았던 '거대 악의 카르텔 옵티머스 게이트'를 시작으로 검찰권력, 자본권력, 정치권력의 유착 관계에 대해 중점적으로 보도했다.

〈열린공감TV〉는 김건희의 주가 조작 의혹, 학력 및 경력 위조 의혹, 검사들과의 유착 관계 의혹, 전시 후원 관련 의혹 등을 최초로 다루었으며 그 어떤 매체보다 많이 보도했다. 물론 유튜브 기반의 신생 매체인 탓에 인지도가 낮은 편이라 최초 보도했던 시점에 많이 알려지지는 않았다. 다만 해당 의혹들에 대한 보도는 그 어떤 매체보다 가장 먼저, 매우 깊은 내용으로 충실하게 보도했음을 자부한다.

〈열린공감TV〉가 '쥴리' 의혹 보도를 최초로 제기하고 이후에도 쉬지 않고 후속 보도를 하고 있기에 지나치게 '쥴리' 의혹에만 매달려서 선정적 보도를 한다는 비판도 많이 받았다.

〈열린공감TV〉는 '쥴리' 문제가 단순히 한 여성의 사생활에 관한 것이 아님을 여러 차례 강조해 왔다. 김건희는 '쥴리'를 통해 기득권들과 결탁하여 무고한 피해자를 양산했으며, 이제는 대한민국 영부인의 자리까지 바라보는 권력지향적인 인물이기도 하다. 영부인의 자리는 대통령과 더불어 외교사절의 역할을 하고, 청와대 제2부속실을 통한 예산도 편성되는 자리다. 따라서 고위공직자의 관점에서 철저한 검증을 필요로 한다. 〈열린공감TV〉는 언론으로서 그 검증의 책무를 다하고 있을 뿐이다.

김건희의 성형이라든지 남자관계 등 선정적 화제를 콕 집어 부각시킨 적은 없다. 모든 보도는 팩트를 기반으로 공익적 목적을 가지고 전달하는 것에 신경 썼다. 〈열린공감TV〉 방송의 일부 단면을 악의적으로 뽑아 취재윤리나 선정성의 문제로 호도하려는 기성언론에 대해 유감을 표한다.

〈열린공감TV〉는 정파성을 띠고 있지 않다. 어떠한 정무적 판단도 하지 않는다.

〈열린공감TV〉는 오로지 진실 하나만을 찾아 보도할 따름이다.

모든 판단은 시민만이 할 수 있다.

리플리

단국대 서양화과 입학?

김건희는 1972년생으로 경기도 양평에서 김광섭(1987년 작고)과 최은순의 2남 2녀 중 둘째 딸로 태어났다. 남매로는 언니 김지영, 오빠 김진우, 동생 김진한이 있다. 그녀의 원래 이름은 '김명신'이지만 혼동을 피하기 위해 본 장에서는 개명한 이름인 '김건희' 위주로 표기한다.

김건희는 1991년 서울 강동구 명일동에 있는 명일여고를 졸업한다. 일반적인 수순으로 대학에 입학한다면 91학번이 되었을 것이다. 김건희는 가족에게 단국대 천안캠퍼스 서양화과(91학번)에 합격했다고 밝힌다.

김건희의 모친 최은순은 남편이 작고한 뒤 남편의 친구인 부동산중계업소 대표 김모씨와 내연 관계를 맺는데, 김 씨는 최은순의 자녀들의 새아버지 역할을 하며 양육에 도움을 주었다고 한다. 김 씨는 〈열린공감TV〉와의 단독 인터뷰에서 '(김건희는) 남자 같은 털털한 성격에 그림을 곧잘 그렸다'고 회상했다. 그녀가 단국대 천안캠퍼스 서양학과에 입학했다고 해서 온 가족이 함께 입학식에도 참석했다고 한다. 심지어 주말마다 양평 집에서 천안까지 자신의 차로 태워다 주었고 천안에서 기거할 원룸도 잡아 주었다고 한다. 김건희는 평일에는 천안 부근에 있는 모 화실에서 입시생들을 대상으로 입시미술을 가르치는 아르바이트를 했는데, 그래서인지 '딱히 용돈을 많이 요구하지는 않았다'고 한다.

하지만 김건희가 가족에게 한 말은 모두 거짓이었다. 〈열린공감TV〉가 취재한 바에 의하면 그녀는 단국대에 합격하지 않았으며, 가족들에게 알리지 않고 혼자 재수를 했다.

김건희는 이듬해인 1992년에 경기대 회화과(서양화 전공)에 입학한다.

볼케이노의 쥴리

김건희는 1992년부터 1996년까지 경기대 회화과를 다닌다.

동기생의 제보에 따르면, 당시 김건희는 두세 명의 학과 친구들과 어울려 다녔는데 그녀들은 수업이 끝나면 곧바로 진한 화장과 화려한 복장을 하고 어디론가 사라졌다고 한다. 회화를 전공하는 미대생들은 방과 후 실습실에 남아 작품 활동을 하는 경우가 많다. 그래서 고급스러운 옷 대신 물감이 묻어도 무방한 편하고 수수한 옷을 선호한다. 하지만 김건희는 일반적인 미대생들과 다른 행태를 보인 것이다.

〈열린공감TV〉의 취재에 의하면, 김건희는 서울 강남구 역삼동사거리에 있는 라마다르네상스호텔 지하 나이트클럽인 볼케이노에서 자주 목격되었다고 한다. 당시 라마다르네상스호텔에서 근무하던 제보자에 따르면, 호텔 지하에는 명품 매장이 있는데 그곳에는 속칭 '매니저'로 불리는 여성들이 진을 치고 있었다고 한다. 그녀들은 '저명한 인사들만 오는 연회를 개최하는데 참석할 수 있겠냐?'며 젊은 여성들을 유인했다고 한다.

볼케이노는 젊은 층부터 중장년층까지 다양한 연령대의 손님들이 찾는 나이트클럽 겸 술집이었다. 화려한 인테리어로 장식되어 있었고, 별도의 룸도 다수 보유하고 있었다. 호텔 입구에서 우측으로 화단을 따라가다 계단을 내려가면 볼케이노의 입구가 나오는데, 입구 앞에는 웨이터들이 도열하여 손님들을 나이트클럽 내부로 안내하는 시스템이었다.

나이트클럽 내부는 2백 평이 넘는 홀로 이루어졌는데, 맨 앞쪽에 무대가 있고 무대 아래에 춤을 출 수 있는 스테이지가 있으며 좌우로 대형 스피커가 있었다. 스테이지 앞쪽에는 원형 테이블이 즐비하게 놓여 있고, 각 테이블 중앙에 있는 붉은 양초를 들어 웨이터를 호출할 수 있었다. 웨이터들은 각각의 테이블에 자신의 명함을 꽂아 놓고 고객들을 관리하며 주문을 받았다. 그리고 중앙의 원형 테이블 좌우로 박스형 칸막이가 별도로 설치된 테이블이 있었다. 그곳은 일반 테이블에 비해 가격이 비쌌고, 예약을 통해서만 착석이 가능했다. 그 큐브식 테이블 뒤로는 검은색 유리벽이 서 있고, 그 벽 너머로 서너 평짜리 룸이 다수 마련되어 있었다. 그 룸들 또한 예약을 통해서만 입장이 가능했는데, 소위 '룸 고객'만이 웨이터나 매니저를 통해 여성 종업원을 부를 수 있었다. 여성 종업원이 남성 고객의 숫자에 맞춰 룸에 들어가 파트너가 되는 시스템이었다.

〈월간조선〉에서는 '볼케이노 나이트클럽은 여성 종업원이 존재하지 않았다'고 보도했지만 잘못된 보도다. 볼케이노에는 여성 종업원들의 대기 공간까지 있었다는 종사자의 제보가 있다. 볼케이노를 찾는 손님들 중에는 부유층 남성이 많았는데 법조계, 정재계, 스포츠계, 연예계 등 다양한 직업군을 망라했다. 거기서도 특별한 신분을 갖춘 손님들만이 '회장님'의 지시에 따라 호텔 6층에 마련된 '연회장'으로 안내되어 특별 접대를 받는 혜택을 누렸다.

당시 라마다르네상스호텔의 주인은 삼부토건의 회장 조남욱이었다. 라마다르네상스호텔은 21층에 클럽라운지가 있고 1층에는 대형 커피숍과 각종 매장들이 있었다. 하지만 가장 은밀한 장소는 5층과 6층의 비밀스러운 연회장이었다. 5층과 6층에는 일반 직원이나 손님은 접근할 수 없는 특별한 공간이 있었는데, 그중 5층은 조남욱 일가의 전속 연회장으로 사용되었다. 그 외에 호화스러운 객실도 마련되어 있었는데 역시 특별한 손님에게만 허용되었다. 6층은 엘리베이터 정면에 대형 연회장이 있고, 복도를 따라 우측 끝 남쪽 방향으로 조남욱의 집무실이 있으며, 그 앞쪽에는 비서실과 고객 대기실 등이 마련되어 있었다. 6층 연회장은 최고급 인테리어로 장식되어 직원들 사이에서는 '아방궁'으로 불렸다.

제보에 따르면, 김건희는 친구들과 나이트클럽에 놀러 갔다가 룸으로 안내되어 중년 남성들과 합석하였고, 그 횟수가 늘어나자 매니저의 관리 대상이 되었다고 한다. 그녀와 그녀의 친구들은 소위 '일반미(여성 종업원과 같은 역할로 손님들을 접대하는 일반 여성을 가리키는 은어)'로 활동했다는 증언도 있었다.

그 과정에서 김건희는 조남욱의 눈에 띄어 6층 연회에 참석했고, 그곳에서 많은 검사들과 만나게 되었다고 한다. 김건희가 소위 '일반미'로 활동한 데에는 돈을 벌기 위한 목적보다는 상류층으로 인맥을 넓히기 위한 목적이 더 크게 작용한 것으로 보인다. 훗날 조남욱은 전 조흥은행장 위성복을 통해 최은순을 소개받아 골프 등을 함께 하면서 친분을 쌓게 되는데, 김건희가 최은순의 딸이라는 사실을 알고 더욱 총애했다고 한다.

김건희는 조남욱과 인연이 형성된 뒤 조남욱의 연회에 필요한 젊은 여성들을 섭외하는 매니저 역할까지 했다고 하는데, 당시 그녀가 사용하던 애칭이 바로 '쥴리'였다.

교수의 꿈

김건희는 대학 졸업 후 라마다르네상스호텔 조남욱의 수발비서 일을 하게 된다. 6층에 있는 조남욱 집무실 앞 비서실에서 근무하며 연회장의 고객 관리 및 연회장의 접대 여성들의 섭외를 담당한 것이다. 1997년 3월에서 1999년 2월까지는 김건희가 숙명여자대학교 교육대학원(미술전공)에 재학 중이던 시기인데, 수발비서와 대학원생을 병행한 것으로 보인다.

대학원 시절 김건희의 꿈은 교수나 미술가였다고 한다. 조남욱은 김건희의 그림을 자신의 호텔 내에 전시할 수 있도록 배려해 주었다. 호텔 2층 계단과 해당 벽면을 이용해 그녀의 그림을 전시한 것이다. 당시 호텔 내 매장을 운영하던 한 제보자는 '호텔 내에서 김명신이 조남욱 회장의 딸이란 소문이 자자했다'고 한다.

김건희의 꿈이 교수라는 것을 안 조남욱은 김건희가 시간강사를 할 수 있도록 힘을 써 주었다. 충남 부여 출신인 조남욱은 부여에 위치한 백제학원의 이사장이었다. 같은 사립대 이사장인 일송학원의 윤대원과는 가까운 사이였는데, '그 친분을 이용해서 김건희를 한림성심대학교(2년제)에 시간강사로 출강할 수 있도록 배려해 주었다'는 제보도 있다.

당시는 대학원에 다니면서도 2년제 대학 혹은 지방대학 등에 시간강사로 활동하는 것이 가능하던 시절이었다. 석사과정 중에 강의를 맡아도 학생들은 '교수님'이라고 불러 주었는데, 특히 예술 분야에서는 석사과정 중에 학부 강의를 하는 경우가 드물지 않았다. 때문에 김건희는 1997년 대학원 시절부터 '김 교수'라는 호칭으로 불리기도 했다.

하지만 김건희의 공식적인 시간강사 이력은 2001년 3월부터다.

안해욱 회장, 쥴리를 만나다

〈열린공감TV〉는 안해욱(74) 전 대한초등학교태권도협회 회장이 '1997년 5월 라마다르네상스호텔 나이트클럽을 방문했다가 조남욱 당시 삼부토건 회장의 초대를 받아 6층 연회장에서 접대를 받았는데,

당시 쥴리라는 예명을 쓰던 김건희를 만났다'는 내용의 보도를 한 바 있다.

그 이전에 나간 '쥴리' 관련 보도의 경우, 복수의 제보를 바탕으로 제작되었음에도 제보자 대부분이 신분 노출을 꺼린 탓에 보도의 신뢰성을 담보하기 힘들었다. 하지만 안해욱의 공개 증언으로 인해 '쥴리' 의혹은 새로운 국면을 맞이하게 된 것이다.

그동안 김건희는 '쥴리를 하고 싶어도 시간이 없었다'라며 '누군가 소설을 쓴 것'이라고 의혹을 부인해 왔다. 또한 '그 보도가 사실이라면 자신을 본 사람이 나와야 한다. 하지만 나오지 않을 것이다. 왜냐하면 나는 쥴리로 활동하지 않았기 때문이다'라면서 자신감을 보였는데, 안해욱의 증언으로 그 해명은 거짓이 되었다.

안해욱은 자신의 실명뿐 아니라 신분까지 분명하게 밝힌 제보자다. 현재 태권도 공인 9단으로, 1960년 태권도에 입문한 이후 미8군 레시버사이드 태권도 사범, 주 베트남 한국군 백마태권도 시범단장, 무덕관·정무문 국제체육관 관장 등의 경력을 갖추고 있다. 또한 국기원 연구분과위원장과 제1회 세계태권도학술발표회 집행위원장, 서울올림픽 당시 제1회 태권도연구발표회 집행위원장, 대한초등학교태권도연맹 부회장·전무·회장, KBS 태권도방송 해설위원, 세계소년(어린이)태권도연맹 초대 총재, 대한태권도협회 이사 등으로 활동한 인물이기도 하다. 그런 안해욱이 '쥴리'에 대한 실체를 공개적으로 밝힌 것은 큰 파장을 불러왔다.

안해욱이 꽤 오래전이라고 할 수 있는 24년 전 만남을 기억하는 것은 그에게 매우 특별한 일들이 연속적으로 발생한 시기이기 때문이다. 그는 1997년 5월 5일 역삼동 국기원에서 본인이 주관한 '전국어린이태권도왕' 행사를 마친 뒤, 5월 7일 김원웅·노무현·유인태·박계동 등이 운영하던 역삼역 근처 식당 '하로동선'에서 점심을 먹은 것을 분명히 기억했다.

늦은 점심을 마치고 안해욱과 일행 3명은 라마다르네상스호텔로 자리를 옮긴다. 호텔 1층에 있던 커피숍에서 대화를 나누다가 오후 5시를 넘긴 시각에 호텔 지하의 볼케이노로 향한 것이다.

안해욱은 〈열린공감TV〉와의 인터뷰에서 '당시에는 볼케이노라고 부르지 않고 라나라고 불렀다. 단골들이 볼케이노라는 공식 명칭 대신 라마다르네상스호텔 나이트클럽의 줄임말인 라나를 더 즐겨 사용했다'고 말했다. 또한 안해욱은 '(자신을 포함해) 4명이 (볼케이노의) 홀에서 술을 마시고 있었는데 웨이터가 와서 호텔 회장님이 손님들을 뵙기를 원한다는 초대의 메시지를 전했고, 웨이터의 안내로 엘리베이터를 타고 5층 혹은 6층에서 내렸다'고 증언했다. 조남욱의 '아방궁'의 실체가 처음으로 밝혀지는 순간이었다.

모 보수매체는 안해욱 회장의 신뢰도를 떨어뜨리기 위해 당시 호텔에 근무했다는 인물의 제보를 근거로 '6층에는 아방궁 같은 장소가 없었다'고 보도했다. 하지만 〈열린공감TV〉는 취재를 통해 당시 5층은 피트니스센터와 수영장 그리고 조남욱 일가만 출입할 수 있는 통제된 장소가 있었으며, 6층의 경우 공조실과 조남욱 집무실 그리고 별도의 연회장이 있었음을 확인했다. 6층의 연회장은 최고급 인테리어로 호화

롭게 꾸몄고, 관계자 또는 초대된 사람 외에는 출입이 불가능했다. 그곳에서는 판검사 등 유력인사들이 참가하는 연회가 주기적으로 열렸다. '21층 클럽라운지에서도 유사한 연회가 종종 열렸다'는 제보도 있었다.

안해욱은 '정확하게 몇 층인지는 기억나지 않지만, 엘리베이터에서 내리면 복도식 구조로 되어 있는데 가장 안쪽에 남향으로 조 회장의 집무실이 있었고 그 앞에 비서실과 대기실이 있었다'고 말했다. 이러한 설명은 그동안 〈열린공감TV〉가 제보받은 내용과 일치하는 부분이기도 하다. 또한 안해욱은 '홀이 상당히 컸는데 적어도 백 평 이상은 되어 보였다. 테이블은 6개 정도 있었고 그 위에 양주들이 세팅되어 있었다'라며 연회장의 구조를 구체적으로 설명했다.

이어 조남욱이 '파트너가 될 만한 사람을 불렀다. 좀 있으면 도착할 것이다'라고 했는데 잠시 후 매우 젊은 여성 2명이 왔고, 그중 한 여성이 조남욱에게 인사를 하자 조남욱이 '김 교수 어서 와'라고 했다는 것이다. 당시 조남욱이 '김 교수'라고 호칭한 여성이 바로 김건희라는 것이 안해욱의 주장이었다. 그녀는 스스로를 '대학에서 시간강사를 한다'고 소개했다고 한다.

안해욱은 김건희의 예명으로 알려진 '쥴리'의 어원에 관한 일화도 소개했다. '쥴리'가 7월을 의미하는 영어 단어 '줄라이(July)'에서 유래되었다고 추측한 사람들이 많았는데, 실제로는 '쥬얼리(Jewelry, 보석)였다'는 것이다. 당시 동석했던 다른 여성이 '김 교수라는 이름 말고 따로 부르는 예쁜 이름이 있다'고 해서 무엇이냐고 물었더니 '쥴리'라고 답변했다고 한다. 쥴리가 무슨 뜻이냐고 물었더니 '원래는 쥬얼리였는데 쥬얼리, 쥬얼리 하다 보니 (발음이 축약되어) 쥴리가 된 것이다'라고 설명했다고 한다.

안해욱은 〈열린공감TV〉에서 제시한 김건희의 여러 사진들 가운데 1996년 경기대 졸업사진을 '김 교수'로 지목했다. 안해욱은 '(김 교수의 친구는) 여성적이었는데 (김 교수는) 남성적으로 생겼으며, 여성적인 다소곳함과는 달리 당당한 스타일이었다'고 당시를 회고했다.

김건희는 〈뉴스버스〉와의 인터뷰에서 '저는 쥴리를 해야 할 아무런 이유가 없는 사람이다. 이건 그냥 누가 소설을 쓴 거다'라며 '저랑 거기서 만났다고 하는 분들도 있던데 진실을 취재해 달라'라고 억울함을 호소한 바 있다. 그래서 〈열린공감TV〉에서는 그녀의 요구에 따라 열심히 취재를 했고 마침내 '쥴리'의 목격자들을 다수 찾아낸 것이다.

'쥴리'의 목격자는 안해욱 전 회장 외에도 과거 사채업을 했던 여성 사업가와 웨이터 출신 등 다수가 있다. 지금까지 〈열린공감TV〉를 통해 제보한 목격자는 총 8명에 달한다. 앞으로도 추가 목격자들이 계속 나올 것으로 본다.

본격적인 허위이력의 시작

김건희는 미술가로서 자신의 이력을 채우고 싶어 했다. 하지만 미술가로서의 실제 재능은 그 욕망을 채우기에 부족했던 것 같다.

김건희는 재수 끝에 후기대로 커트라인이 그다지 높지 않은 경기대학교 회화과에 입학 및 졸업을 했고, 이후 숙명여대 교육대학원에 입학한다. 특이한 점은 학부 시절 전공한 '미술'이 아닌 '교육'대학원에 입학했다는 사실이다. 교육대학원은 사범 계열로 미술을 공부하는 예술대 혹은 미술대 계열과는 다른 분야다. 전자는 교육자가 되는 것이고 후자는 미술가가 되는 것이다. 참고로 숙명여대 미술학과에는 대학원과정이 없다. 하지만 김건희가 자신의 이력서에 기재한 것은 '숙명여대 교육대학원 졸업'이 아닌 '숙명여대 미술대학원 졸업'이었다.

대학원 시절인 1998년, 김건희는 미술 전시 업무를 배우기 위해 '대안공간 루프'라는 갤러리의 학예실에서 비상근 무급으로 일을 도왔다고 전해진다. 당시 '대안공간 루프'는 정식으로 설립되기 이전 단계였다. 학생 신분인 김건희의 역할은 자원봉사에 가까웠다.

하지만 김건희는 수원여대 겸임교수에 지원한 이력서에 산업체 경력으로 '1998년~2002년(4년간) 대안공간 루프 학예실에서 큐레이터로 근무'라고 작성했다. 최근 언론 보도에 따르면, 당시 루프에 있던 큐레이터들 중 누구도 김건희를 본 적이 없다고 한다. 게다가 루프의 정식 설립일은 1999년 2월인데 김건희는 그보다 1년 먼저 근무한 것으로 작성한 것이다. 설립 이전부터 근무했다고 허위이력을 기재한 이유는 수원여대 겸임교수로 지원하기 위한 근무경력 연수를 채우기 위함으로 보인다.

김건희의 허위이력은 여기서 본격적으로 시작되었다고 볼 수 있다.

〈열린공감TV〉에는 '김건희가 (춘천시에 소재한) 한림성심대에서 시간강사로 일할 수 있도록 조남욱이 도움을 주었다'는 제보도 들어왔다. 실제로 김건희는 한림성심대에서 2001년 1학기, 2002년 1학기, 2003년과 2004년 각각 1학기씩 시간강사로 일한다. 하지만 나중에 서일대와 수원여대 등에 지원을 할 때는 '한림성심대'가 아닌 '한림대'에서 출강한 것으로 날조하여 제출한다. 전자는 2년제고, 후자는 4년제다. 엄연히 다른 학교인데도 '재단(일송학원)이 동일해서 착오가 있었다'는 변명을 한다. 김건희의 이력에서 '착오'는 이후에도 여러 번 등장한다. 신기한 것은, '한림성심대'를 '한림대'로 기재한 것처럼 모든 착오가 실제보다 우월한 방향으로 작용했다는 점이다.

유부남 검사

양재택을 만나다

　김건희는 첫 번째 결혼 생활이 원만하지 못하던 2000년 무렵 다시 라마다르네상스호텔의 '쥴리'로 활동하며 조남욱의 비공식 수발비서로서 미술 전시경력을 쌓아 간다. 그녀의 수상경력을 살펴보면 '1996년 경기대학교 문화상'이라고 기재한 것을 마지막으로 '2000년 Shape 展'까지 4년간은 특별한 작품 활동이 없었음을 알 수 있다.

　김건희가 조남욱의 '연회장'에서 양재택을 만난 것은 2003년 무렵으로 추정된다. 당시 양재택은 전도가 유망한 검사였다. 양재택은 1958년 경북 김천 출생으로 대전고등학교와 서울대학교 법학과를 졸업했다. 조남욱과 같은 충청도 인맥에 서울법대 직계 후배인 것이다.

　양재택은 사법시험 24회에 합격, 사법연수원 14기로 검사에 임용되었다. 이후 1988년부터 검찰청 및 법무부에서 약 20년 동안 검사로 재직했는데, 범죄와의 전쟁(1989~1991), 성수대교 붕괴 사건(1994), 기획부동산 탈세 및 이중다운계약서 사건(2003), 닷컴회사 정부자금 횡령 사건(2004) 등 꽤 굵직한 사건들을 담당했다.

〈열린공감TV〉의 취재에 따르면, 양재택은 김건희를 처음 만날 당시 유부남이었다고 한다. 가족들을 미국에 보내고 기러기 아빠로 생활 중이었는데, 이유는 범죄와의 전쟁을 담당하던 시기에 속칭 '빨대(정보원)'로 교류하던 인물과 문제가 생겼기 때문이다. 이 부분은 뒤에서 자세히 다루기로 한다.

가족들을 미국에 보내고 독신 아닌 독신이 된 양재택은 라마다르네상스호텔에서 만난 김건희에게 마음을 뺏긴다. 김건희는 주변에 양재택 검사 가족과 '그저 두루두루 잘 알고 지냈던 사이'라고 말했지만, 복수의 제보자의 증언을 종합하면 두 사람은 분명한 연인 관계였다. 간통법이 있던 시기이므로 불륜 관계이자 위법적 관계였던 것이다.

양재택은 윤석열과 달리 깔끔한 복장에 교양 있는 이미지였고, 미술계에 친분이 있는 사람들도 제법 많았다. 현직 검사이자 미술계에 인맥도 있는 양재택의 도움을 받아 김건희는 각종 미술전에 출품 또는 전시를 할 수 있는 기회를 잡게 된다.

제보에 따르면, 김건희가 어떤 전시장에서 남자를 한 명 소개했는데 그가 바로 양재택 검사였고 당시 주변에서는 '김명신이 힘 있는 검사를 만나 많은 수혜를 받고 있다'는 소문이 돌았다고 한다.

양재택과의 본격적인 교제

김건희는 양재택과의 교제나 동거에 대해 부인으로 일관해 왔다. 하지만 김건희의 주장과 배치되는 탄원서와 녹취파일을 〈열린공감TV〉가 단독 입수해서 보도한 바 있다. 탄원서는 김건희의 모친 최은순의 작은아버지가 작성했고 녹취파일에는 최은순의 작은어머니가 등장한다. 탄원서에는 '(김건희가) 2003년부터 양재택 검사와 부적절한 관계를 맺었다'는 구절이 담겨 있고, 녹취파일에는 '(김건희가) 양 검사를 꽉 잡고 있다'라는 내용이 담겨 있다.

최은순의 작은아버지 부부는 김건희가 서울 송파구 가락동 대련아파트 2층에 거주할 때(2002~2004년) 같은 아파트 8층에 살았다. 작은아버지 최 씨의 탄원서는 최은순의 옛 동업자 정대택이 '김건희와 유부남 검사의 동거설'을 SNS에 올린 데 따른 명예훼손 등의 혐의로 재판을 받던 2012년 무렵에 작성되었다.

교육자였던 최 씨는 탄원서에서 '최은순의 차녀 김명신(김건희)은 2002년 초혼에 실패하고 가락동 대련아파트에서 혼자 거주하다 2003년경 서울 중앙지검 형사4부장 양재택 검사와 부적절한 관계를 맺었고 나 역시 양재택의 도움을 받은 적이 있다'고 기재되어 있다. 또한 '최은순은 2004년 양재택의 권력을 이용해 피고인 정대택을 모함하여 형사처벌받게 한 사실을 자랑삼아 털어놓기도 했다'는 대목도 있다.

작은아버지 최 씨는 탄원서를 제출하게 된 이유를 '교육자적 양심으로 조카딸인 최은순이 정직하게 살아 주기를 희망하기 때문'이라고 밝혔다. 최 씨는 '부모님을 일찍 잃은 최은순을 중학교에 보내고 결혼할 때 혼주도 한 사람이 나'라면서 '명신이(김건희)도 백일이 되기 전 집안 형편이 어려워져 내가 맡아 키웠다'고 주장했다.

또한 최 씨는 양재택과 최은순 모녀의 인연에 대해 구체적으로 설명하기도 했다. '양 검사는 대전지검·서울남부지검 차장검사 재직 중 최은순에게 어머님, 어머님 하면서 따랐고, 경기도 팔당댐 근처에 사는 양 검사 모친은 최은순과 내 처를 집으로 초대해 친분을 나눴으며 김명신을 며느리라고 한 사실도 있다'고 탄원서를 통해 밝힌 바 있다.

최은순의 작은어머니 김 씨가 2008년 무렵 친지와 통화한 녹취파일에도 최 씨의 탄원서와 비슷한 내용이 나온다. 이 녹취파일에서 김건희는 검사인 양재택을 통해 친척들의 법적 민원을 해결해 줄 수 있는 실력자로 등장한다. 김 씨는 형사사건으로 재판을 앞두고 있는 한 친척과의 통화에서 양재택의 이름을 거론하며 '명신이가 요즘 논문을 쓰느라 바쁘긴 한데 직접 얘기해 봐라. 명신이가 양 검사를 아주 꽉 쥐고 있다. 양 검사 엄마네 집까지 명신이가 살림해 주고 있다'며 두 사람의 관계를 매우 구체적으로 설명했다. 김 씨의 말을 듣고 있던 친척도 '우리 애들도 양 검사를 알고 있긴 하더라고. 양 검사가 타고 다니던 그 랜저도 (김건희한테) 줬다고 하더만'이라며 답변했다.

최 씨의 탄원서와 김 씨의 녹취파일을 종합하면, 김건희는 윤석열과 결혼하기 전에 만난 양재택과 특별한 관계를 유지했음을 알 수 있다.

최은순은 2011년 5월 서울동부지검에서 조사를 받을 때 '양 검사와는 라마다르네상스호텔 조 회장 소개로 서로 가족끼리 잘 알지만 부적절한 관계는 아니고 딸이 조 회장 소개로 2년간 교제한 남자는 윤석열이다'라며 양재택과의 불륜설을 부인했다. 조남욱이 김건희에게 윤석열을 소개해 준 사실은 인정하면서도 양재택과의 부적절한 관계는 사실무근이라는 주장이었다. 그러나 과거 김건희와 같은 아파트에 살았던 최 씨 부부의 탄원서와 녹취파일이 나오면서 그러한 주장은 신빙성을 잃게 되었다.

양재택과 김건희의 동거설은 〈열린공감TV〉가 경기도 팔당댐 근처에 있는 양재택 부모의 자택을 방문, 모친과 단독 인터뷰를 함으로써 입증되었다. 윤석열 대선캠프와 양재택 전 검사 그리고 기성언론들은 〈열린공감TV〉가 폐륜적인 취재를 했다고 비난했지만, 양재택의 모친은 나이에 비해 건강했으며 또렷한 기억을 토대로 인터뷰에 임했다. 또한 〈열린공감TV〉는 노모에게 명함을 건네주며 취재 온 기자임을 명백히 밝혔고, 차후 재방문 의사에 대해 허락을 받기도 했다.

양재택의 모친은 〈열린공감TV〉와의 인터뷰에서 '우리 아들이 잘못한 것은 (유부남에 자녀가 있는데도) 눈이 잠시 멀어 김명신(김건희)에게 빠졌던 것인데 이는 벌을 받아야겠지만 대한민국과 국민을 흐리게 만드는 윤석열과 김명신을 이대로 둘 수는 없다'면서 인터뷰에 나선 목적을 밝혔다.

양재택의 모친은 '내가 김명신을 잘 안다. 우리 아들이 아내랑 자식을 다 미국에 보내고 혼자가 됐는데 그사이에 정이 났다. 한마디로 헌신짝처럼 나도는 여자다. 내가 아는 사람만 몇 사람 된다. 애가 남자가 너무 많았다. 그리고 나를 엄마라고 불렀다'면서 본인과 김건희의 관계를 정확하게 설명했다.

'윤석열은 나라의 기둥이 될 사람이 아니다. 장모가 옛날에 좀 문제가 있었다. 그리고 지금 윤석열의 부인은 올바른 부인이 아니다. (산부인과 의사에게) 시집을 갔으면 그 남자하고 백년해로를 하고 끝을 맺어야 하는데 지금 윤석열을 만나서 다시 결혼하고 대통령 하겠다고 나섰는데, 게다가 지금 그 사람 재산도 자기가 벌어서 쓰는 재산이 아니다. 내가 알고 있어'라는 주장까지 했다. 이는 김건희 명의로 되어 있는 서초동 아크로비스타 3xx호의 대출금을 아들 양재택과 자신들이 냈고, 거의 마지막 단계에 최은순 모녀가 냈다는 뜻이었다.

〈열린공감TV〉의 보도가 나간 뒤 양재택 측에서는 '김건희와 어떠한 사적관계도 없었고, 아크로비스타 3xx호 취득에도 관여한 바가 전혀 없다. 기가 막히고 비열한 인권유린 행위에 대해 반드시 법에서 정한 엄중한 처벌이 이루어지도록 할 것'이라는 입장을 밝혔다. 심지어 자신의 어머니에 대한 치매설을 주장하기도 했다.

양재택의 주장대로 과연 두 사람은 아무런 사이가 아닌 것일까? 그렇다면 양재택의 모친은 김명신(김건희)과 최은순의 이름을 어떻게 알고 이야기한 것일까?

양재택과의 아크로비스타 동거 생활

김건희와 양재택은 가락동 대련아파트에서 동거를 하다가 서초동 아크로비스타로 이사를 갔다. 아크로비스타는 삼풍백화점이 무너진 자리에 세워진 최고급 주상복합아파트다. 이 부분은 양재택의 모친을 통해 확인할 수 있었는데, 구체적인 내용은 다음과 같다.

'아크로비스타 3xx호는 아들(양재택)이 분양을 받아 대출금을 갚아 나가고 있었는데 중간에 명신이(김건희) 모녀가 가로챘으며, 원래 약속하기로는 손주(양재택 아들) 이름으로 등기를 해 준다고 했는데 김명신이 자기 이름을 올렸다. 심지어 나(양재택 노모)도 그 대출금을 갚는 데 도움을 줬다.'

이 주장에 대해 윤석열, 김건희, 양재택 등은 취재윤리를 거론하며 〈열린공감TV〉를 비난했고 특히 '치매 증상을 겪고 있는 노모의 증언은 전적으로 믿을 수 없는 얘기이자 두 사람의 동거설도 전혀 사실이 아니다'라고 해명했다. 〈열린공감TV〉의 취재를 패륜이라고 주장하면서 정작 본인의 모친을 치매로 몰아 버리는 비정함 앞에 씁쓸할 따름이다.

하지만 〈열린공감TV〉에서는 양재택 모친의 진술과 두 사람의 동거설을 확실하게 입증할 수 있는 '스모킹 건'을 찾아냈다. 양재택 부모가 남양주 집을 담보로 대출받은 계좌로 매달 최은순의 돈이 흘러들어 간 것을 확인한 것이다.

아크로비스타 3xx호는 김건희의 명의로 넘어가기 전 전상흠(제이슨)이라는 사람이 2001년 4월 26일자로 분양을 받는다. 이는 전형적인 차명분양이다. 아크로비스타 3xx호는 모 대기업에서 관리한 물건으로 추정되는데, 공개분양된 물건이 아닌 회사보유분이라는 명목으로 양재택, 최은순과 인연이 있는 전상흠을 통해 분양을 받도록 한 것이다.

양재택은 한 언론과의 인터뷰에서 전상흠을 자신의 친구라고 했다. 하지만 전상흠은 라마다르네상스호텔 볼케이노 나이트클럽의 주류공급업자였고, 그가 운영하던 회사에는 최은순이 등기이사로 등재되어 있었다.

〈열린공감TV〉는 아크로비스타 3xx호의 등기부등본에 최초 분양자로 이름을 올린 전상흠의 가족을 찾아 인터뷰를 했다. 전상흠의 친형에 따르면, '동생 부부는 현재 미국에 거주 중이며 국내에 있을 당시에도 아크로비스타 3xx호에 살지 않았다'고 한다.

정리하면 다음과 같다.

아크로비스타 3xx호를 최초 분양받은 전상흠은 양재택의 친구이자 최은순과 특수 관계인 인물이다. 양재택의 부모는 본인들의 남양주 집을 담보로 대출을 받았고 그 대출계좌로 매달 최은순의 돈이 이자 명목으로 흘러들어 갔다. 그리고 아크로비스타 3xx호의 실소유자는 적어도 전상흠은 아니다.

양재택과 해외 밀회여행

김건희와 최은순 모녀는 양재택과 체코로 해외여행을 다녀온 적이 있다. 이 사실에 대해 그들은 모두 부인했다. 하지만 최은순이 '딸 김건희와 양 전 검사와 함께 해외여행에 다녀왔다'는 취지의 발언을 한 것이 경찰 수사 기록에 남아 있다. 최은순의 옛 동업자 정대택이 최은순을 모해위증 등의 혐의로 고소한 사건에 대한 수사 기록이다.

최은순과 정대택은 19년 동안의 소송에서 서로를 맞고소했지만, 2004년 검찰은 최은순은 무혐의 처리하고 정대택만 기소한다. 이에 억울함을 느낀 정대택은 최은순에 관한 글을 지속적으로 온라인상에 올리고, 최은순은 2011년 2월 정대택을 명예훼손으로 고소한다.

해당 재판에 증인으로 출석한 최은순은 정대택 측 변호인으로부터 여러 가지 질문을 받는데, 특히 '증인의 차녀(김건희)와 양재택은 피고인(정대택)이 강요죄 등으로 기소된 후인 2004년 7월경 8박9일 일정으로 해외여행을 다녀온 사실이 있죠?'라는 질문에 '기억이 잘 안 납니다'라고 답한다. 법정에서 '기억이 잘 안 난다'는 것은 곤란한 질문에 대해 위증을 피하려고 할 때 흔히 쓰는 표현이다.

정대택은 '문제의 해외여행이 최은순의 의도대로 나(정대택)를 강요죄로 기소해 준 양재택에 대한 보은성 여행'이라고 주장한다. 최은순이 이 해외여행을 굳이 숨기려는 이유도 여기에 있다고 본다.

재판부는 정대택의 주장을 검증하기 위해 세 사람의 출입국 기록을 요청해 회신을 받는다. 최은순은 당시 유럽을 방문한 기록이 있었다. 하지만 김건희는 유럽 방문 기록을 포함한 출입국 기록이 없었다. 김건희의 경우 개명 전인 김명신 이름으로 출입국을 확인했어야 하는데 의도적으로 개명 후 이름으로 조회를 해서 기록이 나오지 않도록 했다는 의심이 든다. 이에 재판부는 세 사람의 출입국 기록을 다시 요청하지만, 2009년 이전 김건희의 출입국 기록은 없었고 양재택은 출입국 기록 제출을 거부한다. 앞과 동일한 상황이 재현된 것이다.

정대택은 최은순을 모해위증 혐의로 고소했고, 이와 관련된 조사 과정 중에 최은순은 '양 전 검사와 딸과 함께 유럽 여행을 간 사실은 있다'고 밝힌다. 그러나 당시 수사를 맡았던 송파경찰서는 '피의자가 해당 시점에 출국 사실은 존재하나 무려 7년 전의 일을 명확하게 기억하지 못할 수도 있다는 점' 등을 들어 정대택의 주장을 배척한다.

사건을 송치받은 서울동부지검도 최은순이 여행을 다녀온 사실은 인정하면서도 '피의자(최은순)에게 김명신·양재택과 함께 해외여행을 다녀온 사실이 있는지 묻는 것이 아니라 김명신·양재택 두 사람만 해외여행을 다녀온 사실이 있는지를 묻는 것으로 이해된다'며 해당 주장에 대해 증거불충분으로 무혐의 처분한다.

하지만 〈열린공감TV〉는 김건희가 양재택과 함께 체코 여행을 다녀왔음을 시인하는 녹취를 확보했다. 김건희는 '당시 양재택의 부인은 개인적인 일이 있어 동행을 못했고 여러 사람이 같이 간 여행'이라고 주장했다.

그녀의 이력

서일대 산업디자인학과 겸임교수

2005년 8월, 김건희는 모친 최은순과 정대택 사이에 벌어진 소송에 참고인 신분으로 출석해서 조사를 받는다. 김건희는 당시 조사에서 '2004년 3월부터 서일대 산업디자인학과 겸임교수로 재직 중에 있다'고 진술한다.

일반적으로 대학에서 시간강사를 채용할 때는 대부분 공개채용의 형식을 거친다. 2019년도부터는 관련한 법과 정책이 좀 더 엄격하게 규정되었다. 과거에는 누군가의 소개나 추천을 통해 시간강사로 채용되는 경우도 있었다. 다만, 그렇다 하더라도 허위로 경력을 기재하는 것은 허위날조에 해당한다. 윤석열은 자신이 검찰총장이던 시절 조국 전 법무부장관의 딸의 동양대 표창장 위조 혐의와 각종 인턴증명서가 허위라는 것을 입증하기 위해 백 번이 넘는 압수수색을 벌이고, 해당 내용을 주도했다는 혐의로 정경심 교수에게 징역 7년을 구형한 바 있다.

시간강사와 겸임교수는 엄밀하게 다른 직위다. 채용 카테고리도 다르고 처우와 급여 수준도 다르다. 채용에 있어 겸임교수는 전공과목과 유사한 직장에 근무한 경력이 중요하고, 시간강사는 순수한 학문적 역량을 중요하게 여긴다. 하지만 윤석열은 부인 김건희가 겸임교수 지원 시 이력을 위조한 의혹에 대해 기자들을 상대로 '겸임교수라는 건 시간강사예요. 채용 비리 이러는데, (시간강사는) 이런 자료 보고 뽑는 게 아닙니다. 그 현실을 좀 잘 보시라고요'라고 말했다. 이 발언은 대한민국 시간강사들의 분노를 불러일으켰다. 시간강사와 겸임교수가 다를뿐더러, 어느 쪽이건 채용에 대한 경쟁은 대단히 치열하다. 심지어 윤석열의 발언에는 시간강사를 비하하는 뉘앙스마저 담겨 있었다. 관련 노조에서는 성명을 발표하여 윤석열의 발언에 유감을 표했다.

언론에서 확인해 본 결과 김건희는 서일대 산업디자인학과에서 5학기(2004~2006년) 동안 겸임교수가 아닌 시간강사로 강의를 했다. 심지어 서일대에 시간강사로 지원하기 위해 제출한 이력서에서도 허위 내용이 쏟아져 나왔다.

해당 이력서에는 '국민대 테크노디자인대학원 박사과정(정부지원 BK21사업프로젝트)'이라고 기재했지만 김건희가 박사과정에 있으면서 BK21사업에 참여한 사실은 없었다. 경력란에는 '서울 대도초등학교 근무'라고 기재했지만, 김건희는 당시 정규 교직원이 아닌 실기 강사였다. 역시 '서울 광남중학교 근무'라고 기재했지만 광남중학교에서는 교생실습을 한 것이 전부였다. '한림대(4년제) 출강'이라고 표기했지만 실제로는 한림성심대(2년제)에 출강했고, '영락고등학교(인문계) 근무'는 실제로는 영락여자상업고등학교(실업계) 근무였다.

전시이력도 허위였다. 이력서에는 'Portrait展 삼성미술관 기획(2003)' 이라고 기재했지만 문예연감에서는 해당 전시내역이 확인이 되지 않았다. 삼성미술관(리움)에서도 해당 내용 자체를 부인했다. 그러자 김건희는 삼성미술관 전시가 아닌 경기도 성남의 삼성플라자 전시를 착각한 거라고 해명했다.

에이치컬처테크놀러지

2004년 에이치컬처테크놀러지(이하 에이치컬처)는 '애니타'라는 콘텐츠를 개발한다. 관상과 사주와 궁합을 활용한 콘텐츠였다. 2004년 4월에 특허출원을 했으며 2006년에 공개했다. 특허권자는 당연히 에이치컬처였다. 에이치컬처는 서울시 금천구 가산동에 위치한 회사로, 창업자는 홍모 대표이고 김건희는 회사의 주식 12.80%를 보유하고 있었다. 개명 전 이름인 '김명신'이 당시 사내이사로 등기되어 있었다.

에이치컬처 대표 홍 씨는 〈열린공감TV〉와의 인터뷰에서 '김건희와는 작가의 신분으로 만났다'고 말했다. '(자신이) 오랫동안 생각해 온 아이디어를 바탕으로 직원들과 함께 애니타를 개발'했으며, '당시 자금 사정이 여의치 않아 김건희가 마케팅조사 비용(3백 명 대상)을 댔던 것으로 기억한다'고도 말했다. 그리고 '김건희가 본인의 인맥을 통해 해당 콘텐츠를 사업화하는 데 도움을 줬던 것으로 기억한다'는 말도 덧붙였다. 김건희는 2009년 이후 지분을 정리하고 에이치컬처를 떠났다.

당시 에이치컬처는 콘텐츠진흥원의 정부지원금을 받아 해당 프로젝트를 개발했다. 이 지원금을 끌어오는 데 김건희가 양재택 등 주변 인맥을 이용했을 것이란 제보가 있다.

문제는, 김건희가 본인이 개발에 참여하지도 않은 '애니타'를 본인의 박사논문 주제로 무단 도용했다는 데 있다. 김건희가 2007년 국민대에 제출한, 〈아바타를 이용한 운세 콘텐츠 개발 연구: '애니타' 개발과 시장적용을 중심으로〉가 바로 그 논문이다. 이는 콘텐츠진흥원 지원사업 관리규정 위반에 해당할 뿐만 아니라 보조금관리법 위반과 저작권법 위반에도 해당한다.

수원여대 겸임교수

앞서 살펴본 바, 김건희는 2007년 수원여대에 제출한 이력서에서 경력 해당 연도에는 설립되지도 않은 '대안공간 루프'에서 큐레이터로 근무했다고 기재한다.

그것이 전부가 아니다. 학력란에는 2006년 뉴욕대 연수라고 기재하는데, 이는 뉴욕대 자체 과정이 아닌 서울대 글로벌리더과정 중 뉴욕을 5일간 방문하여 견학 수준의 강좌를 들은 것에 불과했다. 그마저도 서울대 글로벌리더과정에서 위탁한 강좌였고, 일정의 많은 부분은 관광과 쇼핑으로 채워진 것이 밝혀졌다. 관광과 쇼핑이 주인 5일간의 방문을 마치 뉴욕대에서 개최한 연수를 수료한 것처럼 과장하여 학력란에 기재한 것이다.

같은 이력서의 경력란에 기재된 '한국게임산업협회(이하 게임협회) 기획팀 기획이사'도 허위로 밝혀졌다. 김건희가 기획이사로 근무했다고 기재한 기간은 2002년부터 2005년까지인데, '대안공간 루프' 건과 마찬가지로 게임협회는 2004년에 설립되었다. 설립되지도 않은 미술관에서 근무를 했던 사람이 설립되지도 않은 협회에서 이사를 맡은 셈이다.

더구나 김건희가 이력서와 함께 제출한 재직증명서에서 발급자로 표기된 당시 게임협회 담당 국장은 언론과의 인터뷰에서 '김건희 씨를 본 적이 없다'고 했으며, 제직증명서에 찍힌 직인의 당사자인 당시 김영만 협회장도 같은 주장을 했다.

이에 김건희는 '믿거나 말거나 기억이 나지 않는다'고 말했다가 '협회 결성 초기라서 무보수 비상근으로 근무했다'는 해명을 내놓았다. 하지만 당시 게임협회 담당 국장이 본인의 SNS에 실명으로 반박함으로써 거짓 해명임이 곧바로 드러났다. 당시 게임협회에서 김건희를 보았다는 인물은 아직까지 나오지 않았다.

김건희가 이력서에 3년간 게임협회 임원으로 재직했다는 허위 경력을 기재한 이유는 '수원여대 교원 신규임용 시행세칙'에서 겸임교수 임용 시 3년 이상의 관련 경력을 요구하고 있기 때문으로 보인다. 김건희가 같은 이력서에 기재한 에이치컬처 근무 기간이 실제보다 부풀려진 이유도 거기에 있을 것으로 보인다.

폴리텍대 겸임교수

그보다 조금 앞선 2006년 6월, 김건희는 폴리텍대에도 겸임교수로 지원한다.

흥미로운 것은, 당시 제출한 에이치컬처 재직증명서가 이듬해 수원여대에 제출한 것과 여러모로 다르다는 점이다. 〈오마이뉴스〉 보도에 따르면, 같은 회사임에도 입사 시점이 1년이나 차이가 나며 재직증명서의 일련번호를 비롯한 문서 형식도 달랐다. 심지어 재직증명서에 적혀 있는 한자도 틀렸다. 서식에 적힌 8개의 한자 가운데 '住所'를 '主所'로, '姓名'을 '姓明'으로 '職位'를 '織位'로 오기한 것이다. 굳이 잘 알지도 못하는 한자로 서식을 꾸민 이유는 모르겠지만, 두 개의 재직증명서 중 최소 한 개는 위조되었다는 방증으로 볼 수 있다.

이런 의혹에 대한 윤석열과 김건희의 반응은 너무나도 태연했다. 이들은 '겸임교수는 공채 형식이 아니고 소개해서 가는 것'이라며 겸임교수나 시간강사를 지인 찬스를 쓰는 직군으로 폄하했다. 특히 김건희는 〈YTN〉 취재진의 질문에 '그게 뭐 대단한 것도 아니지 않냐?'고 반문하기도 했다.

국민대학교 박사논문과 'member Yuji'

김건희는 '석·박사학위를 따느라 정말 정신없이 바빠서 쥴리를 할 시간이 없었다'고 말한 바 있다. 박사학위를 취득하는 것이 어려운 일임에는 분명하다. 하지만 〈열린공감TV〉가 최초 보도한 바에 의하면, 김건희의 박사논문은 다른 사람의 특허를 도용하여 작성한 것이었다.

김건희는 2007년 국민대에 〈아바타를 이용한 운세 콘텐츠 개발 연구: '애니타' 개발과 시장적용을 중심으로〉라는 제목의 논문을 제출, 박사학위를 받는다. 해당 논문은 주역과 음양오행, 사주와 궁합과 관상을 설명하면서 디지털콘텐츠 분야의 하나인 운세 콘텐츠를 다룬다.

김건희는 해당 논문을 쓰기 직전 《기초조형학연구》와 《한국디자인포럼》이라는 학술지에 각각 〈애니타를 이용한 Wibro용 콘텐츠 개발에 관한 연구-관상, 궁합 아바타 개발을 중심으로(2007년)〉와 〈온라인 운세 콘텐츠 이용자들의 이용 만족과 불만족에 따른 회원 유지와 탈퇴에 대한 연구(2007년)〉라는 논문을 발표하는데, 학술지 논문과 박사학위 논문이 모두 관상과 궁합 등 역술과 관련된 점이 이채롭다. 특히 《한국디자인포럼》에 발표한 논문의 경우 한글 제목의 '회원 유지'를 'member Yuji'로 영문 번역함으로써 많은 네티즌들의 실소를 자아내기도 했다.

더욱 큰 문제는, 해당 논문들에 등장하는 '애니타'가 에이치컬처가 개발하고 특허까지 출원(제10-0613848호)한 상품이라는 점이다. 김건희는 자신이 등기이사로 재직한 에이치컬처가 개발한 상품으로 논문을 작성, 박사학위를 취득한 것이다.

박사학위 논문에서 가장 중요한 부분은 독창성이다. 기존에 없던 새로운 영역의 연구 성과를 인정받아야 취득할 수 있는 학위인 것이다. 만약 해당 특허의 주인이 김건희라면 독창성이 인정되겠지만, '애니타'의 개발자와 특허권자 모두 에이치컬처의 홍모 대표인 것으로 확인되었다. 즉 김건희는 홍 대표의 아이디어를 자기 것으로 둔갑시켜 박사학위를 취득한 셈이다.

〈열린공감TV〉에는 당시 김건희와 국민대 대학원을 같이 다닌 동기의 제보도 들어왔다. 제보에 따르면, 김건희는 수업에 별 관심이 없었고 고급 승용차를 타고 다니면서 인맥을 쌓는 데 관심이 많았으며 해외여행도 자주 다녀온 것 같다고 한다. 또한 여행을 다녀오면 선물 꾸러미를 들고 교수들의 연구실을 찾았다고 덧붙였다.

참고로 김건희의 논문을 '카피킬러(표절 검색용 프로그램)'로 확인한 결과 네이버블로그, 네이버지식인 등 인용할 수 없는 텍스트가 46%로 밝혀졌다. 박사학위 논문의 경우 표절률이 5%만 되어도 심사에 탈락되는 것이 일반적이다.

안양대학교 겸임교수

김건희는 2013년 2학기와 2015년 1학기에 안양대 겸임교수로 재직한다. 김건희가 안양대에 제출한 이력서에는 '영락고등학교 미술교사'라는 내용을 기재되었지만 허위로 밝혀졌다. 김건희는 2001년 영락여자상업고등학교(현 영락의료과학고)에서 미술 강사로 잠시 일했을 뿐이다.

또한 수상이력에 '2004년 대한민국 애니메이션 대상'을 기재했지만, 주관 기관인 문화체육관광부에 확인한 결과 대상을 포함한 모든 수상자 명단에 김건희 또는 김명신의 이름은 없었다.

김건희가 안양대에서 강의를 할 당시 그녀의 형부는 안양대 교직원이었다. 김건희의 남동생도 안양대에 입학했는데, 이와 관련해서도 여러 가지 소문이 돌았다.

그녀의 전시

까르띠에 소장품展

　전시이력이 필요했던 김건희는 여러 인맥을 활용하여 전시업계에 빠르게 진출할 수 있는 방법을 모색한다. 이때 그녀에게 구원의 손길 뻗은 곳은 다름 아닌 삼성이었다.

　삼성이 어떻게 김건희에게 접근하여 방법을 알려 줬는지 정확히는 알 수 없지만, 제보에 의하면 삼성은 이건희 전 회장의 부인인 홍라희 전 삼성리움미술관·호암미술관 관장을 통해 김건희에게 전시홍보대행사 인수를 적극 권유했다고 한다. 이에 김건희 모녀는 2007년 '제임스앤데이빗엔터테인먼트코리아'라는 홍보대행사를 인수한다. 지나치게 긴 이름을 가진 이 회사는 '맨인카우스' 등으로 사명을 바꾸다가 2009년 코바나컨텐츠로 합병된다. 김건희 모녀가 홍보대행사를 인수하자 삼성은 그 회사에서 홍보대행을 한 전시회에 후원을 약속하는데, 그 전시회가 '까르띠에 소장품展'이다.

김건희를 인터뷰한 여러 언론들은 '2008년 까르띠에 소장품展을 시작으로'라는 문구로 소개하고 있는데, 김건희는 이에 대해 전혀 부인하지 않았다. 하지만 전시를 주최한 국립현대미술관은 '까르띠에 소장품展은 국립현대미술관과 까르띠에가 공동주최한 전시로서 우리 미술관은 코바나컨텐츠와 해당 전시 관련 업무를 진행한 적이 없다'고 공식적으로 밝혔다. 홍보를 대행한 것과 전시를 주최한 것은 엄연히 다르다는 취지였다. 특히 코바나컨텐츠가 홈페이지에 관련 포트폴리오를 기재한 것과 관련, 국립현대미술관은 최근 3~4년간 코바나컨텐츠 측에 삭제해 줄 것을 지속적으로 요구했다고 한다. 코바나컨텐츠는 요구 직후에 해당 이력을 잠시 내렸다가 다시 올리기를 반복하다가다, 이에 대한 논란이 불거진 최근에는 완전히 내렸다.

　삼성이 김건희의 홍보대행회사에 후원을 약속한 시기에 윤석열은 삼성 비자금 특별수사팀의 수사검사였다. 때문에 '삼성이 김건희를 통해 윤석열에게 로비를 한다'는 이야기가 돌기도 했다.

앤디 워홀, 위대한 세계展

　김건희의 코바나컨텐츠는 2009년 12월 12일부터 2010년 4월 4일까지 개최된 '앤디 워홀, 위대한 세계展'을 자신들이 주관했다고 주장했다. 하지만 〈열린공감TV〉 취재 결과, 해당 전시회는 서울시립미술관과 〈동아일보〉와 〈MBC〉가 공동으로 주최했으며, 주관은 지니월드, 후원은 문화체육관광부, 주한미국대사관, 한국야쿠르트, GS칼텍스, SK네트웍스, 아시아나항공, LIG손해보험 등이 했다. 코바나컨텐츠의 이름은 어디에서도 찾아볼 수 없었다.

'앤디 워홀, 위대한 세계展'은 세계적인 현대미술가 앤디 워홀의 회고전 형식으로 다양한 소장품과 2백여 점의 작품들이 전시되었다. 업계 관계자들의 말에 따르면, 이 정도 규모의 전시를 기획하려면 최소 2년 정도의 준비 기간이 필요하다고 한다. 2009년 9월에 설립된 코바나컨텐츠가 설립 3개월 만에 주관한다는 것은 물리적으로 불가능하다는 뜻이었다.

다만 코바나컨텐츠가 투자에 참여했을 가능성은 있다고 하며, 그 배경에는 삼성가의 홍라희가 있을 것이라는 소문도 돌았다고 한다.

미스 사이공

'미스 사이공'은 뮤지컬 공연이다. 미술품 전시와 무관한 행사로, 김건희의 코바나컨텐츠가 이 행사를 미술 전시의 사전경력으로 내세우는 것에는 문제가 있어 보인다.

2010년 7월 '미스 사이공' 공연이 시작된다. 제작과 주관은 KCMI이고, 〈SBS〉, 〈매일경제〉 등 언론사와 코바나컨텐츠가 공동으로 주최했다. 코바나컨텐츠는 공동 주최에 이름을 올린 것에 불과하다. 다만 이 행사에도 코바나컨텐츠가 투자에 참여했을 가능성은 있다. 그 경우, 역시 삼성이 밀어 주었을 가능성이 제기된다. 참고로 '미스 사이공'은 삼성카드가 단독으로 협찬했다.

제작과 주관을 맡은 KCMI의 홈페이지에는 2010년 '미스사이공'의 한국어 공연을 자신들의 포트폴리오에 포함하고 있다.

색채의 마술사, 샤갈展

2010년 12월 3일~2011년 3월 27일에는 '색채의 마술사, 샤갈展'이 열린다. 주최는 서울시립미술관과 〈한국일보〉, 코바나컨텐츠는 제작 투자에 참여했다.

제작 투자는 전시회의 성과에 따라 투자금을 분배받는 것으로 전시회에 대한 기획사라고 볼 수는 없다. 또한 제작 투자에 경력이 필요한 것은 아니다. 그런데 코바나컨텐츠는 해당 전시가 자신들이 기획·주관한 것처럼 교묘히 부풀려서 포장했다. 심지어 윤석열도 국회 인사청문회에서 '제 처가 한 블록버스터급 전시회'라고 말한 적이 있다.

다만 코바나컨텐츠가 협찬을 이끌어 낸 기업들의 면면이 대단하긴 하다. 당시 협찬사들은 현대건설, 현대중공업, 대한항공, 웨스턴조선, 도이치모터스, KDB산업은행 등이다. 결국 김건희는 큐레이터로서의 역할보다 협찬사들을 끌어오는 역할을 한 것으로 보인다.

그녀의 남자들

첫 번째 결혼

1998년 볼케이노와 라마다르네상스호텔 6층 연회장을 출입하던 시절, 김건희는 서울아산병원 산부인과에 수시로 진료를 받으러 다닌다. 그러다 자신을 담당한 의사와 연인 관계로 발전, 결혼까지 하게 된다. 결혼식은 1999년 3월 8일 논현동 노보텔호텔 예식장에서 진행되었고, 꽤 많은 하객들을 초대되었다고 한다.

양재택 모친의 진술에 의하면 두 사람의 결혼 생활은 수개월 만에 종지부를 찍었다고 한다. 다만 최소 2, 3년은 살았을 것이라는 제보도 있어, 두 사람의 결혼 생활이 실제로 얼마 동안 이어졌는지는 정확하지 않다.

두 사람은 결혼식을 올린 뒤에도 혼인신고를 하지 않은 상태로 은평구 홍제동에 신혼집을 마련하고 산다. 모친 최은순의 내연남 김 씨는 '김건희와 결혼했던 의사는 성적으로 문제가 있어 잠자리에 불만을 느낀 김건희가 혼인신고를 해 주지 않은 것'이라고 말했다.

남편은 병원을 신혼집이 있는 홍제동 근방으로 옮겨 가면서까지 김건희와 잘 살아 보려 했지만 김건희는 남편에게 늘 불만이 있었고, 결국 신혼집을 나와 모친 최은순의 집으로 들어가 버린다. 이때 최은순은 크게 화를 냈다고 하는데, 주변에 사위가 의사라고 자랑하고 다닌지 얼마 되지도 않아 혼인이 파탄 났으니 주변 보기 창피하다는 이유였다고 한다.

아나운서 출신 김범수를 만나다

양재택 전 검사와의 관계는 앞 장에서 상세히 살펴본 만큼 여기서는 생략하기로 한다.

양재택과 헤어진 김건희는 윤석열과 교제 및 간헐적 동거에 들어간다. 하지만 당시 두 사람의 관계는 연인이라기보다 이권을 공유하는 동업자에 가까웠던 것으로 보인다.

이 무렵 김건희에게는 또 다른 남자가 있었다. 2008년 초 지인의 소개로 SBS 아나운서 출신 김범수를 만난 것이다.

김건희에게 김범수는 매력적인 남자였을 것 같다. 훤칠한 키에 잘생긴 얼굴, 게다가 서울대를 졸업한 재원이기도 했다. 김범수는 1995년 〈TBS〉 6기 공채 아나운서로 입사하여, 2000년 〈SBS〉 8기 공채 아나운서로 이적, 다양한 프로그램에서 MC를 맡던 중 2004년 3월 프리랜서를 선언하며 〈SBS〉를 퇴사한다. 두 사람이 만날 당시 김범수는 유부남이었다. 김범수는 2001년 열한 살 연상의 강모씨와 집안의 반대를 무릅쓰고 결혼했지만 2008년 초 이혼한다.

김범수는 서울대 경영학과 88학번으로 재계의 마당발로 통한다. 성격과 매너가 좋아 그를 좋아하는 서울대 동문들이 많았고, 그로 인해 재계로 인맥을 넓힐 수 있었던 것으로 보인다. 그런 김범수에게 특별히 가까운 지인이 있었다. 배우 이영애의 남편으로 알려진 정호영이다. 정호영은 자산만 2조 가까이 추정되는 방위산업체, 한국레이컴의 회장이었다. 당시 대한민국 방위산업에서 가장 매출이 높은 기업은 삼성테크윈이었는데, 한국레이컴도 거기에 버금가는 회사였다.

여담이지만, 한국레이컴과 삼성테크윈 모두 대형 군납 비리인 '율곡비리 사건'에 연루되기도 했다. 당시 뇌물을 받은 예비역 장성은 징역 5년에 거액의 추징금을 선고받은 반면, 뇌물을 준 혐의로 기소된 정호영은 집행유예로 풀려났다. 삼성테크윈도 방위사업체들과 담합하여 원가를 과다 계상하는 등 수백억 원의 부당이득을 취한 것이 밝혀졌지만, 수사를 맡은 검찰과 변호를 맡은 대형 로펌은 검찰 선후배 관계였다. 전관예우의 폐단은 여기서도 어김없이 발휘되었고, 율곡비리 수사는 꼬리만 자르는 선에서 마무리되었다.

다시 김건희와 김범수로 돌아와서, 당시 삼성그룹은 경영권 승계를 위한 여러 작업들을 진행하는 과정에서 분식회계와 비자금 등 불법행위가 드러나는 위기에 직면해 있었다. 삼성으로서는 검찰을 움직일 인물이 절실히 필요했을 것으로 짐작된다.

삼성과 김건희의 가교 역할은 김범수 또는 정호영이 했을 것으로 보인다. 삼성은 삼부토건을 통해 법조계에 인맥을 쌓은 김건희의 전시

사업을 후원해 주고, 김건희를 통해 삼성 비자금 특검팀의 윤석열 검사에 대한 로비를 모색했을 것으로 보인다.

삼성이 예상하지 못했던 점은, 전시사업을 준비하는 과정에서 김건희와 김범수가 연인 관계로 발전했다는 것이다.

위험한 줄타기

김건희에게 윤석열은 숨겨진 남자였고 김범수는 공개된 남자였다.

김건희가 두 남자와 사귀던 시기, 삼성은 그녀와 양재택이 동거하던 아크로비스타 3xx호에 7억 원의 전세설정을 해 준다. 김건희는 그 돈으로 17xx호에 새롭게 전셋집을 얻는다. 공교롭게도 그 시기에 김건희의 코바나컨텐츠는 삼성의 대대적인 후원에 힘입어 대형 전시회를 연이어 성공적으로 유치한다. 김건희로서는 삼성으로 대표되는 재벌권력과 윤석열로 대표되는 검찰권력을 등에 업고 오랜 꿈을 실현하게 된 셈이다.

김건희가 윤석열과 2009년부터 교제 중이라는 사실은 모친 최은순이 2011년 5월 서울동부지검에서 작성한 조서를 통해 드러난다. 최은순은 그 조서에서 '라마다 조 회장 소개로 2009년부터 딸과 만나 교제하는 검사가 있다'고 진술했다.

김건희는 윤석열과 교제를 하면서 동시에 김범수와도 교제를 한다. 물론 이 부분은 사생활의 영역이라고 할 수 있다. 하지만 모해위증과 뇌물공여 혐의로 고발되어 피의자 신분이던 김건희가 검찰 요직에 있던 윤석열과 은밀한 관계를 맺었다면, 그것은 완전히 다른 이야기가 된다. 결혼할 의사 없이 동거만 했다면 대법원 판례상 뇌물성 성상납을 받은 것이 되기 때문이다.

윤석열이 서울에 올라올 때 김건희는 아크로비스타 3xx호에서 그를 맞이한 것으로 보인다. 그리고 이미 이혼을 한 김범수 또한 같은 3xx호에 간혹 머물렀을 수도 있다. 김건희로서는 그 상황이 매우 불편했을 것이다.

제보에 따르면, 김건희는 주변 지인에게 김범수를 '내 남편'이라고 소개했다고 한다. 시기는 2011년 무렵, 장소는 청담동에 위치한 모 꽃꽂이 교실이었다. 꽃꽂이 수업 때 김건희에게는 나이 많은 여성이 항상 붙어 있었다고 한다. 김건희는 친언니라고 소개했지만 수강생들이 보기에 두 사람은 전혀 닮지 않았다고 한다. 그리고 그 여성은 김건희가 무슨 할 때마다 뒤에서 수습해 주는 역할을 했다고 한다. 그 여성이 누구인지는 모르지만, 김건희가 어딘가로부터 '관리'되고 있었음을 짐작할 수 있다.

제보자는 또 '꽃꽂이 수업이 끝난 후에 김범수가 김건희를 데리러 온 적이 있었는데 이때 김건희가 자기 남편이라고 소개했다'고 말했다. 제보자가 그 남자를 김범수라고 확신한 데는 나름의 근거가 있었다. 제보자는 '같이 꽃꽂이 수업을 듣던 언니 한 명이 코바나컨텐츠에 취직했고, 우리가 만났던 김범수 씨가 코바나컨텐츠 주최 전시회에서 큐레이터로 작품을 설명하기도 했다. 다른 사람과 헷갈릴 수는 없다'고 말했다.

제보자는 또 다른 중요한 기억도 갖고 있었다. 2011년 추석을 앞두고 김건희가 시댁에서 자기보고 떡을 가지고 오라고 했다는 것이다. 농담 삼아 남편이라고 했다면 시댁이니 떡 같은 얘기를 꺼내지는 않았을 것이다.

신혼집을 알아보러 가다

김건희와 김범수 두 사람이 결혼을 전제로 교제한 사실을 증명할 또 한 명의 증인이 있다. 김건희의 모친 최은순에게 수백억 원대 추모공원 사업권을 빼앗겨 최은순을 상대로 법정 공방을 벌이고 있는 노덕봉이다.

노덕봉의 제보에 따르면, 자신이 살던 남산의 아파트에 최은순과 김범수의 모친이 집을 보기 위해 찾아왔다고 한다. 신혼집이라는 얘기는 하지 않았지만 정황상 그럴 가능성이 높아 보였다고 한다. 노덕봉은 '우리 집이 경매 들어갔을 무렵이니까 등기부등본을 보면 알 거요'라고 말했다. 노덕봉이 살던 남산 정인스카이아파트 5xx호 등기부등본을 조회한 결과 2011년 6월 경매개시 결정이 이루어졌음을 확인할 수 있었다.

앞서 김건희가 2011년 추석을 앞두고 '시댁에서 떡을 가져오라고 했다'고 불만을 털어놓던 시기와 두 사람의 모친이 경매에 들어간 노덕봉의 집을 보러 온 시기는 대체로 일치한다. 이를 통해 김건희와 김범수가 적어도 2011년 추석 전후에는 결혼을 전제로 교제했음을 알 수 있다. 그런데 김건희는 2012년 3월 윤석열과 결혼한다.

김건희가 불과 반년 만에 다른 남자와 결혼한 것은 비난받을 이유도 아니요, 취재의 대상이 되어서도 안 된다. 다만 앞서도 밝혔듯, 그 남자가 피의자 김건희의 수사에 영향을 끼칠 수 있는 검사라면 이야기가 달라진다.

김건희의 모친 최은순의 옛 동업자로 최은순과 법정 다툼 중인 정대택은 서초동 아크로비스타 17xx호에서 김건희와 윤석열이 동거 중인 사실을 알게 된다. 2012년 2월 수취인을 윤석열로 하여 17xx호로 등기우편물을 보냈는데 반송되지 않고 접수되었던 것이다. 즉 윤석열은 그곳에 거주하고 있었다.

이에 정대택은 2012년 3월 1일 '검사 윤석열이 피의자인 김건희와 부적절한 관계를 맺으며 성상납을 받고 있다'고 법무부와 대검에 진정서를 낸다. 그로부터 열흘쯤 뒤 윤석열과 김건희는 급히 결혼식을 올린다. 만일 정대택의 진정으로 대검이 감찰에 착수한 상황에서 윤석열과 김건희가 결혼을 하지 않았다면 징계는 물론 형사처벌까지 받을 수 있었다.

종합하면, 김건희는 2011년 추석 무렵까지 김범수와 결혼을 전제로 교제하면서 동시에 윤석열과도 부적절한 관계를 맺고 있었을 가능성이 높다.

운명의 남자

또 다른 검사 윤석열을 소개받다

2장에서 살펴본 대로, 김건희는 2007년 6월경 조남욱 삼부토건 회장의 주선으로 윤석열을 소개받는다. 조남욱은 황하영, 심무정, 최은순 등과의 골프 모임에 윤석열을 동참시킨다. 윤석열은 그 모임을 통해 김건희의 존재를 알게 되었을 수도 있다.

윤석열을 소개받을 당시 김건희는 양재택과 동거 중이었다. 〈열린공감TV〉가 받은 제보에 의하면, 조남욱이 양재택과 동거 중인 김건희를 윤석열에게 소개한 이유는 삼성 때문이라고 한다. 2007년은 비자금 사건으로 삼성의 발등에 불이 떨어진 시기였고, 그래서 수사팀 소속 검사들에게 줄을 대기 위해 백방으로 노력했다고 알려진다. 삼성은 검사 윤석열에게 가장 효과적으로 줄을 댈 수 있는 수단으로 김건희를 택한 것으로 보인다.

당시 윤석열은 라마다르네상스호텔이 있는 역삼동 부근에서 조남욱의 차남 조시연과 어울려 다니며 술을 마셨는데 둘은 의형제를 맺을 만큼 가까웠다고 한다. 술이 거나하게 오르면 윤석열은 김건희에게 연락을 했고, 늦은 밤 둘이 만나 어디론가 사라졌다고 한다.

이후 2008년 3월 양재택이 검찰을 떠나고, 김건희는 윤석열과 본격적인 교제에 들어간다.

양재택, 검찰을 떠나다

양재택은 2002년 노무현 대통령이 당선된 후 대통령인수위원회에 검찰 측 파견검사로 위촉되어 들어간다. 하지만 돌연 파견 취소를 요청해서 파문을 일으킨 바 있다. 당시에는 양재택이 김각영 검찰총장의 대전고 후배로 밝혀지면서 '총장의 임기 보장을 위한 파견이 아니냐'는 지적에 부담을 느껴 사의를 표명한 것으로 알려졌지만, 다른 속사정이 있었다.

양재택은 1989년 노태우 정권의 '범죄와의 전쟁'을 위해 설치한 서울지검 강력부에서 초임검사로 일하면서 상가분양업체 회장 이모씨와 알게 된다. 당시 양재택은 이 씨의 도움으로 서방파 두목 김태촌 등 거물급 조폭 두목들의 비리를 잡아내는 성과를 올린다. 하지만 이후 이 씨가 '내가 양재택 검사의 뒤를 봐줬다'고 말하고 다니면서 문제가 발생한다. 양재택은 이 씨에게 입조심을 경고했지만 통하지 않았다고 한다.

이 씨는 2001년 9월 재개발주택 조합비 58억 원을 횡령한 혐의로 구속 수감된다. 이 씨의 부인은 양재택에게 '병든 남편이 죽기 전에 꼭 양

검사님을 뵙고 싶어 한다'고 집요하게 연락한다. 결국 양재택은 점심 시간을 이용하여 이 씨가 수감된 구치소로 특별면회를 간다. 이후 양재택에게는 비리 사범을 특별면회했다는 꼬리표가 따라다녔는데, 병을 이유로 구속집행정지가 된 이 씨가 잠적해 버리자 더욱 난감한 처지에 빠지게 된다.

양재택이 처자식을 미국으로 보낸 것은 이 씨와 그 부인에게 시달리던 시기라고 한다. 이후 기러기 아빠가 된 양재택은 김건희를 만나 부적절한 관계를 시작하는데, 그 사실이 언론에 알려진 기미가 보여 대통령인수위를 사퇴하는 쪽으로 결정한다. 이 일로 인해 '미래의 검찰총장'으로 촉망받던 양재택은 진급에 제동이 걸린다. 이후 2007년 2월 검찰 인사에서 승진이 누락되자 이듬해인 2008년 검찰을 떠난다.

양재택과 동거 중이던 김건희의 입장에서는 청천벽력 같은 일이었다. 당시 김건희 모녀는 정대택과 한창 소송 중이었는데, 뒷배 역할을 해 주던 양재택이 검찰을 떠나자 새로운 뒷배가 필요할 수밖에 없었다. 결국 김건희는 양재택과 결별을 택한다. 두 사람이 결별한 뒤에도 양재택은 김건희에 대해 애틋한 마음이 있었던 것으로 보인다. 양재택은 법무법인 산경의 대표 변호사로 새 출발을 하는데, 사무실 위치가 서울 강남구 역삼동 677-25 큰길타워 5층이었다. 그곳에서는 라마다르네상스호텔 6층 김건희가 있던 비서실이 바로 보인다고 한다.

서초동 아크로비스타 17xx호

앞서 살펴보았듯, 윤석열은 최은순과 소송 중이던 정대택에 의해 서초동 아크로비스타 17xx호에서 김건희와 동거 중인 사실이 발각된다. 삼성에서 7억 원에 전세설정을 한 3xx호의 전세금으로 이사를 간 것인데, 이 7억 원의 전세금을 뇌물로 판단할 수 있는지에 대한 논란이 있다.

아크로비스타 17xx호 등기부등본을 보면, 김건희가 2010년 10월 18일자로 8억 5천만 원에 전세권을 설정한 것이 확인된다. 기존에 살던 3xx호를 삼성에게 7억 원으로 전세 준 시점은 그보다 2주일 앞선 10월 1일이다. 즉 삼성에게 전세금으로 받은 7억 원에 본인의 돈 1억 5천만 원을 합쳐 17xx호에 전세를 얻은 것이다. 17xx호와 동일한 63평의 전세 시세가 10억 원이 넘던 시절이니 매우 좋은 조건으로 계약한 것을 알 수 있다. 그럴 수 있었던 이유에 대해서는 뒤에서 살펴보기로 한다.

윤석열은 17xx호에서 김건희와 동거를 했고, 결혼한 후에도 서울중앙지검장이 되기 1년 전까지 같은 집에서 8억 원에 전세로 살았다. 하지만 윤석열 부부 다음으로 들어온 세입자가 지불한 전세금은 16억 원에 이른다고 한다. 즉 윤석열 부부는 새 세입자와 비교해 절반 수준의 금액으로 전세를 살았던 것이다. 만약 17xx호 실소유주가 윤석열을 의식해 시세보다 현격하게 낮은 가격에 전세를 주었다면 그 또한 뇌물로 볼 여지가 생긴다. 17xx호의 실소유주에 대해서는 역시 뒤에서 다루기로 한다.

김건희가 17xx호로 이사를 간 것은 양재택이 아니라 윤석열과 교제하던 시절이었다. 김건희의 입장에서는 윤석열과 교제하면서 과거 양재택과 동거하던 3xx호에 살기는 불편했을 것이다. 비슷한 시기 김범수와 결혼을 전제로 만나고 있었기 때문에라도 더더욱 그랬을 것으로 보인다. 또한 3xx호는 저층인 탓에 사생활 보호를 위해 늘 커튼을 치고 살아야 했다. 이런 등등의 이유로 김건희는 17xx호로 이사를 간 것으로 추정된다.

윤석열과 결혼

정대택의 진정으로 인해 검사 윤석열이 피의자 김건희와 부적절한 관계를 맺은 사실이 드러나면서 두 사람의 발등에는 불이 떨어진다. 법무부 감찰을 통해 이 사실이 확인되면 문제가 심각해지기 때문이다. 이에 윤석열과 김건희는 부랴부랴 결혼하기로 한다. 우선 김건희는 결혼을 전제로 사귀고 있던 김범수에게 이 사실을 알린다. 아마도 김범수는 큰 실의에 빠졌을 것으로 보인다. 〈열린공감TV〉에 들어온 제보에 의하면, 당시 김건희는 '이 위기를 모면해야 한다'는 말로 김범수를 설득했다고 한다.

당시 대검 중수2과장이던 윤석열도 새로운 벽에 부딪힌다. 연희동에 거주하는 모친이 두 사람의 결혼을 강력하게 반대하고 나선 것이다. 때문에 김건희는 거의 매일 연희동으로 찾아가 윤석열의 모친에게 애원했다고 한다. 결국 2012년 3월 11일, 윤석열과 김건희는 대검찰청 내 예식장인 '예그리나'에서 결혼식을 올린다. 당시 윤석열은 52세, 김건희는 40세였다.

주례는 전 검찰총장인 정상명이 보았는데, 정상명은 퇴직 후 동양대학교 행정경찰학부에서 석좌교수로 재직 중이었다. 조국 전 장관으로 인해 드러난 동양대 총장 최성해와 윤석열 사이의 친분도 그로 인해 생겼다고 알려진다.

결혼식 당시 하객으로 참석한 제보자에 따르면, 정장 차림의 남성들이 축의금을 내기 위해 길게 줄을 섰다고 한다. 삼성 대관팀에서 근무했다는 또 다른 제보자에 따르면, '회사로부터 축의금을 전달하라는 지시를 듣고 식장에 도착했는데 줄이 너무 길어서 한참 걸렸다. 삼성 말고 다른 기업의 대관팀 사람도 많이 보였다'고 한다.

윤석열과 김건희는 결혼식 다음 날인 2012년 3월 12일부터 5박6일간 하와이로 신혼여행을 간다. 김건희와 동거했던 양재택의 모친에 따르면, 김건희가 자신에게 전화를 걸어 '엄마, 나 오늘 (윤석열과) 신혼여행 가는데 무탈하게 기도해 주세요'라고 부탁했다고 한다. 양재택의 모친은 '명신이(김건희)가 나를 엄마라고 불렀기 때문에 나도 인간으로서 도리를 하기 위해 잘 갔다 오라고 말해 줬다'라고 한다.

우연인지는 모르겠지만, 2012년 3월 7일 삼성의 이건희와 홍라희도 전용기를 타고 하와이로 향한다. 당시 삼성 미래전략실 고위관계자는 '이 회장의 개인적인 요양 목적'이라며 '체류 기간이 열흘을 넘기지 않을 것으로 안다'고 전했다. 공교롭게도 당시는 이건희가 형제들과의 차명주식상속분 반환소송으로 골머리를 앓고 있을 때였다.

김건희는 한 매체와의 인터뷰에서 윤석열에 대해, '나이 차도 있고 오래전부터 그냥 아는 아저씨로 지내다 한 스님이 나서서 연을 맺어 줬다. 남편은 거짓이 없고 순수한 사람이다. 가진 돈도 없고 내가 아니면 영 결혼을 못 할 것 같았다'고 말한 바 있다.

그녀와 권력자들

쌍용그룹 김석원

　쌍용의 창업주 김성곤은 기업가이자 정치인으로서 자유당과 공화당에서 4선 국회의원을 했다. 김성곤의 지역구는 지금은 대구로 편입된 경북 달성이었다. 김성곤의 아들인 김석원은 훗날 부친의 지역구에서 민자당 후보로 출마하여 당선된다. 김석원은 의원직을 중도 사퇴했고, 이후 보궐선거에 출마한 박근혜가 국회로 입성하는 데 기여했다. 김석원이 1996년 전두환 비자금 140억 원을 자신의 집에 보관해 준 사실이 검찰 수사 과정에서 드러났다. 김석원의 집에서 비자금이 발견된 것은 이후에도 있었다. 2007년 '신정아 게이트' 때도 김석원의 집에서 50억 원이 넘는 괴자금이 발견되어 검찰이 수사를 했는데, 당시 수사팀에는 윤석열도 있었다.

　김건희와 최은순 모녀는 재계의 마당발인 삼부토건 조남욱 회장을 통해 쌍용과 인연을 맺은 것으로 보인다. 쌍용그룹을 통해 지도교수인 전승규(국민대 영상디자인학과)에게 김건희를 소개시켜 주었을 것이라는 이야기도 있다. 2006년 전승규가 감수를 맡은 공동번역서《디지털 미디어 스토리텔링》에는 김명신(김건희)의 이름이 번역자로 올라가 있다. 또한 김건희가 국민대에서 발표한 각종 논문에도 모두 전승규가 관련되어 있다. 논문의 수준은 참담하다.

쌍용과 삼부는 모두 토건회사를 운영했다. 김석원과 조남욱은 오너 모임 등을 통해 친분을 쌓았으며, 두 사람 모두 사립학원을 운영한다는 공통점이 있어 더욱 가까워질 수 있었다고 알려진다. 김건희가 쌍용그룹의 인물들과 함께 외국을 다녀왔다는 제보도 있는데, 김건희가 윤석열과 결혼한 이후라는 점을 감안하면 쌍용과 김건희와의 관계에도 윤석열이 일정 부분 개입되어 있는 것으로 보인다.

신안그룹 박순석

전남 신안군 출신인 신안그룹 회장 박순석은 지금은 바로저축은행으로 바뀐 신안저축은행의 사주로서 이른바 '꺾기'의 대명사로 알려진 인물이다.

박순석은 13세에 단신으로 상경, 막노동을 하다 동대문에서 철근 도소매업으로 돈을 번 뒤 1980년 신안종합건설을 설립해 1990년 태일종합건설, 1992년 순석장학재단, 1996년 신안주택할부금융과 신안팩토링을 잇달아 설립하며 십수 년 만에 자신의 그룹 계열사를 14개로 늘린 입지전적인 인물이다.

박순석은 같은 토건 분야의 사업가인 조남욱과 당연히 친분이 있었다. 그들의 모임에 최은순도 함께 어울렸다. 박순석은 '최은순의 딸이 미래의 검찰총장감인 양재택과 사귄다'는 사실을 인지한 후 최은순 모녀에게 도움을 주기 시작했다고 전해진다.

박순석은 강남 테헤란로에 있는 신안빌딩 내에 특수관리팀을 만들고 판검사 동향 및 관리를 했는데, 차남인 박상훈이 그 일을 맡았다. 거기에는 박상훈의 친구이자 신안저축은행의 대출중계인 역할을 하던 김x성이 중요한 역할을 한다.

김x성(1977년생)은 헌병대 수사관 출신으로 김건희와는 2010~2011년 서울대 최고경영자과정(2기)을 함께 다녔다. 신안저축은행 건물에서 신안저축은행의 대출을 알선해 주는 '로버스트 인베스트먼트'라는 회사를 운영했는데, 이 회사는 김건희의 코바나컨텐츠에서 주관한 '점핑 위드 러브展'에 투자하기도 했다.

신안그룹의 박순석, 삼부토건의 조남욱, 최은순이 이른바 '신안카르텔'의 1세대라면 박순석의 차남인 박상훈과 신한저축은행의 대출중계인인 김x성, 김건희는 2세대라고 할 수 있다. 그리고 이들 1세대와 2세대의 교집합적 인물이 검사인 윤석열이란 점은 의미하는 바가 크다.

2011년 저축은행 비리 사건이 발생했을 당시 신안저축은행도 3백억 원대 불법대출 혐의로 금감원을 거쳐 검찰 조사를 받게 된다. 신안저축은행은 2011년 9월 대검 산하에 저축은행 비리 합동수사단이 설치되자 검찰 출신 전관 변호사 노상균을 사외이사로 영입한다. 신안저축은행이 노상균을 영입한 이유는 당시 대검 중수1과장으로 저축은행 비리 수사의 실무를 총괄하고 있던 윤석열에게 로비를 하기 위함으로 보인다. 노상균의 변호사 수임이력을 보면 2003년 SK그룹 분식회계 사건, 2006년 현대자동차그룹 사건과 론스타-외환은행 매각 사건, 2011년 저축은행 비리 사건 등 유독 윤석열이 수사에 참여했던 사건들에 집중되어 있음을 알 수 있다.

신안저축은행이 노상균을 변호사를 영입한 것은 주효했다. 불법대출 혐의로 오너들이 구속된 다른 저축은행과 달리 신안저축은행은 상무와 부장급 직원 2명만 불구속 기소되고 대주주인 박순석과 금융부문 대표인 박상훈은 불기소 처분된 것이다. 다만, 전관 변호사 한 사람의 능력만으로 그렇게 되었다고 보기는 어려울 것 같다.

'신안카르텔' 1세대와 2세대의 끈끈한 인연이 수사의 실무를 총괄하는 윤석열과 이어졌으니, 신안저축은행에 대한 면죄부는 처음부터 정해져 있었을지도 모른다. 2013년 3월, 검찰이 신안저축은행에 대한 수사를 종결할 당시 윤석열은 이미 김건희와 결혼한 뒤였다. 카르텔은 그들의 결혼을 통해 더욱 공고해진 것으로 보인다.

신안그룹과 윤석열 부부의 유착 관계를 보여 주는 또 다른 사례로, 김건희의 코바나컨텐츠가 전시회를 열 때마다 신안저축은행이 후원사로 참여한 점을 들 수 있다.

전 국무총리 정운찬

〈열린공감TV〉 취재진은 김건희의 국민대 박사과정 동기생들을 만나 김건희가 정운찬 전 국무총리와 가까운 사이라는 이야기를 들을 수 있었다. 김건희와 같이 차 안에 있는데 전화가 걸려 왔고 핸드폰 화면에 '정운찬'이라는 이름이 뜨더니 김건희가 다정하게 통화를 나누더라는 것이었다. 30대 중후반 나이로 당시만 해도 미술계에서 무명에 가깝던 김건희가 현직 국무총리와 살갑게 대화를 주고받는다는 것이 쉽게 믿기지 않았다고 한다.

〈열린공감TV〉는 정운찬에게 직접 연락을 했는데, 국민대 동기생의 증언은 사실이었다. 정운찬은 당시 한 언론인으로부터 김건희를 소개받아 대학로에서 함께 뮤지컬을 관람한 것을 인정했다. 그러면서 김건희는 뮤지컬 관람 모임에 몇 번 나오지도 않았고, 자신은 남녀노소 가릴 것 없이 누구나 스스럼없이 대하는 성격이지만 김건희의 경우 여러 해에 걸쳐 몇 번 만나 본 사이일 뿐이라고 했다.

뮤지컬이 두 사람의 매개가 되었다는 점은 이상하지 않다. 정운찬은 총리로 지명되기 직전인 2009년 8월 창작뮤지컬 '영웅'의 후원회장을 맡았고, 김건희는 자신의 이력을 소개할 때 2011년 공연된 뮤지컬 '미스 사이공'을 빼놓지 않았기 때문이다. 하지만 뮤지컬 공연에서 몇 번 본 관계라기에는 30대의 김건희가 자신보다 25살 연상인 정운찬과 살갑게 통화를 나누었다는 점이 쉽게 납득되지 않았다. 이에 〈열린공감TV〉는 취재를 통해 두 사람의 관계를 설명해 줄 몇 개의 단서를 찾는 데 성공했다.

김건희는 인맥을 쌓기 위해 유명 대학들의 최고위과정을 다닌 바 있다. 2008년 9월에서 2009년 2월까지는 고려대 미디어학부 미디어대학원 최고위과정(30기)을 다니기도 했다. 〈열린공감TV〉는 김건희가 해당 과정에서 쌓은 인맥에 주목했다. 30기 수료자 명단 중 국무총리실 소속 고위공무원 2명(국장, 정책관)의 이름이 눈에 띄었다. 30기는 2009년 2월까지 진행되었기 때문에 2009년 9월 총리로 임명된 정운찬과 직접적으로 겹치지는 않는다. 하지만 정운찬이 총리로 임명되기 반년 전에 김건희가 국무총리실 소속 고위공무원들과 사적 인연을 맺은 것은 우연치고는 조금 묘하다. 30기 수료자 명단에는 언론인들의 이름도 다수 포함되어 있었는데 〈경향신문〉, 〈동아일보〉, 〈중앙일보〉, 〈MBC〉, 〈조선일보〉의 국장급 간부들이었다. 언론인의 소개로 김건희를 만났다는 정운찬의 해명대로, 해당 과정을 통해 만난 언론인이 두 사람을 연결해 주었을 가능성도 있어 보인다.

추가로 주목할 점은, 정운찬의 고향이다. 정운찬(1947년생)의 고향은 충남 공주다. 윤석금 전 웅진그룹 회장이 공주 출신 유력인사들의 모임에서 회장을 맡을 당시 그 모임에는 정운찬은 물론 윤석열의 부친인 윤기중도 속해 있었다.

정운찬은 '신정아 스캔들'을 의식한 듯 자신과 김건희는 별다른 관계가 아니라고 강조했다. 하지만 사적 관계가 꼭 남녀 관계의 의미만을 담고 있는 것은 아니다. 세간의 의혹을 떨쳐 버리고 싶다면, 서울대 총장에 총리까지 지낸 사람이 별다른 관계도 아니라는 딸뻘인 여성과 사적인 통화를 나눈 데 대한 보다 책임 있는 해명이 필요해 보인다.

도이치모터스 권오수

서울대 출신인 김범수 전 SBS 아나운서는 정재계에 많은 인맥을 보유한 마당발로 유명했는데, 거기에는 염신일(서울대 경영학과 93학번) 도이치파이낸셜 최고재무관리자도 포함되어 있었다. 김범수는 2008년 염신일을 통해 김건희를 도이치모터스 회장 권오수에게 소개한 것으로 보인다.

권오수는 밑바닥에서 시작해 정상까지 오른 입지전적 인물로 평가받는다. 권오수는 대구에서 대학을 졸업한 직후 서울로 상경해 동대문시장에서 원단업을 하던 작은아버지 밑에서 외판원 일을 시작한다. 당시 섬유업은 호황이었다. 5공화국 시절 교복자유화로 원단 수요가 폭발하는 등 사업 환경이 좋았다. 권오수는 작은아버지로부터 독립한 뒤로 그야말로 승승장구한다. 섬유회사인 대웅상사를 설립한 데 이어 섬유제조회사 및 유통회사를 다섯 개나 운영하기에 이른다. 권오수는 섬유업이 하향세에 접어들자 새로운 분야로 눈길을 돌린다. 당시 권오수가 주목한 분야는 자동차딜러업, 외식업, 임대업, 금융업, 호텔업 등이었는데 그중 자동차딜러업을 주력 사업으로 선택한다.

여담이지만, 권오수는 우연히 친구의 BMW를 운전했다가 신선한 충격을 받았다고 한다. 이 정도 성능이면 팔아 볼 만하다는 생각이 들었다고 한다. 이후 권오수는 원주에 5백 평 규모의 대형 전시장을 건립하며 관련 사업을 시작했고, 첫해에 무려 350대의 BMW 차량을 판매하는 성과를 거둔다. 그것이 도이치모터스의 신호탄이 되었다.

권오수는 1년 만에 서울로 입성한다. 답십리에 터를 잡고 본격적으로 사업을 키워 나갔는데, 그가 설립한 도이치모터스는 코오롱모터스, 한독모터스 등과 함께 BMW의 주요 딜러로 자리 잡는다. 그 무렵 권오수는 자신의 회사를 상장시키는 야망을 품게 된다.

김건희와 권오수의 관계에 대해서는 이후 도이치모터스 주가 조작 건에서 더 자세히 다루기로 한다.

기재부차관 이용걸

코바나컨텐츠는 〈한국일보〉가 주최한 '불멸의 화가 반 고흐 in 파리展'에 제작 투자로 참여한다. 김건희는 제작 투자 방면에서는 능력을 보였다. 투자사들을 끌어오는 것은 잘했는데 이 전시에는 유례없이 많은 금융기업(KB금융그룹, 신한금융그룹, KB국민은행, 신한은행, ING, 푸르덴셜, KDB산업은행 등)이 후원에 참여한다.

김건희는 어떻게 이 많은 금융기업들의 협찬을 이끌어 낼 수 있었을까? 〈열린공감TV〉에서는 삼부토건 회장 조남욱의 사위인 이용걸 전 기재부차관을 주목했다. 기재부(기획재정부)는 대한민국의 금융을 관장하는 정부기관이다. 금융기업들의 입장에서는 검사인 윤석열보다 김건희와 가까운 조남욱의 사위 이용걸을 의식해서라도 후원을 했을 가능성이 있어 보인다.

이용걸로부터 파생되는 또 다른 인물에 대해, 다음 파트에서 조금 더 살펴본다.

VLS 이사 이승택

본인의 SNS를 통해 '불멸의 화가 반 고흐 in 파리展'을 소개한 사람들 중 눈여겨봐야 할 인물이 있다. 조남욱의 외손자이자 기재부차관 이용걸의 아들인 이승택이 바로 그 인물이다. 이승택은 조남욱 일가의 명운이 걸린 라마다르네상스호텔의 특혜매각에 깊숙이 관련된 인물이기도 하다.

라마다르네상스호텔은 2015년 8월 삼부토건이 법정관리에 들어가면서 공매가 시작된다. 무려 10차례나 되는 유찰 끝에 2016년 4월 'VSL'이라는 업체에 매각되는데, 이 VSL의 이사로 이승택이 등재되어 있었다. 이승택은 사실상 조남욱 일가의 대리인이었던 셈이다. 조남욱 일가는 공매 절차를 통해 라마다르네상스호텔을 헐값에 빼돌렸을 가능성이 매우 높다. 삼부토건 채권단은 최소한 4조 원 가치에 달하는 호텔 부지를 VSL에 6천9백억 원이라는 헐값에 팔아넘긴다. 정체가 모호한 VSL이 대기업인 삼부토건을 지배하게 된 것이다. 이후 법정관리를 통해 부채를 털어낸 조남욱은 호텔 부지를 6천9백억 원에 다시 사들여 막대한 시세차익을 챙긴다. 혹자는 조남욱이 삼부토건의 재무구조를 고의로 악화시켜 법정관리에 들어가게 만들었다고 추정하기도 한다.

공매 당시 삼부토건 채권단은 라마다르네상스호텔 부지를 무궁화신탁과 대한토지신탁에 맡겨 놓는다. 이치상 무궁화신탁과 대한토지신탁이 공동으로 공매를 진행해야 함에도, 〈열린공감TV〉의 취재에 따르면 모든 절차는 무궁화신탁이 진행했고 대한토지신탁은 사실상 이름만 빌려 준 것으로 확인되었다. 당시 무궁화신탁의 회장은 전 재무부장관인 이용만이었다. 이용만은 조남욱의 절친으로 알려져 있다. 그리고 이 같은 특혜적인 공매 절차는 삼부토건에 대한 채권단의 양해 없이는 불가능했다. 당시 채권단의 주채권은행은 우리은행이었다. 우리은행은 삼부토건에 대한 특혜 의혹으로 얼룩진 수조 원대 '헌인마을 개발 사업'에서도 주채권은행이었다.

　삼부토건의 법정관리를 전후한 시기에 우리은행의 인맥을 더듬어 올라가다 보면 이 책을 통해 여러 번 등장한 인물과 다시 만날 수 있다. 바로 박근혜 국정농단 특검으로 이름을 떨친 박영수다. 박영수는 2014년 3월 우리금융이사회의 의장이 되었고, 같은 해 11월에는 우리은행·우리금융 통합이사회의 의장이 된다. 삼부토건이 법정관리를 검토하던 당시 주채권은행의 사실상 최고 의사결정권자가 바로 박영수인 것이다.

　그리고 VSL이 라마다르네상스호텔 부지를 낙찰받기 전인 2015년 12월에는 구담홀딩스라는 회사가, 2016년 4월에는 구담파트너스라는 회사가 만들어지는데, 둘 다 페이퍼 컴퍼니다. 조남욱의 두 아들이 소유한 회사로 의심된다. 이들 페이퍼 컴퍼니는 VSL의 지분 70%를 장악한다. 나머지 지분 중 23%는 LG그룹의 맏사위 윤관의 BRV가 확보한다. 결국 조남욱 회장의 두 아들이 소유한 것으로 의심되는 구담홀딩스와 구담파트너스, 그리고 윤관의 BRV가 호텔 부지 매각 수익의 대부분을 가져간 셈이다.

　또한 조남욱 회장의 조카 조창연도 이 사업의 시행을 대리한 SLI의 고문으로 있으면서 3백억 원의 수수료를 챙긴다.

　조남욱 회장은 삼부토건이 법정관리에 들어가면서 파산한 것처럼 보였다. 하지만 실제로는 라마다르네상스호텔 부지를 헐값에 되사들여 두 아들에게 물려 준 셈이 되었다. 현재 호텔 건물은 완전히 철거되고 센터필드라고 불리는 36층짜리 빌딩 2개 동이 들어서 있다.

이 여자가 사는 법 (1)

양도세 탈루 의혹

김건희의 모친 최은순은 가족과 친지의 명의로 송파구 가락동 대련 아파트 여러 채를 매매한다. 그중 2층에 있는 한 채를 2002년경 딸 김건희에게 명의이전한다. 그 과정에서 양도세 탈루 의혹이 있었다.

김건희는 2002년부터 약 1년간 그곳에서 거주한다.

역술·무속에 관심을 가지다

김건희가 역술·무속에 관심을 가지게 된 정확한 시기는 알려지지 않는다. 다만 그녀가 동거한 양재택의 모친은 이전부터 지역에서 꽤 알려진 점쟁이이자 무속인이었다. 김건희는 윤석열과 결혼한 다음 날 신혼여행을 가면서 자신이 한때 '엄마'라고 부르던 양재택의 모친에게 전화를 걸어 '무탈하게 기도해 주세요'라고 부탁한바 있다.

2005년 초 삼부토건의 조남욱, 동부전기산업의 황하영 그리고 윤석열과 무정 스님이라는 인물이 골프 모임을 가졌다는 사실이 조남욱의 다이어리를 통해 세상에 공개되었다. '심희리'로도 불리던 무정 스님은 점이나 사주를 봐 주고 삼부토건의 임원 면접에서 관상을 보기도 한 것으로 알려진다. 김건희가 언론과의 인터뷰에서 윤석열과의 인연을 말할 때 '한 스님의 소개로 만났다'고 한 것과 연결 지을 수 있을 듯하다.

김건희는 지인들에게 점, 관상, 사주 등의 이야기를 자주 했으며, 2000년 중반에는 '도사들을 만나고 다니느라 바빴다'고 말했다고도 한다.

국민의힘 대선후보 경선에서 유권자들을 경악하게 만든 윤석열의 '손바닥 왕(王) 자' 논란에서도 알 수 있듯, 김건희의 미신 의존은 중독에 가깝다. 그녀는 거의 모든 일을 역술·무속에 의존해서 결정한다고 전해진다. 어디에 용한 점쟁이가 있다는 소문을 들으면 수소문을 해서 만나고, 또 집에도 역술·무속인을 수시로 불렀다고 한다.

유튜브에서 강연을 하는 '천공 스님'이라는 인물도 김건희가 먼저 찾아가서 윤석열을 소개해 준 것으로 확인되었고, 윤석열도 같은 당 유승민 예비후보와의 토론 때 천공 스님에 대해 격앙된 모습으로 두둔한 바 있다. 부부의 역술·무속에 대한 관심은 세간의 평가와 다르지 않은 듯싶다. 윤석열의 정치 관련 일정도 역술인이 정해 준 날짜에 맞췄다는 제보도 있다. 김건희 스스로도 '관상이나 손금은 (본인이) 어지간한 도사보다 낫다'면서 친분이 생긴 사람에게 얼굴 사진이나 손바닥 사진을 보내라고 했다는 제보도 있다.

〈열린공감TV〉 취재에 따르면, 김건희는 '쥴리' 보도가 나간 뒤로 역술·무속에 대한 의존도가 더 높아졌다고 한다. 해당 보도 이후 코바나컨텐츠 직원을 통해 쥴리 사태를 잠재워 줄 역술·무속인을 알아보라고 했다는 것이다. 직원은 용하다는 역술·무속인들에게 연락을 취했는데 '제발 우리 대표님 좀 말려 달라'고 부탁할 정도였다고 한다.

코바나컨텐츠 사무실은 김건희의 자택인 서초동 아크로비스타의 지하 1층 상가에 있다. 이곳에도 역술·무속인들이 수시로 드나든다고 하는데, 현재 김건희가 가장 의존하며 윤석열의 '양재동 비선캠프'를 총괄하는 것으로도 의심되는 역술·무속인은 건진 법사라는 인물로 알려진다. 건진 법사의 스승인 혜우 스님도 예술의전당에서 열린 코바나컨텐츠 행사에 초대되어 축사를 한 적이 있다.

김건희가 역술·무속을 맹신하게 된 데에는 모친 최은순의 영향이 큰 것으로 보인다. 최은순도 사업을 하면서 점을 자주 봤고, 주변에 역술·무속인 출신 인물이 유달리 많았다.

백윤복 법무사에게 1억 원을 전달하려고 한 이유

최은순은 2003년 정대택과 서울 송파구에 있는 스포츠센터 채권의 투자이익금 53억 원을 놓고 소송을 벌인다.

당시 정대택은 법무사 백윤복의 입회하에 최은순과 체결한 약정서를 근거로 이익금을 절반씩 나눠야 한다고 주장한다. 이에 최은순은 강요에 의한 약정이었다면서 이익금 지급을 거부한다.

당시 약정서 체결에 입회한 백윤복은 1심 재판에서 최은순의 말이 맞는다고 증언한다. 그런데 2005년 항소심에서는 '최은순 측으로부터 대가를 받고 위증했다'라며 자신의 1심 증언을 번복한다. 그러나 재판부는 최종적으로 최은순의 승소 판결을 내린다.

여기서 새로운 사실이 밝혀진다. 2005년 5월 백윤복이 본인의 증언을 번복한 직후 김건희가 백윤복을 찾아가 1억 원을 전달하려고 시도한 일이 드러난 것이다. 1억 원의 성격이 위증을 요구하기 위한 대가로 의심받는 것은 당연하다.

김건희는 인터넷매체 〈뉴스버스〉와의 인터뷰에서 '1억 원을 들고 간 것은 맞지만 사이가 갈라져 있던 모친과 백 법무사를 화해시키기 위한 목적이었다'는 답변을 내놓았다. 그러면서 '설령 위증교사가 맞는다고 하더라도 (스포츠센터 관련 소송은) 공소시효가 다 지난 사건이 아니냐? 그런데 왜 들추려고 하느냐?'고 반문하기도 했다.

아크로비스타 3xx호

양재택의 모친에 따르면, '아크로비스타 3xx호는 양재택이 차명으로 분양받은 것으로 원래는 손자(양재택의 둘째아들)에게 주려고 했다'고 한다. 그래서 양재택과 모친이 대출금을 갚아 나갔고, 김건희는 한 푼도 내지 않았다고 주장했다.

정황상 양재택은 본부인과 이혼 후 김건희와 살기로 마음먹고 전상흠(제이슨)의 명의로 된 아파트 소유권을 김건희에게 이전해 준 것으로 추측된다. 하지만 이후 양재택이 검찰을 떠나면서 두 사람은 헤어지게 되고, 결국 양재택은 김건희에게 아파트만 넘긴 꼴이 되었다.

양재택의 모친은 〈열린공감TV〉와의 인터뷰에서 2회분 정도 남겨 놓고 김건희가 자기 명의로 돌려놨다고 했는데, 여기서 2회분이라는 것이 대출금을 말하는 것인지 아니면 중도금이나 잔금을 말하는 것인지는 분명하지 않다. 다만 그녀의 주장대로 2002년 11월 양재택의 부친 명의인 남양주 집을 담보로 대출을 받은 사실은 확인되었다. 실제 아크로비스타 3xx호의 소유권이 김건희에게 넘어간 시점과 양재택 부친 명의의 남양주 집의 근저당이 해제된 시점도 일치한다.

등기부등본을 살펴보면 양재택 부친의 남양주 집은 2002년 11월 12일 채권최고액 3억 6천만 원에 근저당(근저당권자는 조흥은행 노량진지점)이 설정된다. 보통 채권최고액이 대출금의 120%로 책정한다는 점을 감안하면 대출금은 대략 3억 원 정도로 추정된다.

아크로비스타 3xx호는 2001년 4월에 분양되었으며 당시 분양가는 9억 원 정도였다고 한다. 아크로비스타 입주민들은 2001년 3월 계약금을 납부하고 1, 2, 3차 중도금 납부 후 2004년 6월 잔금을 치르는 방식으로 입주했다고 한다. 이를 감안하면 양재택이 2001년 4월 아크로비스타 3xx호를 전상흠의 명의로 최초 분양받은 후 2002년 11월 중도금이나 잔금을 납부하기 위해 부친의 집을 담보로 3억 원가량의 대출을 받은 것으로 추정된다.

최은순 모녀와 다년간 소송을 이어 온 정대택은 법원의 사실조회를 통해 받은 최은순 명의의 조흥은행 계좌내역을 〈열린공감TV〉에 제공했는데, 2003년 1월 13일자로 157만 1835원이 56211028xxx 계좌로 빠져 나간 것을 확인할 수 있었다.

56211028xxx 중 앞의 3자리 '562'는 은행의 지점 코드로서, 확인 결과 조흥은행 노량진지점인 것으로 나타났다. 2002년 11월 양재택 부친의 남양주 집을 담보로 3억 원을 대출해 준 곳도 조흥은행 노량진지점이었다. 이를 감안하면 최은순의 계좌에서 양재택 부모가 대출받은 계좌로 이자가 빠져 나갔음을 짐작할 수 있다.

물론 최은순 측에서는 해당 지점에서 다른 용도로 받은 대출금에 대한 이자라고 주장할 수도 있다. 그러나 〈열린공감TV〉가 1990년 이후 최은순의 부동산담보대출내역을 추적한 결과 대부분이 남양주와 송파구, 강동구 등 본인이 운영하던 모텔이나 주거지 근처에서 대출을 받았으며, 노량진지점에서 받은 대출은 없는 것으로 확인되었다. 최은순이 가족회사인 'ESI&D' 명의로 취득한 부동산을 담보로 대출받은 내역에도 조흥은행 노량진지점은 나오지 않았다. 때문에 최은순의 계좌에서 조흥은행 노량진지점으로 빠져나간 돈은 양재택 부친의 부동산담보대출에 대한 이자일 가능성이 크다.

최은순 계좌에서 빠져나간 이자의 액수도 양재택 부친이 내던 것과 거의 같았다. 2013년 1월 당시 주택담보대출 금리는 대략 6% 정도였다. 대출금 3억 원에 금리 6%를 적용하면 매월 이자는 150만 원대로 추정되는데, 최은순의 계좌에서 빠져나간 돈의 액수는 157만1835원이었다. 또한 양재택 부친의 남양주 집에 대한 담보설정일은 2002년 11월 12일인데, 최은순의 계좌에서 돈이 빠져나간 날짜는 2003년 1월 13일이었다. 대출이 발생한 시점과 연동하는 날짜임을 알 수 있다.

정대택이 제공한 최은순의 조흥은행 계좌내역을 종합하면, 최은순은 2003년 1월부터 2004년 7월까지 양재택 부친 명의의 주택담보대출금에 대한 이자를 매달 갚아 나갔던 것으로 보인다. 이는 2006년 1월 김건희 앞으로 소유권이 넘어가기 전까지 등기부등본 상 아크로비스타 3xx호의 소유권자인 전상흠이 양재택이나 김건희를 위해 명의만 빌려 준 사람에 불과하다는 뜻이기도 하다.

〈열린공감TV〉 취재에 의하면 전상흠은 아크로비스타 3xx호 외에도 집을 무려 3채나 소유한 것으로 확인되었다. 전상흠의 등기부등본을 보면 아크로비스타 3xx호를 취득하기 한 달 전인 2001년 3월 11일 용인 우림아파트 xxx2호를 취득했으며, 전상흠이 대표이사로 있던 포도스의 등기부등본에는 2005년 9월 7일 서울 성북구 돈암동으로 주소지를 변경하기 전까지 용인 우림아파트 xxx3호에서 산 것으로 기재되어 있었다. 바로 옆집인 xxx2호가 본인의 집인데 굳이 xxx3호에 세를 살았다는 점은 쉽게 이해되지 않는 대목이다.

아크로비스타 3xx호가 양재택이 전상흠의 명의로 특혜분양을 받고 최은순이 대출금을 갚아 나갔다는 정대택의 일관적인 주장은 〈열린공감TV〉의 크로스 체크와 맞물려 사실로 확인되었다. 특히 양재택과 김건희가 2001년 김건희 소유의 가락동 대련아파트에서 살다가 2004년 9월 아크로비스타 3xx호로 옮겨 '동거를 했다'는 정대택의 주장도 설득력을 얻게 되었다.

양재택과 김건희가 아크로비스타 3xx호에서 동거를 했다는 또 다른 증거도 발견되었다. 김건희는 2005년 8월 위증교사 혐의로 검찰 조사를 받을 당시, 진술조서에 본인이 서초동 아크로비스타 3xx호에 거주하는 것으로 기재했다. 그러나 아크로비스타 3xx호가 김건희의 명의가 된 시점은 그로부터 5개월 뒤인 2006년 1월이었다. 소유권을 취득하기 전부터 해당 주소지에 거주하고 있었다는 사실을 김건희 스스로가 인정한 것이다.

최은순과 18년째 소송을 진행하고 있는 정대택은 SNS 등을 통해 김건희와 양재택의 부적절한 관계를 폭로했다는 이유로 기소되었다. 당시 1심과 2심은 정대택이 제출한 수많은 증거들을 배척한 채 검찰의 주장만을 받아들여 김건희와 양재택의 부적절한 관계를 허위사실로 판단했다. 대법원 역시 '원심의 사실인정에 관한 판단이 자유심증주의의 한계를 벗어났다고 볼 수 없으므로 상고이유 중 사실오인에 관한 주장은 받아들일 수 없다'며 유죄확정 판결을 내렸다.

정대택에게 유죄확정 판결을 내린 김소영, 이인복, 고영한, 이기택 등 4명의 전직 대법관들이 아직도 '(원심의) 사실오인에 관한 주장은 받아들일 수 없다'는 판단을 유지할 수 있을지 궁금하다.

아크로비스타와 삼성

김건희는 2010년 10월 1일 아크로비스타 3xx호를 7억 원에 전세 준다. 약 2주일이 지난 10월 18일 같은 아파트 17xx호에 8억 5천만 원으로 전세 들어간다. 등기부등본 상으로는 단순히 살던 집을 전세 주고 다른 집으로 전세 들어간 것처럼 보인다.

하지만 이 전세계약에는 의문점이 따른다. 〈열린공감TV〉 취재 결과 김건희가 소유했던 3xx호에는 7억 원의 전세권 설정 후에도 세입자가 들어오지 않았다. 김건희가 3xx호와 17xx호에서 두 집 살림을 했을 가능성이 제기되는 대목이다. 당시 김건희는 SBS 아나운서 출신인 김범수와 검사 윤석열, 두 남자와 교제 중이었다. 그 상황에서 아크로비스타에 살았다면 2채의 아파트가 필요했을 것이다.

결정적인 의문은 두 건의 전세계약 모두에 삼성그룹이 개입해 있다는 점이다. 김건희가 3xx호를 전세 준 대상은 삼성전자였고, 전세 들어간 17xx호의 집주인은 삼성에 사원 주택을 공급하는 회사의 직원이었다. 이것이 과연 우연일까?

이에 대해 삼성전자는, 해외교포 출신 엔지니어 한 명이 본인이 거주할 전셋집을 알아보던 중 우연히 김건희의 3xx호를 발견했고 이후 삼성전자에서 계약만 대신해 주었다고 해명했다. 하지만 삼성에서 사원 주택을 관리하는 모 제보자의 증언에 따르면, 만일 삼성전자가 해외교포 출신 엔지니어에게 국내 사택을 공급한다면 엔지니어의 입국 일자를 사전에 통보받아 회사 차원에서 품의서를 만들어 주택을 공급하는 것이 상례라고 한다. 그러면서 '막 입국한 엔지니어가 발품을 팔아 집을 알아보는 것은 있을 수 없는 일'이라고 덧붙였다.

김건희가 살던 3xx호의 시세는 10억 정도였고, 삼성전자가 전세로 들어오기 전에 이미 6억 원의 근저당이 설정되어 있었다. 6억 원의 선순위 근저당이 잡혀 있는 10억 원짜리 집에 7억 원을 주고 전세로 들어간다는 것은 상식에 맞지 않는다.

등기부등본을 보면 삼성전자는 3xx호의 2년 전세계약이 만료된 뒤 아무런 조치도 취하지 않다가 7개월이 지난 2013년 5월에 전세권을 다시 설정한다. 당시 3xx호의 전세 시세는 최초 계약 시에 비해 13% 정도 하락한 상태였다. 그러나 삼성전자는 최초 계약과 동일한 7억 원에 전세권을 설정한다. 이 또한 상식적으로 납득하기 힘든 일이 아닐 수 없다.

〈열린공감TV〉가 아크로비스타 757개 세대 전체의 등기부등본을 떼어 분석한 결과 2001년 분양한 아크로비스타 세대들 가운데 지금까지 한 번이라도 삼성전자와 전세계약을 설정한 아파트는 4채인 것으로 확인되었다. 이들 4채 역시 삼성이 특별한 목적을 위해 관리했다는 의혹이 있다. 제보에 따르면, 이런 경우 자금대여를 은닉하기 위해 전세권 설정을 많이 사용했다고 한다. 삼성이 김건희에게 준 전세금 7억 원 중 시세보다 비싸게 준 웃돈이 있다면 그만큼은 뇌물에 해당할 것이다. 만약 전세를 준 3xx호에 세입자가 들어오지 않고 김건희가 계속 사용했다면 7억 원 전체를 뇌물로 볼 수도 있다.

김건희는 전세로 들어간 17xx호에서 당시 대검 중수2과장으로 삼성 등 기업 관련 수사를 하던 윤석열과 2012년 3월 결혼 전까지 부적절한 관계를 맺었다는 의혹을 받고 있다. 〈열린공감TV〉가 해당 세대의 전세계약에 주목하는 이유이기도 하다.

김건희는 17xx호로 이사한 후에도 장기간 주소지 이전을 하지 않다가 윤석열과 결혼한 뒤인 2012년 4월 4일에야 주소지를 옮긴다. 그 기간 중 17xx호에는 박모씨와 김모씨라는 인물이 주소지를 두고 있었다. 심지어 박모씨와 김모씨는 윤석열 부부가 결혼한 뒤로도 2년 가까이 17xx호를 주소지로 사용했다. 이 또한 상식에는 맞지 않는다.

등기부등본 상 아크로비스타 17xx호에는 2020년 2월 이후 아무도 살고 있지 않는 것으로 나온다. 윤석열이 제출한 주민등록초본에 따르면, 윤석열은 결혼 이후인 2012년 4월 17일 17xx호로 전입했고, 2019년 6월 19일이 되어서야 김건희 소유의 3xx호로 전입해 세대주가 된다. 김건희와의 동거 사실을 숨기기 위함으로 보이는데, 뇌물성 성상납으로 간주될 위험이 있기 때문이다.

하지만 전입일보다 두 달 빠른 2012년 2월, 정대택이 '윤석열'의 이름으로 17xx호로 보낸 등기우편물을 수령하는 실수를 저지른다.

도이치모터스 주식 장외매입

도이치모터스의 회장 권오수는 2009년 1월 자신의 회사를 코스닥에 우회상장한다. 김건희는 2009년 5월 권오수의 권유로 도이치모터스 주식 24만 8천 주(8억 원 상당)를 블록딜 형식으로 장외매입한다. 블록딜은 증권시장에서 기관 또는 큰손들에 의한 대량매매를 뜻하는 용어다.

그 후 1년도 안 돼 도이치모터스 주가가 떨어지자 권오수는 주가 조작을 단행하기 위해 골드만삭스 출신인 주가 조작 선수 이정필에게 자신의 주식 1백만 주를 맡기고 시세조정(주가 조작)을 하기로 모의한다. 권오수는 이정필을 김건희에게 소개했고, 김건희는 2010년 1월 이정필에게 10억 원가량이 들어 있는 신한증권 계좌를 맡긴다.

결과적으로 2009년 11월에서 2011년 11월까지 약 2년간 도이치모터스 주가는 2천 원대에서 8,300원대로 가파르게 상승한다. 특히 권오수와 김건희의 매개 역할을 한 도이치파이낸셜의 최고재무관리자 염신일은 2010년 9월에서 2011년 초까지 수십 차례에 걸쳐 동일한 IP로 최은순, 김건희 모녀 간 통정매매(장내에서 동일 시간 동일 가격에 서로의 주식을 사고파는 거래)를 한다. 도이치모터스는 2010년부터 김건희가 주최하는 코바나컨텐츠의 모든 전시에 빠짐없이 후원한다. 참고로, 동양네트웍스 전 부회장인 이정필은 '라임 사태'의 주범으로 의심받는 인물들 중 한 명이기도 하다.

도이치모터스 신주인수권 매입 후 사모펀드에 매각

2012년 11월, 김건희는 도이치모터스 권오수 회장으로부터 도이치모터스 신주인수권 51만 주를 장외매입한 후 사모펀드에 매각하여 무려 82%의 수익을 올린다. 2013년 김건희는 도이치모터스가 설립한 도이치파이낸셜 주식 2억 원을 액면가에 매입하여 5대 주주에 오른다. 특혜에 가까운 증권거래를 통해 차익을 누린 것이다. 이에 대해 윤석열은 검찰총장 인사청문회에서 '공모 절차를 통해 매입했다'고 말했지만, 거짓말이다. 공모 자체가 없었기 때문이다.

어찌 된 영문인지는 모르겠지만, 도이치모터스 주가 조작을 수사해오던 경찰 내사가 2013년 10월 무혐의로 종결된다. 경찰은 '2013년 도이치모터스 주식 관련 시세조정 정황이 있다는 첩보를 받고 자료 수집에 나섰으나 금융감독원 측의 협조가 이루어지지 않고 제보자 측에서 소극적 태도를 보여 내사가 중지됐다'고 했다. 이후 2017년 1월, 김건희는 권오수에게 20억 원 상당의 도이치파이낸셜 주식을 매입하는

데 다른 거래에 비해 싼 가격이었다.

　최근 검찰은 도이치모터스 주가 조작과 관련, 권오수를 포함한 전직 증권사 임직원 등 5명을 구속기소하고 사업가와 투자자 등 4명은 불구속 기소, 또 다른 5명은 약식기소했다. 이 사건에 이른바 '전주'로 참여한 김건희만 남아 있는 상태인 것이다.

　참고로 윤석열은 검찰총장 시절 박상기 당시 법무부장관에게 조국 장관후보자의 낙마를 요구하면서, '사모펀드는 사기꾼들이나 하는 짓인데 어떻게 민정수석이 그런 걸 할 수 있느냐'는 말을 반복했다고 한다.

이 여자가 사는 법 (2)

재산 고의 과다신고 의혹

윤석열은 여주지청장 시절 재산을 과다신고했다가 징계를 받는다. 김건희가 아파트를 구입하면서 4억 5천만 원을 담보대출받았는데 이 채무를 누락함으로써 실제보다 많은 재산을 신고한 셈이 된 것이다. 이에 법무부는 검사징계위원회를 통해 윤석열에 대한 징계를 확정한다.

일반인들은 이해하기 힘든 '재산 과다신고'는 공직자가 뇌물을 받을 때 흔히 사용하는 수법이다. 어떠한 조건의 성사를 전제로 청탁을 받고 그 일이 완료된 후 뇌물을 받기로 했다면, 일이 진행되는 동안 꾸준히 재산을 과다신고해야만 이후 재산이 갑자기 늘어난 것을 얼버무릴 수 있다. 공직자의 재산 과다신고를 막는 규정은 그래서 생긴 것이다.

점핑 위드 러브展

김건희의 코바나컨텐츠가 주관한 필립 할스만의 사진전, '점핑 위드 러브展(2013년 12월~2014년 2월)'에는 신안저축은행의 대출중계회사인 로버스트 인베스트먼트가 투자자로 참여한다. 이 행사를 주최한 〈KBS미디어〉와 로버스트 인베스트먼트는 공동 투자한 오페라 사업 문제로 소송을 치르기도 한다.

당시는 로버스트 인베스트먼트의 대표 김x성이 김건희의 모친 최은순에게 신안저축은행의 347억 원 잔고증명서를 위조해 준 시기이기도 하다. 그럼에도 신안저축은행은 최은순에게 26억 원을 추가로 대출해 준다. 그 돈은 최근 논란이 되는 양평 공흥리 개발 사업과 로버스트 인베스트먼트의 오페라 사업에도 투자된다.

'점핑 위드 러브展'에는 정재계의 거물들이 다수 방문하는데, 그들이 행사장에서 '점핑'을 하는 사진이 언론을 통해 공개되기도 했다.

마크 로스코展

2015년 〈연합뉴스〉 주최로 열린 '마크 로스코展'에서 김건희의 코바나컨텐츠는 위키트리와 공동으로 주관한다. 예술의전당 한가람미술관에서 열린 이 행사는 큰 성공을 거두어 제2회 예술의전당 예술대상에서 3관왕에 오르기도 한다. 코바나컨텐츠가 이 행사를 주관한 데는 전시업계의 큰손인 삼성가 홍라희의 도움이 크게 작용했을 것이라는 소문이 무성했다.

그래서인지 '마크 로스코展'은 국내 미술전시회 사상 가장 비싼 보험료를 낸 것으로 알려진다. 업계에서는 보험료만 25억~50억 원을 상회할 것이라고 추산했다. 보험사가 산출한 작품 평가액은 2조 5천억 원이 넘었다. 전시 기간 중에는 정운찬 전 총리, 배우 이영애 등 많은 유명 인사가 찾은 것으로 알려진다.

코바나컨텐츠가 이 행사의 주최인 〈연합뉴스〉를 통해 우회 협찬을 받았을 것이라는 소문도 있었다.

비마이카와 주식 바꿔치기

김건희 모녀의 집사로 알려진 로버스트 인베스트먼트의 대표 김x성은 윤석열이 서울중앙지검장으로 승진한 2017년, 비마이카라는 렌터카 회사의 주식을 대량으로 취득해 2대 주주가 된다. 흥미로운 일은, 그 무렵 김건희가 보유하고 있던 도이치파이낸셜 주식이 윤석열의 부부의 재산목록에서 사라진다는 점이다.

고위공직자로 분류되는 서울중앙지검장은 재산 '신고' 대상이 아닌 재산 '공개' 대상이다. 때문에 윤석열이 재산공개를 앞두고 부인 김건희 명의의 도이치파이낸셜 주식을 김x성 명의의 비마이카 주식으로 바꿔치기했다는 의혹이 제기된다.

이 의혹에 다가가기 위해서는 우선 김x성이라는 인물에 대해 알아볼 필요가 있다. 앞에서도 몇 차례 등장한 김x성은 신한그룹 회장 박순석의 차남이자 신안빌딩 내 특별관리팀을 운용하는 박상훈의 친구로 알려진다. 하지만 김x성을 박상훈과 같은 부유층으로 보기는 어려울 것 같다. 비마이카 주식을 취득할 즈음 김x성이 자신의 집을 담보로 8천9백만 원을 근저당 설정한 사실이 확인되었기 때문이다.

이상하지 않은가? 당시 김x성이 취득한 비마이카 주식의 액수는 38

억 원 상당인데 고작 8천9백만 원 때문에 본인이 사는 집을 담보로 잡혔다는 것은 어떤 각도로 생각해 봐도 상식적이지 않다.

다시 윤석열의 재산 문제로 돌아가 보자. 〈열린공감TV〉의 취재에 의하면, 2018년 윤석열이 신고한 재산공개 현황 중 유가증권 항목에서 김건희가 직전까지 보유하고 있던 도이치파이낸셜 주식 40만 주가 전량 매각된 것을 알 수 있다. 채권 항목을 보면, 사인 간 채권 감소로 인해 2016년 20억 원의 채권을 회수해 2017년 채권 잔액이 0원이 된 것이다. 다시 말해 도이치파이낸셜 주식 매매 계약을 해지하고 20억 원을 돌려받았다는 뜻이다.

실제 재산신고 현황 중 예금 항목을 보면 그 시기 김건희의 중소기업은행 예금이 20억 원 늘어난 것을 알 수 있다. 윤석열이 서울중앙지검장이 되면서 재산공개의 의무가 생기자 문제의 소지가 있는 도이치파이낸셜 주식을 전량 처분했다고 보는 것이 합당하다.

여기서 이상한 일은, 당초 시세보다 훨씬 싼 값에 산 도이치파이낸셜 주식을 한 푼의 시세차익도 남기지 않고 모두 취득원가에 처분했다는 것이다. 신고내역 중 유가증권 항목을 상세히 살펴보면, 김건희는 도이치파이낸셜 주식 40만 주의 가액을 2억 원으로 신고한다. 주당 5백 원에 취득했다는 뜻이다. 도이치파이낸셜 주식 250만 주를 20억 원에 취득하기로 한 계약을 해지하고 20억 원에 채권을 회수한다. 권오수로부터 도이치파이낸셜 주식 250만 주를 주당 8백 원에 살 수 있는 권리를 포기한 것임을 알 수 있다.

도이치파이낸셜의 2016년 10월 공시자료를 보면, 2016년 11월 28

일 당시 신주 발행가액은 주당 천 원이었다. 이 신주를 인수한 기관은 미래에셋캐피털이고 인수물량은 3백만 주였다. 즉 미래에셋캐피털이 주당 천 원에 도이치파이낸셜 주식 3백만 주를 취득한 것이다. 또한 2015년에는 모회사인 도이치모터스가 도이치파이낸셜 주식 2백만 주를 주당 1,500원에 취득하기도 한다.

김건희가 미래에셋캐피탈이나 도이치모터스보다 좋은 조건의 신주인수권 계약을 한 것도 이상한 일이지만, 윤석열의 서울중앙지검장 취임을 앞두고 그 계약을 해지한 것은 더욱 이상한 일이 아닐 수 없다.

여기서 주목할 점이 하나 있다. 김x성이 2017년에 취득한 비마이카 주식 5,409주의 주당 발행가는 718,700원으로 합산하면 대략 38억 8천7백만 원이다.

김건희가 2017년 포기한 것으로 알려진 도이치파이낸셜 주식 250만 주를 모회사인 도이치모터스가 취득한 주당 1,500원의 가격으로 계산하면 37억 5천만 원이 된다. 김x성이 취득한 비마이카의 주식 가격과 거의 비슷하다는 것을 알 수 있다.

즉 김건희가 서울중앙지검장 윤석열의 배우자로서 2017년 기준으로 공개한 재산내역에는 '도이치파이낸셜 250만 주 매매계약을 해지하고 20억 원의 채권을 회수했다'고 되어 있으나, 실제로는 김x성의 비마이카 주식 5,409주로 바꿔 차명보유하고 있을 가능성이 있는 것이다.

비마이카는 권오수의 도이치모터스에서 수입하는 프리미엄 수입차를 장기대여하는 렌터카 회사다. 도이치모터스의 회장 권오수와 비마이카의 대표 조영탁은 업무상 서로 모를 수 없는 사이인 것이다. 권오수와 조영탁에게 부탁해 김건희의 도이치파이낸셜 주식과 비마이카 주식을 맞교환하는 것은 충분히 가능해 보인다. 이 건과 관련해서는 2022년 1월 〈뉴스타파〉에서도 심층보도한 바 있다.

야수파 걸작展

2019년 6월에서 9월까지 열린 '야수파 걸작展'의 주최는 트로이에스, 〈연합뉴스〉, 세종문화회관이며, 코바나컨텐츠와 위키트리가 공동으로 주관했다. 당시 기자협회보에서는 〈연합뉴스〉 내부의 말을 인용해 '협찬 기업이 많았는데 회사가 벌어들인 수익은 많지 않다고 해서 주최 이유에 의구심이 든다'고 보도했다. 전시 수익을 다른 곳에 밀어주었다는 의혹을 주장한 것이다.

'야수파 걸작展'이 사회적으로 주목받은 이유는 전시 기간 중 주관사 대표의 남편이 검찰총장에 취임했기 때문이다. 이 시기를 전후하여 김건희의 코바나컨텐츠는 최고의 전성기를 누린다. 전시 때마다 협찬사가 눈덩이처럼 불어났다. 그리고 그에 대한 의혹 또한 점점 커져 갔다.

결국 고발이 들어가고 검찰의 수사가 시작되었지만, 검찰은 공소시효가 임박한 일부 전시회에 대해 무혐의 처분하고 나머지 전시회에 대해서는 계속 수사할 방침이라고만 밝혔다.

이 전시에 협찬한 기업은 트로이에스, GS칼텍스, 우리금융그룹, 우리카드, 우리은행, 게임빌, 컴투스, LG전자, 노루표페인트, K토토, 도이치모터스, 럭스나인, 신라스테이, 신안저축은행 등이다.

그녀의 변신

새 얼굴과 새 이름

김건희는 2006년에 삼성과 인연을 형성하고 이건희, 홍라희 부부를 만났다. 제보에 따르면, 당시 서울 용산구 이태원동에 있는 이건희의 자택에서 김건희가 나오는 모습이 종종 목격되었다고 한다.

김건희는 역술·무속에 심취해 있었다. 어떤 일을 시작하거나 중요한 결단을 내려야 할 때마다 용하다는 역술·무속인을 찾아 조언을 구했다고 한다. 그녀는 자신의 미래를 위해 가장 먼저 해야 할 일이 무엇인지 물었고, 역술·무속인의 권유에 따라 관상을 바꾸는 성형수술도 수차례 했다고 한다. 급기야 삼성 회장 이건희를 만난 뒤에는 모 무속인의 말에 따라 '김명신'에서 '김건희'로 이름을 바꾸기에 이른다.

개명 후 김건희는 이전 이름인 '김명신'에 대해 신경질적인 반응을 보였다고 한다. 주변 사람들이 새 이름으로 불러 주기를 원했고, 과거에 대한 이야기는 극도로 경계하여 말조차 제대로 꺼내지 못하게 했다고 한다. 김건희는 자신의 과거를 어떻게든 바꾸고 싶어 했던 인물로 보인다. 근래에 속속 드러나는 그녀의 허위이력도 같은 맥락에서 시도된 일인 듯하다.

최고의 학벌

김건희는 2010년 서울대 최고경영자과정(2기)에 들어간다.

그해 '서울대 최고경영자과정 신입생 모집 요강'에 나오는 지원 자격은 다음과 같다.

가. 학사학위 취득자 (2010년 2월 학사학위 취득자 포함)
나. 대한상공회의소 회원사의 임직원 또는 경기도 소속 공무원으로서 도지사의 추천을 받은 자
다. 위의 가와 나에 해당하는 자로서 아래의 1)과 2)를 충족한 자
   1) 공인영어 취득점수가 TEPS 551점 이상인 자 또는 TOEFL CBT 203점 이상인 자 또는 TOEFL IBT 74점 이상인 자 또는 TOEFL PBT 537점 이상인 자 또는 TOEIC 680점 이상인 자
   2) 국내외 기관에서 5년 이상 실무경력이 있는 자

요약하면, 대학 졸업자로서 대한상공회의소 회원사의 임직원이거나 경기도지사가 추천한 경기도 소속 공무원이어야 하며, 일정 수준의 영어 성적과 함께 국내외 기관에서 5년 이상 실무경력이 있어야 지원이 가능했다. 서울대는 지원자에게 대한상공회의소 회원증 사본과 함께

경력 또는 재직증명서를 필수 서류로 요구했다.

가. 김건희는 대학 졸업자였다. 하지만 그 밖의 요건은 갖추지 못했다. 김건희는 포기하지 않는다.

나. 모친 최은순이 2007년에 인수한 홍보대행사를 코바나컨텐츠로 변경하고 대표이사에 취임한 뒤 대한상공회의소 임의회원에 가입한다. 당시 대한상공회의소의 자료를 보면, 코바나컨텐츠는 2009년 9월 30일 상공회의소에 1회 회비를 납부함으로써 임의회원으로 가입한 뒤 이후로는 한 번도 회비를 납부하지 않았다. 서울대 최고경영자과정의 지원서 접수는 코바나컨텐츠가 대한상공회의소에 가입한 다음 날인 10월 1일부터 한 달간이었다. 회원 가입의 목적이 어디에 있는지 짐작할 수 있는 대목이다.

다. 1) 김건희의 영어 능력에 대해서는 정확히 알지 못하지만,《한국디자인포럼》에 발표한 논문의 제목 중 '회원 유지'를 'member Yuji'로 영문 번역한 것을 보면 서울대 최고경영자과정이 요구하는 실력에 미치지 못하리라는 추정은 충분히 가능하다. 물론 그 뒤로 열심히 공부하여 영어 실력을 향상시켰을 수는 있다. 다만, 김건희의 후원자 격인 삼성가의 홍라희가 당시 서울대 최고경영자과정 총동문회장이었다는 제보도 있다.

다. 2) '국내외 기관에서 5년 이상 실무경력'의 조건을 맞추는 것은 수원여대 등에 겸임교수로 지원할 때 허위이력을 다수 기재한 경험이 있는 김건희에게는 그리 어려운 일이 아니었을 것으로 보인다.

그렇게 들어간 서울대 최고경영자과정은 이후 김건희 모녀에게 직간접적인 도움을 준다. 최은순의 통장잔고증명서 위조 사건에 대해 징역 1년을 선고한 판사는 사건 관련 인물들을 설명하면서 '(최 씨의 부탁을 받고 잔고증명서를 위조한) 김x성은 2010년경 서울대 최고경영자과정에서 김건희를 알게 됐고, 2012년경 김건희의 전시회를 통해 최은순을 우연하게 알게 되었다'라고 말했다. 〈뉴스타파〉의 최근 보도에 따르면 신한저축은행 전 대표인 박상훈도 같은 과정을 수료한 것으로 확인되었다. '신안카르텔' 2세대를 구성하는 3인 모두가 동기인 셈이다.

김건희는 서울대 최고경영자과정을 다니면서 또 다른 인맥 쌓기용으로 서울대 최고지도자인문학과정(7기)도 수료한다. 동기로는 이윤우 전 삼성전자 대표 겸 부회장, 윤석호 전 삼성SDS 부사장, 허영호 전 LG이노텍 사장, 권복 전 LG디스플레이 부사장 등 재계 인사과 김형오 전 국회의장, 이종휘 전 우리은행장(현 미소금융중앙재단 이사장) 등이 포함되어 있다. 서울대 최고지도자인문학과정 7기생들은 수료 후 몇 차례 모임을 가졌는데, 김건희는 그 자리에 윤석열을 데려가 동기들에게 소개시켰다고 한다.

김건희의 허위이력 논란은 서울대 최고경영자과정에서도 반복된다. 해당 과정을 수료하면 '경영전문석사' 학위를 취득하게 되는데, 본인의 이력서에는 '서울대 경영석사'라고 기재한 것이다. '경영전문석사' 학위를 주는 최고경영자과정은 일종의 산학협력과정으로서, 현업과 병행이 가능한 주말 프로그램이다. 반면에 '경영석사'가 되기 위해서는 정식 대학원과정을 이수해야 한다.

코바나컨텐츠

김건희는 삼성가 홍라희의 후광을 업고 전시사업에 본격적으로 뛰어든다. 홍보대행사 한 곳을 인수한 뒤 회사 이름을 몇 차례 바꾸다가 코바나컨텐츠(등기부 정식 명칭은 ㈜코바나)로 합병한다.

김건희는 코바나컨텐츠의 등기부등본 상 명칭인 ㈜코바나에 대해, '하와이의 코나와 쿠바의 하바나의 합성어로 내가 제일 좋아하는 도시에서 따온 말이다. 이름만 들어도 기분이 좋아진다. 직관적으로 두 도시를 떠올렸을 때 청명한 느낌이 든다. 진정한 휴식을 취할 수 있는 문화적 기업이 되자는 생각에서 사명을 지었다. 문화가 너무 부담스럽게 다가가서는 안 되고, 편하게 다가와 일상에서 숨 쉴 수 있도록 하자는 의미다'라고 밝힌 바 있다. 실제로 신혼여행을 하와이로 다녀올 정도였으니 하와이를 사랑했던 것은 사실로 보인다. 코바나컨텐츠의 등기부등본에 이사로 이름을 올린 시기가 '김명신'에서 '김건희'로 개명한 직후라는 점도 눈길을 끈다.

SBS 아나운서 출신인 김범수는 2009년 10월부터 코바나컨텐츠의 상무이사(부사장)로 본격적인 활동을 시작한다. 당시 윤석열은 검찰의 정보담당 요직인 범죄정보2담당관이었다.

월단회(月旦會)

최고의 학벌과 잘나가는 기업 대표로 장식을 마친 김건희는 2011년 고급사교모임인 월단회에 가입한다.

월단회는 중국 《후한서》에 나오는 '월단평(月旦評)'이라는 말에서 유래했다는데, 삼성출판박물관 관장인 김종규가 2011년도에 만든 모임으로 알려진다. 이름처럼 매월 첫째 날 모임을 가지며, 문화예술계 모임의 성격을 띠었다고 한다. 월단회 측은 '(월단회는) 외부에 알려진 것처럼 고급사교모임이 아니라 서울 서촌과 북촌 지역에 사는 문화예술계 인사들의 교류 모임이다'라고 밝혔다. 그 말대로라면 집과 회사 모두 서초동인 김건희와는 처음부터 무관한 모임일 것이다.

김종규는 삼성출판박물관에서 진행하는 행사를 통해 각계의 유력인사들을 모아 왔다. 특히 상대적으로 젊은 1960년대 이후 출생자들이 인문학 및 문화예술 관련 모임을 통해 자연스럽게 교류하도록 했다. 월단회에 가입하려면 엄격한 심사를 거쳐야 하는데, 그렇게 선별된 회원들을 위해 저명한 원로들을 초청하여 인연을 맺도록 만들어 주기도 했다.

사교모임의 효과는 좋았다. 김건희는 코바나컨텐츠와 관련된 전시가 열릴 때마다 월단회 회원들을 초청하여 본인의 사업을 홍보했다. 각계의 유력인사들로 붐비는 개막식은 김건희를 더욱 돋보이게 해 주었다. 김건희는 전시 기간 중 그들의 방문 사진을 SNS로 홍보하는 것도 잊지 않았다. 월단회 회원들은 2016년 '르 코르뷔지에展'을 단체관람하기도 했다.

화차

〈화차(火車)〉는 주변인의 인생을 훔쳐 살아가는 한 여성의 삶과 죽음을 다룬 영화다.

김건희에게는 작고한 지인이 한 명 있다. 이연숙 교수다. 이연숙 교수는 김건희와 함께 국민대 디지털콘텐츠디자인 박사과정을 수료했다. 김건희가 번역에 참가한 《디지털미디어 스토리텔링》의 공동번역자 중 한 명이었고, 김건희가 출강한 한국폴리텍대 컴퓨터게임과 교수를 역임했으며, 김건희가 허위기재한 한국게임산업협회와 관련이 있는 한국게임학회의 이사였고, 김건희가 현재 대표로 있는 코바나컨텐츠의 초대 대표였다. 두 사람과 국민대 대학원을 함께 다녔다는 제보자는 두 사람이 매우 친밀했으며 늘 붙어 다녔다고 말했다.

이연숙 교수는 2011년 지병으로 사망했다.

남겨진 이야기들

실세는 누구인가?

〈열린공감TV〉로 제보된 내용에 따르면, 김건희는 건진 법사 등 역술·무속인들을 중심으로 비선캠프를 운영 중이라고 한다.

윤석열 대선캠프는 한 곳이 아닌 것으로 보인다. 종로에 있는 메인 캠프 외에도, 주진우 변호사(전 검사)가 운영하는 '서초동 비선캠프'와 부인 김건희가 운영하는 '양재동 비선캠프'가 윤석열을 대통령으로 만들기 위해 뛰고 있는 것으로 알려진다.

제보에 따르면, 김건희는 코바나컨텐츠 사무실에서 각 캠프를 관리하는 수장 역할을 맡고 있다고 한다.

'사과'들

전두환 관련한 망언에 대해 윤석열이 억지 사과를 한 날, 김건희는 윤석열이 운영하는 인스타그램에 개와 사과 사진을 올려 국민의 공분을 샀다. 네티즌들은 부부가 키우는 개 '토리'의 눈동자에 반사된 영상을 근거로 해당 장소와 인물을 찾아냈다.

윤석열의 지지율이 하락세에서 벗어나지 못하던 2021년 12월 26일, 김건희는 공개석상에서 대국민사과를 했다. 하지만 사과라기보다는 남편 윤석열에 대한 사랑 고백에 가까워 국민들을 허탈하게 만들었다.

그들 부부가 '개사과'와 '사랑고백사과'에 이어 또 어떤 사과를 보여줄지 주목된다.

#쥴리는 누구입니까?

〈열린공감TV〉는 2020년 7월 보도를 통해 '쥴리'에 대한 의혹을 최초로 제기했다. 당시 윤석열은 대한민국에서 가장 강대한 권력자 중 한 명인 검찰총장이었다. 검찰은 물론 야당과 보수언론은 〈열린공감TV〉의 보도를 가짜 뉴스 혹은 허황된 풍문으로 몰아붙였다. 이후 극우 성향의 유투브매체 〈가로세로연구소(이하 가세연)〉는 '김건희 쥴리 아니다, 진짜 쥴리는 하와이 거주 여성'이라는 방송을 통해 주목받기도 했다. 이수정 국민의힘 공동선대위원장은 〈가세연〉의 주장을 인용하기도 했다.

하지만 〈가세연〉의 주장은 이미 2020년 10월 〈열린공감TV〉로 들어온 제보에 불과하다. 당시 제보에는 하와이에 있는 '쥴리'와 김건희가 사용해 온 예명 '쥴리'는 다른 사람이라는 내용이 있었다. 지금은 김건희를 보호하기 위해 팔방으로 애쓰는 〈가세연〉에 대해, 김건희는 '기생충'이라고 표현한 바 있다. 〈가세연〉이 알면 꽤나 서운해할 것 같다.

제보자들

김건희는 인터넷매체 〈뉴스버스〉와의 인터뷰에서 '제가 쥴리였으면 쥴리를 본 사람이 있었을 거예요'라며 그들을 찾아봐 달라고 했다. '쥴리'를 보았다는 제보자들은 꽤 많았다. 〈열린공감TV〉가 확보한 제보자들은 다음과 같다.

1차 제보(2020년 8월) 라마다르네상스호텔 웨이터 이모씨

2차 제보(2020년 10월) 라마다르네상스호텔 1층 모 매장 대표

3차 제보(2020년 10월) 라마다르네상스호텔 GRO 근무자

4차 제보(2021년 4월) 라마다르네상스호텔 객실관리인 2명

5차 제보(2021년 7월) 모 사업가

6차 제보(2021년 8월) 모 정당인

7차 제보(2021년 11월) 전직 사채업자 여성

8차 제보(2021년 12월) 안해욱 회장

다시 한번 강조하거니와 〈열린공감TV〉는 '쥴리'라는 여성을 비난하고 싶지 않다. '쥴리'가 나이트클럽에 가든, 비밀 연회장에 가든, 또 거기서 누구를 만나 어떤 관계로 발전하든, 그것은 사생활의 영역일 뿐이다.

그러나 '쥴리'가 학력과 경력을 속여 타인의 기회를 빼앗거나 부적절한 행위를 통해 자본권력·검찰권력과 결탁하여 사리사욕을 챙긴다면, 더 이상 사생활의 영역으로 간주할 수 없다. 더구나 그런 삶을 살아온

인물이 영부인이 되어 정치권력의 정점에 서는 일이 벌어진다면 이는 최순실의 국정농단 사태보다 더 심각한 문제가 될 것이 분명하다.

〈열린공감TV〉가 '쥴리'에 대한 취재와 검증에 매진하는 이유는 바로 여기에 있다.

Chapter 4

장모 최은순

장모님의 소문과 사실

집안과 성장 배경

〈열린공감TV〉와 단독 인터뷰를 한 최은순의 첫 번째 내연남 김모 씨에 의하면, 최은순은 1946년 양평군 양서면 신원리에서 '정미소집 막냇딸로 출생했다'고 한다. 최은순의 집안은 모 언론사에서 말한 것처럼 엄청난 부잣집은 아니지만, 면 단위에서는 알아주는 땅부자였다고 한다.

2남 2녀 중 막내인 최은순은 양평에서 중학교를 졸업한 뒤 고등학교에 진학한다. 그러나 아버지가 작고한 뒤 가세가 갑자기 기울어 고등학교를 중퇴한다. 이때 그들 남매를 돌봐 준 사람은 작은아버지 최모씨라고 한다. 최 씨는 최은순 남매가 성인이 될 때까지 아버지처럼 키워 주었다고 한다. 이후 최은순은 직업기술학교에서 양재 기술을 습득한다. 3년간 양장점 종업원으로 일하며 경력을 쌓았고, 21살 나이에 처음 의상실을 차려 39살까지 18년간 운영한다.

최은순의 남편

최은순은 의상실을 운영하던 중 고려대를 졸업하고 양평군청에서 산림공무원으로 재직하던 김광섭 씨를 만나 연애 결혼한다.

두 사람은 2남 2녀의 자녀를 둔다.

첫째는 김지영, 김건희가 안양대 겸임교수로 임용되는 데 안양대 교직원이던 형부(김지영의 남편)의 역할이 있었다는 의혹이 있다. 김지영의 아들은 미국에서 미래통합당(현 국민의힘) 전 의원인 나경원의 아들과 함께 공부하며 지냈다고 알려진다. 둘째는 김진우, 최은순이 세운 가족회사 ESI&D의 현 대표이사이기도 하다. 셋째가 김명신, 지금의 김건희다. 넷째는 김진한, 안양대를 매형의 힘으로 들어갔다는 소문이 있으며 프랜차이즈 사업을 하기도 했다.

최은순의 남편은 건강이 좋지 않아 공무원 생활을 오래하지 못하고 집에서 몸조리를 하게 된다. 이후 최은순 부부는 서울 잠실로 이사를 가는데, 1990년대 초 석촌동 부근에 남편 명의로 땅을 사기도 한다. 이 땅이 훗날 최은순 사업의 종잣돈이 된다.

집에만 있기 적적한 남편은 잠실 석촌호수 부근에서 부동산중개소를 운영하는 김 씨와 친구로 지내며 거의 매일같이 찾아가 일과를 보냈다고 한다. 그 김 씨가 나중에 최은순의 첫 번째 내연남이 된다. 김 씨의 말에 따르면, 최은순의 남편은 매우 조용하고 말이 별로 없던 '양반 같은 친구였다'고 한다.

돈에 대한 집착

최은순의 40년 지기인 김용신 대양애드 회장은 〈열린공감TV〉와의 인터뷰에서 '(최은순은) 돈에 대한 집착이 아주 강했다. 보통 강한 것이 아니다'라고 밝혔다. '(최은순이) 원 없이 벌어서 원 없이 써 보고 싶다고 했으며, 재산이 몇백억 원대는 될 것이다. (자식들에게) 증여가 많이 이루어졌을 것'이라고 덧붙이기도 했다.

최은순과 19년째 소송을 이어 오는 정대택은 '최은순이 부동산을 하면서 돈맛을 보았다. 부동산에 대한 집착이라기보다 돈에 대한 집착이다'라고 분석했다. '요즘 기획부동산처럼 땅을 전매해서 쪼개 팔아 이익을 남기는 기법을 배운 것인데, 2003년 나를 만나기 전에는 적정한 이익을 취하고 끝냈지만 나를 만난 다음부터는 이익을 독식하기 위해 증거를 조작하고 모함하고 누명을 씌웠다'라며 '나 이후에 만난 노덕봉, 안소현 등이 그렇게 무너졌다'라고 억울함을 하소연하기도 했다.

최은순과 부동산 동업을 했던 안소현도 '최은순이 땅에 욕심이 많았다'라고 증언했다. 특히 안 씨는 최은순이 '사위(윤석열)가 퇴직하고 정치권에 나가면 다 돈 아니냐, 그래서 땅을 매입해 돈을 번다'라고 말했으며, 여러 차례 만난 김건희도 '신랑(윤석열)이 퇴직하면 정치를 할 거니까 (엄마가 신랑한테) 돈을 대주려고 한다. 엄마랑 (부동산 동업을) 잘해 보라'고 말했다고 밝혔다.

최은순이 불법행위로 처벌받은 내용

최은순은 살면서 여러 차례 벌금형을 받은 전과가 있다.

1979년 2월 계량법 위반으로 벌금 5만 원을 선고받은 것을 시작으로, 1991년에서 1995년까지 다섯 차례 벌금형을 받는다. 1991년 9월 벌금 50만 원(국토이용관리법 위반), 1993년 10월 벌금 백만 원(농지법 위반), 1994년 7월 벌금 백만 원과 2백만 원(식품위생법, 축산폐수처리법 위반), 1995년 10월 벌금 백만 원(건축법 위반) 등이다.

2005년에는 정대택 사건에 대한 위증죄로 벌금 백만 원을 선고받는다. 2021년에는 파주시 요양병원 부정급여 사건으로 징역 3년을 선고받고 법정구속되었다가 보석으로 풀려나 현재 2심 재판이 진행 중이다.

2022년 1월에는 347억 원의 신안저축은행 잔고증명서를 위조한 혐의에 대해 1심에서 징역 1년을 선고받는다. 다만 선행한 파주시 요양병원 부정급여 사건에 대한 보석 상태임을 인정받아 법정구속은 면한다.

장모님의 부동산

부동산에 눈을 뜨다

최은순은 남편이 돈벌이를 제대로 할 수 없게 되자 점점 억척스럽게 변했다고 한다. 그러던 중 남편의 친구인 부동산중개인 김 씨의 영향으로 부동산에 관심을 가지게 되었다고 한다.

최은순은 남편을 김 씨의 부동산중개소에 맡기고 자신은 업자들과 함께 땅을 보러 전국을 돌아다녔다고 하는데, 그때마다 남편에게 용돈을 만 원씩을 주었다고 한다. 남편은 부동산에서 바둑과 장기를 두며 시간을 보냈다고 한다. 김 씨의 말에 따르면 '부부는 화장실 물 값을 아끼려고 부동산중개소에 와서 볼일을 볼 정도로 굉장히 짠 사람들이었다'고 회고했다.

최은순은 86아시안게임과 88올림픽 개최로 부동산 붐이 일어나기 시작한 1980년대 중반부터 본격적인 땅 투기에 나선다. 자신의 돈보다는 지인이나 사채업자에게 빌린 돈으로 땅을 사서 값이 오르면 되파는, 당시 투기꾼들 사이에서는 '대두리'로 불리는 방식이었다. 남에게 빌린 돈으로 땅을 사서 땅값이 오르면 팔아 이자와 원금을 갚고 남는 수익금으로 다시 다른 땅을 산다. 혹은 땅값이 오르지 않으면 그 땅으로 빚을 갚아 버린다. 윤석열이 말한 '비즈니스'의 시작인 셈이다.

최은순은 땅을 살 때 본인의 명의가 아닌 작은아버지 등 친인척의 명의로 사는 것으로써 세금을 피했다고 한다. 당시 부동산 개발이 한창 이루어지던 충남 당진 일대의 땅을 많이 사서 이익을 거두었다고 한다.

남편 사망 후 재산 형성 과정

최은순의 남편 김광섭은 1987년 9월 24일 한양대학병원에서 지병인 간경화로 사망한다. 남편이 죽자 최은순은 석촌동에 가지고 있던 잠실구획정리사업지구 내의 땅을 석촌호수 부근의 땅과 바꿨다고 한다.

최은순의 첫 번째 내연남인 김 씨는 〈열린공감TV〉와의 인터뷰에서, '도대체 어떻게 공무원을 구워삶았기에 대토(토지교환)로 보상을 받았는지 모르겠다. 최은순에게는 그런 용한 재주가 있다'고 말했다. 그러면서 (그의 표현을 그대로 옮기자면) '최은순에게 한번 잡히면 그대로 녹는다'라고도 했다.

최은순은 대토로 보상받은 석촌호수 부근에서 지인들로 하여금 포장마차를 운영하게 하고 그 세를 받아 한동안 생활했다고 한다.

남편 사망신고 지연과 세금탈루

최은순은 남편 사망 후 1개월 이내에 사망신고를 해야 하는데도 신고를 하지 않는다. 포장마차를 하던 석촌동 땅을 죽은 남편의 인감으로 팔아야 했기 때문이다. 상속세와 양도소득세를 면제받기 위함이었다. 그 땅을 팔아 준 사람이 최은순의 첫 번째 내연남 김 씨였다. 김 씨는 석촌동 땅을 8억 4천만 원에 팔아 주었다고 한다. 이때 세금 문제가 발생했다. 김 씨에 따르면 '최은순은 당시 세무공무원에게 자동차를 사 주고 세금의 상당 부분을 면제받았다'고 한다.

최은순의 남편은 사망 전에 김 씨에게 처와 자식들을 부탁했다고 한다. 실제로 김 씨는 최은순과 13년 넘게 같이 살면서 그녀의 자식들을 친자식처럼 키워 주었다고 한다.

러브호텔

최은순은 석촌동 땅을 판 돈 중 일부를 투자해서 고향인 경기도 남양주시 화도읍 금남리에서 모텔 사업을 시작한다. 그곳은 원래 상수도보호지역이라 건축허가가 매우 까다로웠다고 한다. 최은순은 담당 공무원에게 뇌물을 주거나 보안사 소속 지인에게 부탁을 함으로써 모텔을 무사히 완공할 수 있었다고 한다. 여기에 대해 김 씨는 '최은순은 상당히 머리가 좋았고 돈질을 잘했다'고 말했다.

그렇게 모텔이 완성되었다. 상호는 '프리즘모텔'이었다. 방은 48개였는데 하루에 백 쌍 넘는 손님이 다녀갈 만큼 성황을 거둔 덕에 많은 돈을 벌 수 있었다고 한다.

'프리즘모텔'은 이후 리모델링을 통해 '뉴월드호텔'로 상호를 바꾼다. 리모델링을 한 이유는 근처에 있는 남양주종합촬영소 때문인데,

촬영소 직원들과 연예인들이 많이 찾았다고 한다. '뉴월드호텔'은 지상 5층에 지하 1층 구조로 지하 1층에서는 유흥주점을 운영했다고도 알려진다.

아산신도시 땅 투기로 큰돈을 쥐다

2001년 5월, 최은순은 충남 아산시 배방면 장재리 601번지 등 모두 10필지의 공장부지를 경매를 통해 취득한다. 3년 후인 2004년 2월 11일, 충청남도는 천안·아산 지역에 총 320만 평 규모의 아산신도시 개발계획을 발표한다.

노태우 정권이던 1991년부터 구상된 아산신도시는 천안시 불당동과 백석동, 아산군 탕정면과 배방면 일대에 개발된 제2기 지방신도시다. 1단계 배방지구와 2단계 탕정지구로 나누어 개발되었고, 근처에 삼성전자와 삼성디스플레이, 삼성코닝의 공장이 들어서서 '삼성디스플레이신도시'로도 불린다.

최은순이 취득한 배방면의 공장부지는 신도시 개발계획상 택지지구에 포함된다. 최은순이 특별한 연고도 없는 아산 지역의 땅을 신도시 개발계획이 발표되기 3년 전 취득했다는 점에서 개발정보를 미리 빼내 투기 목적으로 경매에 참가했을 가능성이 제기된다.

최은순이 취득한 땅은 신도시 조성을 위한 토지로 수용되어 대한주택공사(LH공사)에 의해 개발된다. 땅값은 급속히 오른다. 최은순은 해당 토지를 낙찰받은 뒤 채권최고액 35억 원에 근저당권을 설정하고 조흥은행으로부터 16억 원의 대출을 받는다. 하지만 2003년 8월에 조홍은행과 다시 설정한 근저당권 금액은 117억 원이었다. 이 점만 봐도 당시 땅값이 얼마나 가파르게 올랐는지 알 수 있다.

실제로 2001년 배방면 장재리의 공시지가는 제곱미터당 9만 8백 원이었고, 대한주택공사와 한국도로공사에 수용된 2004년 공시지가는 제곱미터당 23만 2천 원이었다. 덕분에 최은순은 30여억 원에 낙찰받은 토지로부터 무려 백여억 원에 이르는 차익을 얻는다. 최은순이 토지보상금을 입금받은 통장의 거래내역을 〈열린공감TV〉가 입수한 결과, 총 17차례에 걸쳐 135억 원이 입금된 것을 확인했다. 대한토지공사에서 134억 원, 도로공사에서 1억 원이었다.

최은순이 장재리 땅을 담보로 16억 원을 대출받은 직후인 2001년 12월 22일과 12월 28일, 김건희와 오빠 김진우는 각각 서울 가락동의 대련아파트(25.3평) 1채씩을 매입한다. 남동생 김진한도 1999년에 분양받은 분당 정자동 로얄팰리스(41.6평)의 중도금을 비슷한 시기에 납입한다. 아파트 소유권 취득 시점을 기준으로 김건희가 29살, 오빠가 31살, 남동생이 28살인 점을 감안하면 최은순이 장재리 땅을 담보로 받은 대출금으로 자녀들에게 아파트를 사 준 것으로 보인다.

한편 최은순은 아산신도지 토지보상금을 받은 이후 양도세 등으로 50억 원 이상의 세금을 내야 했다. 2008년 7월경 최은순은 조력자인 김충식 등과 '과세가 잘못됐다'고 과세적부심을 넣어 총 10억 원 이상을 감면받는다. 이 감면 절차가 정상적인지는 확인되지 않는다. 국세청은 2014년 이와 관련된 탈세 제보를 받았지만 근거 부족을 이유로 조사에 나서지는 않았다.

장모님의 인맥

홍만표

최은순이 모텔을 운영하던 1993년, 남한강 일대 모텔 사업자들 10여 명이 구속되는 일이 벌어진다. 당시 최은순도 농지법 위반, 불법증개축, 건축법 위반 등으로 의정부 지검의 대대적인 러브호텔 단속에 걸려 구속될 위기에 처한다.

최은순의 첫 번째 내연남 김 씨는 '(자신이) 모 경찰총경에게 부탁하여 그 지인의 도움으로 (최은순의) 구속 위기를 모면케 해 주었다'고 한다. 그 경찰총경의 지인은 당시 의정부지검 홍만표 검사의 장인이었다. 당시 피의자 조사 단계에서 홍만표는 매우 고압적인 자세였다가 경찰총경의 부탁을 받은 뒤 태도가 급변했다고 한다. 결국 최은순은 구속된 다른 모텔 주인들과 달리 백만 원의 벌금형만 받고 풀려나게 된다.

최은순이 검사에 대한 선망을 품게 된 것은 아마도 이 무렵일 것으로 보인다.

위성복

최은순의 첫 번째 내연남 김 씨에 따르면 '(최은순은) 특히 남자를 잘 꼬셨다'고 한다. 최은순은 당시 조흥은행 양평지점장과 친분을 맺고 있었는데, 그 지점장을 통해 위성복 조흥은행장까지 소개받는 수완을 발휘한다. 위성복을 소개받은 뒤로 최은순의 자금 융통은 훨씬 수월해진다.

이후 위성복은 재계의 거물 한 명을 최은순에게 소개해 주는데, 그가 바로 삼부토건의 전 회장인 조남욱이다.

조남욱

최은순의 첫 번째 내연남 김 씨는 남양주시청 직원 여모씨를 통해 소개받은 신모씨와 이모씨로부터 '미시령휴게소 공사비의 3분의 1에 해당하는 15억 원이 필요하다'는 말을 듣고 최은순에게 전달한다. 최은순은 그 사업에 참여하는데, 김 씨는 그에 대한 소개비로 1억 원을 받았다고 한다. 당시 최은순은 권모씨와 동업으로 미시령휴게소를 운영하다가 조력자인 김충식과 공모하여 휴게소의 사업권을 완전히 차지한다.

최은순이 미시령휴게소를 운영한 기간은 1990년부터 2013년까지로 알려진다. 30~40명의 직원을 상시 고용했으며, 세금탈루의 의혹도 있다고는 하는데 오래된 일이라 확인되지는 않는다.

미시령휴게소를 운용하던 시절, 최은순은 서울과 강릉을 오가던 어떤 사업가를 위성복 조흥은행장을 통해 소개받는다. 삼부토건 전 회장인 조남욱이다. 조남욱은 강릉을 자주 방문했는데, 강릉에 동부전기산업의 황하영과 심무정이 있었기 때문으로 보인다. 조남욱과 황하영과 심무정과 최은순의 인연은 이때부터 시작된다.

최은순은 2006년 미시령터널 개통과 함께 휴게소 영업에 어려움이 생기자 거액의 국가보상금을 받고 휴게소를 잠정 폐쇄하기도 한다.

김충식

최은순은 부동산 투기로 재산을 축적하는 동안 중앙대 사회개발대학원과 건국대·고려대 최고위경영자과정 등을 다녔고, 건국대 경영대학원 총동창회 부회장과 중앙대 사회개발대학원 총동창회 상임 부회장도 맡는다. 이 시절의 최은순에 대해, 그녀의 40년 지기인 김용신 대양애드 회장은 '최은순은 대학원이나 평생교육원 등에 다니면서 이전에 교류하던 사람들과는 만나지 않았다. 새롭게 다니는 대학원 사람들과 어울려 골프를 치러 다녔다. 신분을 세탁한 것이다'라고 회고했다. 또한 '최은순은 점을 많이 보러 다니는 편'이라며 '정치에 별 관심이 없었던 윤석열이 정치를 하겠다고 결심한 데는 점쟁이의 역할이 컸을 것'이라는 주장도 했다.

당시 중앙대 사회개발대학원 총동창회 회장은 김충식이었다. 이후 김충식은 최은순의 가장 강력한 조력자가 되어 최은순이 추진하는 사업에 빠짐없이 등장한다. 전남 보성 출신인 김충식은 한국교양문화원 원장을 맡고 있던 1993년 5월 김영삼 대통령으로부터 국민훈장 동백장을 받기도 한다. 당시 그의 공적은 '불우청소년과 소년소녀가장 돕기에 기여했다'는 것이었다.

1994년에는 초대 송파구문화원장에 취임하지만 1년 만에 퇴임한다. 원장과 사무국 직원 간의 고소·고발 사건이 원인이 되었다는 이야기도 있다.

일각에서는 김충식을 법조 브로커로 보고 있다. 최은순이 부동산을 통해 재산을 불리는 과정에서 생긴 소송들을 배후에서 지원했다는 것이다. 서울 송파구 모 교회의 장로로 알려진 김충식은 서울동부지검의 범죄예방위원회 위원(범방위원)을 지내는 등 법조계에 발이 넓다는 평가를 받는다. 19년째 최은순과 법정 다툼을 하고 있는 정대택은 '김충식이 동부지검 청소년선도위원과 범방위원으로 활동하면서 동부지검을 거친 안강민(전 대검 중수부장), 송인준(전 대검 강력부장), 이준보(전 대검 공안부장) 등과 인연을 맺었다'고 말한다. 특히 안강민은 이후 최은순의 변호사로도 활동한다.

현재 미국에 거주 중인 김충식의 차녀는 2011년 정대택에게 보낸 이메일에서 '제 아버지 김충식은 한국사회에서 인맥이 좋은 편이어서 정계, 재계, 학계, 예술계의 윗선과 두루두루 손이 잘 닿는다'고 밝혔다고 한다. 그러면서 '아버지는 판검사님들께 향응을 제공하고 도움을 많이 받으셨는데 정대택 씨 사건은 하늘의 도움으로 아버지와 친분이 두터운 판사님이 맡게 되었다. 그 판사님은 재판정에서 들어설 때 아버지에게 눈짓을 보내 안심시키기도 했다'라는 황당한 말까지 했다고 한다.

각계의 윗선과 두루두루 손이 잘 닿는다는 점은 김충식의 명함만

봐도 알 수 있다. 명함에는 국가원로회의 자문위원, 서울특별시 지하철문화진흥원 원장, 글로벌컨설팅 크리에이터 회장, 낙천도예연구원 원장, 낙천조형물연구소 소장, 민주평화통일자문회의 상임위원 등을 지냈거나 활동 중이라고 나와 있다. 다만, 이러한 경력들이 모두 사실로 확인된 것은 아니다.

김충식은 스스로를 도예가라고 불렀다. 김충식의 초등학교 후배는 동창회 카페에 올린 글에서 '특수 컬러 도자기 제조법을 연구해 수많은 작품을 손수 만들어 3대에 걸친 대한민국 대통령들 사저에 작품이 진열되었고, 통일교 교주 문선명의 사저(미국)에도 몇 점 전달되었다'는 글을 올린 바 있다. 이에 대해 정대택은 '김충식은 1980년대부터 도예가 행세를 했다. 경기도 이천 등에서 구입한 도자기에 자기 이름을 새겨서 여러 사람에게 선물했는데, 법조계에서 이름 있는 사람들은 거의 다 받았다'라고 주장했다.

김충식은 미시령휴게소, 충은산업, 방주산업, 한국교양문화원, 비제이엔티 등의 회사에 최은순과 함께 이사로 이름을 올렸다. 특히 충은산업의 '충은'은 두 사람의 이름에서 한 자씩을 딴 것으로 알려진다. 또한 이 회사들의 등기부등본을 보면 흥미로운 사실이 드러난다. 등기부등본 상 최은순과 김충식의 주소지가 모두 '경기도 남양주시 화도읍 금남리 OOO-O'로 나오는 것이다. 두 사람이 내연 관계라는 증거로 보인다.

충은산업과 비제이엔티, 한국교양문화원의 회사 주소지는 김충식이 소유한 또 다른 집인 서울 송파구의 한 아파트로 나와 있다.

재벌들

최은순은 삼부토건 조남욱으로부터 시작하여 재계 인맥을 넓혀 나간다. 대표적인 인물로는 신안그룹 회장 박순석, 박순석의 차남인 박상훈과 그 친구인 김x성, 쌍용그룹 회장 김석원, 도이치모터스의 권오수 등이 있다. 다만, 그들과의 관계에 대해서는 앞장에서 이미 다루었으므로 4장에서는 최은순의 불법행위와 관련된 인물들을 중점적으로 다루기로 한다.

최은순이 인맥을 넓혀 나가는 데에는 딸 김건희의 역할이 컸다. 김건희는 최은순에게 검찰 쪽 인맥을 열어 주는 길잡이 역할도 했다.

검사 사위'들'

최은순의 딸 김건희는 2001년 조남욱의 주선으로 양재택을 만난다. 당시 차장검사이던 양재택은 미래의 검찰총장으로 주목받던 잘나가는 검사였다.

양재택은 김건희가 최은순에게 증여받은 가락동 대련아파트에서 2001년 11월부터 김건희와 동거를 시작한다. 3년 뒤 두 사람은 양재택이 전상흠(제이슨)의 명의로 분양받은 서초동 아크로비스타 3xx호로 거처를 옮긴다. 전상흠은 김건희가 '쥴리'로 활동하던 시절 라마다르네상스호텔 볼케이노 나이트클럽에 양주를 공급하는 주류업자였고, 그가 대표로 있는 포도스에는 최은순이 이사로 등재되어 있었다.

정대택은 본인과 최은순 간의 소송에서 양재택이 최은순의 뒤를 봐주었다고 주장하며 뇌물수수 혐의로 양재택을 고소한 바 있다. 검찰이 2004년 정대택을 기소한 직후, 최은순은 미화 1만 8천 달러가 넘는 거액을 미국에 있는 양재택의 부인에게 보낸다. 이에 대해 양재택은 '(자신이) 전상흠한테 송금해 달라고 부탁했는데 왜 최은순이 송금했는지 모르겠다'고 말했다. 이어 '송금을 부탁한 돈은 나중에 전상흠에게 갚았다'며 '현금으로 갚았기 때문에 증빙할 자료는 없다'고 했다. 그러면서 '(부장검사인 자신에게) 매달 현금으로 나오는 특수활동비를 몇 달간 모아서 갚았다'고 해명했다.

미국으로 송금한 사람이 최은순이든 전상흠이든, 양재택이 그 돈을 갚지 않으면 뇌물죄가 성립된다. 그래서 증빙 자료가 없는 현금으로 갚았다고 해명한 것으로 보인다. 설령 이 해명을 그대로 받아들인다고 해도 특수활동비를 세탁하여 부인한테 송금했다는 뜻이 된다. 국가에서 검사에게 지급하는 특수활동비는 용돈이 아니다. 수사 업무에 쓰라고 주는 공금이다. 이 또한 검사윤리에 크게 어긋난다고 볼 수 있다.

2007년 3월 양재택이 불미스런 일로 검찰을 떠나자 김건희는 양재택과의 교제를 끝내고 또 다른 잘나가는 검사 윤석열과 새로운 교제를 시작한다. 정대택과 최은순 간 소송의 뒷배가 양재택에서 윤석열로 바뀐 셈이다.

지금까지의 상황만 놓고 볼 때, 윤석열은 최은순을 실망시키지 않은 것 같다.

장모님의 방식

위험한 동업자

뉴월드호텔과 미시령휴게소 등을 통해 부를 축적한 최은순은 부동산 투기에 본격적으로 나선다.

최은순은 타인과 동업을 하는 경우가 많았다. 하지만 큰 이익이 발생하면 동업관계를 깨트리기 일쑤였다. 부실채권으로 나온 건물이나 토지를 경매로 사들여 다시 파는 과정에서 이익이 발생하면 이익 배분에서 동업자를 배제하는 방식이었다. 이 방식에는 주로 소송이 동원되었다. 소송에 도움을 준 사람은 법조 브로커 김충식이었다. 두 사람은 같은 주소지를 둔 사람들답게 경제공동체이기도 했다.

최은순은 충남 천안에 있는 폐기물처리장을 경매로 사서 팔 수 있다는 한 동업자의 제안을 받는다. 실제로 부동산을 경매로 매입한 뒤 시세가 크게 오른 다음에 팔아 큰 이익을 남기기도 했다. 하지만 그 일을 함께 한 동업자는 배제되었고 한 푼의 이익도 받지 못했다고 한다.

해당 동업자는 〈열린공감TV〉와의 인터뷰에서 '더럽고 치사해서 그냥 포기했다'고 밝혔다.

정대택과 악연의 시작

2003년 12월 최은순의 고소로 징역 2년형을 선고받은 정대택은 '사건의 실체가 뒤바뀌었다'며 최은순 모녀를 상대로 19년째 힘겨운 법정 다툼을 이어 오고 있다. 최은순과 정대택은 2003년 경매로 나온 서울 송파구 오금동의 한 스포츠센터 건물을 낙찰받은 뒤 생긴 이익금 52억 원의 분배를 놓고 고소·고발 및 민사 분쟁을 벌인다. 최은순이 정대택에게 이익금을 한 푼도 배분해 주지 않고 독식했기 때문이다.

당시 정대택은 사업 제안 및 정보 제공을 했고 최은순은 자금을 댔는데, 이들의 동업 논의를 지켜본 사람이 있다. 법무사 백윤복이 그 사람이다. 백윤복은 두 사람 간의 이익금배분 약정서 작성에 관여하고 입회한 인물이기도 하다. 약정서는 2부를 작성하여 정대택과 최은순이 각각 1부씩 보관했다. 그 뒤 이익금 배분을 둘러싼 이견이 생기자 정대택은 이익금반환 민사소송을 제기하고 자신이 받아야 할 몫 26억 5천만 원에 대해 가압류를 신청한다. 그러자 최은순은 2003년 12월 정대택을 사기미수 및 신용훼손강요죄 등으로 고소하고, 백윤복의 입회하에 작성된 이익금배분 약정서가 강요에 의해 작성됐다고 주장한다.

문제는 최은순이 증거로 제출한 약정서에 당사자인 정대택과 최은순 그리고 입회인인 백윤복의 도장이 찍혀 있지 않다는 점이었다. 이에 정대택은 '약정서는 강요가 아닌 자발적으로 작성됐다'며 3인의 도장이 찍힌 약정서를 증거로 제출, '최은순이 제출한 약정서가 위조됐다'고 주장했다. 도장이 찍혀 있지 않은 약정서와 도장이 찍혀 있는 약정서 중 진본이 무엇인지에 대해서는 독자들의 판단에 맡기기로 하겠다.

그러나 이 소송에서 패한 쪽은 정대택이었다. 정대택은 구속기소되어 1심 재판에서 2년형을 선고받는다. 이 과정에서 결정적 진술을 한 사람은 바로 백윤복이다. 백윤복은 검찰 수사부터 1심 재판까지 '약정서가 정 씨의 강요에 의해 작성돼 무효다'고 주장한 최은순 측 손을 들어 줌으로써 정대택이 유죄를 선고받는 결정적 근거를 제공한다. 백윤복은 그 대가로 최은순에게서 세 차례에 걸쳐 2억 원을 받았다고 한다. 정대택은 수사 단계에서부터 '최은순이 이익금을 나눠 주지 않으려고 백 씨와 짰다'고 주장했지만 받아들여지지 않았다.

그런데 2심 재판에서 변수가 발생한다. 2005년 7월에 열린 정대택의 항소심 7차 공판에서 백윤복이 '(정 씨가 제출한) 약정서는 내 입회 아래 자발적 동의로 작성됐다'며 '지금까지는 위증을 했다'고 자신의 1심 증언을 번복한 것이다. 이 증언에 따르면 최은순이 제시한 약정서가 위조된 것이고, 정대택이 제시한 약정서가 진짜라는 뜻이었다.

상황은 반전될 것처럼 보였다. 그러나 항소심 법원은 '백윤복의 진술이 번복되어 신빙성이 없다'며 바뀐 증언을 받아들이지 않는다. 그리고 백윤복의 증언 번복이 있은 뒤 검찰은 오히려 백윤복을 변호사법 위반으로 구속한다. 1심 재판에서 백윤복이 2억 원을 받고 최은순의 자술서와 탄원서 등을 써 준 일을 변호사법 위반으로 걸어 버린 것이다.

백윤복은 최은순에게 받은 2억 원이 변호사 대리업무 비용이 아닌 위증의 대가라며 변호사법 위반보다 형량이 더 센 모해위증(피의자나 피고인을 처벌받게 할 목적으로 하는 위증)을 주장한다. 스스로 더 무거운 형을 받겠다고 주장한 셈이다. 하지만 검찰은 백윤복을 변호사법 위반 혐의만으로 재판에 넘겼고, 법원은 백윤복에게 2년형을 선고한다. '모해위증죄가 변호사법 위반보다 형량이 더 높은데 왜 위증이라고 자백하는가?'라는 판사의 질문에 백윤복은 '나는 사실을 주장하는 것이다. 정대택도 (최은순이) 10원 한 장 안 주고 구속시켰다'고 말했다.

앞서 3장에서도 살펴봤듯, 백윤복이 변호사법 위반으로 구속되기 전 최은순의 딸 김건희가 1억 원을 들고 백윤복을 찾아와 '1심 재판의 증언대로 해 달라'고 종용한 일이 있다. 이 시점은 백윤복이 1심 증언을 번복한 직후인 2005년 5월 24일이었다.

이후 백윤복은 지병을 앓다가 2012년 3월 사망한다.

한편, 정대택은 2005년 말 백윤복과 최은순을 모해위증 혐의로 고소했으나 검찰은 전부 무혐의 처분한다. '정 씨에 대해 이미 유죄판결이 나왔으니 정 씨 재판에서 위증했다는 백 씨의 주장을 믿기 어렵다'는 것이 무혐의 처분의 근거였다.

백윤복은 '자신의 위증 때문에 정대택이 유죄를 받았다'고 주장하는데, 검찰은 '유죄가 나왔으니 위증이 아니다'라는 전도된 논리를 내세운 것이다. 결정적 증인인 백윤복의 증언 번복이 있었지만 정대택은 결국 대법원에서 유죄가 확정되어 2년 형을 살아야 했다.

최근 대검찰청은 최은순이 스포츠센터 매각 건과 관련한 재판에서 법무사 백윤복에게 위증을 교사한 혐의에 대해 재기수사 명령을 내린 상태다.

양주 추모공원

경일실업고등학교 교감을 지낸 노덕봉은 2007년 중앙대 대학원 동창회에서 최은순을 처음 만난다. 최은순의 조력자이자 내연 관계로 의심받는 김충식이 중앙대 사회개발대학원 총동창회장으로 활동하던 시기이다. 노덕봉은 최은순과 함께 동창회 상임 부회장으로 활동하기도 한다.

당시 노덕봉은 실업계 고학생들을 위한 자동차전문대학의 필요성을 느끼고 대학 설립 자금을 마련하기 위해 추모공원 사업을 추진 중이었다. 2005년 경매로 나온 경기도 양주의 토지 2만 2천 평과 납골당 사업권을 80억 원에 낙찰받은 것으로 시작, 2006년 2월 시공사와 공사 도급계약을 맺은 뒤, 2006년 6월 신한은행에서 45억 원을 대출받는다. 그리고 이듬해인 2008년에는 납골당 시행사인 '엔파크'를 설립, 대표이사에 취임한다.

하지만 공사가 진행되는 과정에서 추가 자금이 필요했던 노덕봉은 2009년 신안저축은행(현 바로저축은행)으로부터 120억 원을 대출받는데, 이 과정에서 2011년에 납골당 사업권 명의를 '재단법인 조안공원'에 맡기고 채무변제 완료 뒤 사업권을 돌려받는다는 약정을 시공사·신안저축은행 등과 체결한다. 상법상 납골당 사업은 재단법인만 할 수 있기 때문이다.

사업은 순조롭게 진행되는 듯 보였다. 2013년에는 양주시청에서 납골당 분양 승인도 받았다. 분양만 차질 없이 진행된다면 대출을 모두 상환하고 사업권을 되찾아올 수 있었다.

그런데 분양에 차질이 생긴다. 이에 시공사와 신안저축은행 측은 노덕봉에게 '시행사는 권한을 모두 상실했으니 물러나라'고 통보한다. 시행사 사무실은 용역 인력들에게 점거당하고, 노덕봉은 사무실에서 쫓겨나기도 한다. 추모공원 사업권을 둘러싼 갈등 속에서 자신이 보유하고 있던 엔파크의 지분(40.4%)을 빼앗길까 봐 걱정하던 노덕봉은 평소 친하게 지내던 최은순과 이모씨의 아들에게 자신의 주식 10%와 30.4%를 각각 맡긴다. 경영권 방어를 위한 명의신탁이었고, 나중에 돌려받는 것을 전제로 했기 때문에 주식양도에 따른 금전 거래는 없었다.

이 무렵 김충식이 등장한다. 중앙대 대학원 동창회를 통해 친분이 있던 노덕봉에게 자신이 공동대표가 되면 문제를 해결해 줄 수 있다면서 '(최은순의 사위인) 검사 덕을 보게 해 주겠다'고 제안한 것이다. 당시 궁지에 몰려 있던 노덕봉은 김충식의 제안을 받아들인다.

이때부터 시작이었다. 이 씨의 아들은 노덕봉으로부터 신탁받은 엔파크의 주식 30.4%의 주식을 부친 이 씨에게 넘기고, 최은순 역시 노덕봉으로부터 신탁받은 주식 10%를 김충식에게 넘긴다. 이 씨의 아들의 경우 주식양수계약서에 '양도인의 서면동의 없이는 처분할 수 없다'는 조항이 두었지만, 최은순의 경우에는 그런 조항조차 두지 않았다. 노덕봉은 그만큼 최은순을 신뢰하고 있었던 것이다.

최은순을 통해 10%의 주식을 확보한 김충식은 노덕봉이 임명한 이사는 물론이고 노덕봉마저 대표이사에서 해임시킨다. 그 과정에서 의결권 대리행사를 위한 위임장이 위조된 정황이 드러나기도 한다. 위임장이 작성된 날(2016년 10월 10일) 작성자가 국내가 아닌 해외(캄보디아)에 머물고 있었던 것이다. 이에 노덕봉은 '주주총회 무효'를 주장하며 김충식 등을 고소했고, 경찰은 기소의견으로 사건을 검찰에 송치했지만, 검찰은 이를 불기소 처분한다.

이 일로 인해 노덕봉은 신한저축은행으로부터 1,890억 원의 가치를 감정평가받은 추모공원 사업권 중 본인 몫에 해당하는 지분 전체를 잃게 된다.

이후 최은순은 2020년 1월 무렵 노덕봉에게 전화해서 '(내가 빌려 준) 3억 원을 가져오면 (주식을) 다 돌려주겠다. 3억 원을 나에게 주면 끝이다'라고 말하기도 했다. 하지만 노덕봉이 3억 원을 준비하고 연락을 취했으나 답은 없었다. 이에 노덕봉은 2020년 1월 최은순과 김충식을 각각 횡령(주식)과 변호사법 위반으로 고소했다. 이후 경찰이 불기소 의견으로 사건을 검찰에 송치했지만 검찰은 '재수사하라'며 사건을 지휘했다.

이 사건은 아직까지도 검경을 오가는 핑퐁 게임 중이다. 그사이 김충식은 양도 불가한 주식으로 불법 주주총회를 개최하기도 했다. 주주총회는 노덕봉의 격렬한 항의에도 불구하고 강행되었다. 노덕봉은 불법 주주총회와 관련하여 '변호사 자문 결과 원인무효이고, 법적 절차를 밟아 경영권 탈취 음모를 끝까지 막겠다'고 입장을 밝혔다.

성남시 도촌동 땅

최은순은 경기도 성남시 도촌동 땅을 공매로 낙찰받는 과정에서 '347억 원가량의 잔고증명서를 위조하고 위조된 잔고증명서를 계약금 반환 소송에 제출해 행사한 혐의'와 '자신의 명의 대신 법인의 명의로 땅을 사들임으로써 부동산실명법을 위반한 혐의'로 기소되었다.

도촌동 땅과 관련하여 최은순은 3억 원을 투자해 65억 원이라는 막대한 이익을 올리는데, 그 과정에서 이익을 양분하기로 한 동업자는 감옥에 갇히는 신세가 된다. 정대택 사건과 유사한 상황이다. 그 과정을 추적해 보기로 한다.

최은순은 2013년 4월~10월 경기도 성남시 도촌동의 땅을 매입하는 과정에서 신안저축은행에 347억 원을 예치한 것처럼 통장 잔고증명서를 위조한다. 이때 최은순을 도와 잔고증명서를 위조해 준 사람은 신안저축은행의 대출중계인인 김x성이다.

최은순은 동업자 안소현과 함께 2013년 10월 21일 도촌동의 땅 6필지를 매입(여의도의 5분의 1 면적)한다. 해당 토지에 대한 감정가는 174억 원이지만, 이들은 세 차례 낙찰을 시도해서 결국 40억 원가량에 매입하는 데 성공한다.

이때 최은순이 투자한 돈은 3억 원이다. 안소현이 매물에 대한 정보를 가져오고 최은순이 모든 자금을 대기로 합의한 사업이지만 정작 최은순이 낸 것은 초기 투자금의 일부에 지나지 않았다.

도촌동 땅을 낙찰받는 데 성공한 최은순과 안소현은 그 땅을 담보로 신안저축은행에서 48억 원 한도의 마이너스통장을 개설한다. 그리고 그 마이너스통장에서 36억 원을 인출해 잔금을 납부한다. 마이너스통장 대출금은 두 사람이 절반씩 부담하기로 한다.

최은순의 동업자에게 불행이 시작된 것은 이때부터였다.

얼마 지나지 않아 해당 토지를 사겠다는 사람이 나타난다. 한 건설사가 그 땅을 75억 원에 사겠다고 제안한 것이다. 이때 매매계약이 성사되었다면 두 사람은 대출금을 갚고도 각자 17억 원씩의 차익을 남겼을 것이다. 하지만 매매는 무산되는데, 최은순이 일방적으로 반대했기 때문이다.

그 건설사 외에도 해당 토지를 사겠다는 희망자는 많았다. 그러나 최은순은 번번이 매매를 반대한다. 양측이 지분을 반반씩 소유하고 있었기 때문에 안소현 혼자서는 아무것도 할 수 없는 상황이었다. 시간이 지나면서 안소현은 마이너스통장 대출금 이자를 연체하기 시작한다.

사실 신안저축은행에서 개설한 48억 원 한도의 마이너스통장에는 낙찰 잔금을 내고도 12억 원가량의 잔액이 남아 있었다. 안소현은 이 돈으로 마이너스통장 대출금 이자를 납부하기를 원했으나 마이너스통장을 관리하던 최은순에 의해 인출을 거부당한다. 결국 안소현은 대출금 이자를 납부하지 못하고, 두 사람이 신한저축은행에 담보로 맡긴 채권은 부실화된다.

이 대목에서 최은순은 일반인들이 생각하기 어려운 기상천외한 수단을 발휘한다. 자신의 가족회사인 ESI&D를 통해 자신과 안소현의 부실채권을 사들인 것이다. 당시 ESI&D의 대표는 최은순의 큰아들인 김진우였다. 최은순은 2005년에서 2014년까지 대표로 있다가 자신의 큰아들에게 회사를 물려주었다. 최은순의 다른 자녀들도 ESI&D의 지분을 보유하고 있었다. 김건희 역시 2008년 3월부터 2011년 3월까지 ESI&D의 이사로 등재된 적이 있었다.

ESI&D는 2015년 7월 16일 신안저축은행으로부터 도촌동 땅에 대한 부실채권을 48억 5천만 원에 사들인다. 최은순의 가족회사가 최은순의 부실채권을 사들인 셈이다. 이런 편법이 가능했던 이유는, 최은순이 처음 땅을 사들이는 과정에서 본인의 명의가 아니라 법인 명의를 사용했기 때문이다. 그 법인을 최은순에게 소개해 준 사람은 최은순을 위해 신안저축은행의 잔고증명서를 위조해 준 김x성이었다.

최은순과 안소현의 채권을 산 ESI&D(사실상 최은순)는 그 채권을 담보로 신안저축은행으로부터 다시 38억 5천만 원을 대출받는다. 48억 5천만 원짜리 채권으로 38억 5천만 원의 대출을 받았으니, 채권을 구입하는 데 실질적으로 들어간 비용은 10억 원 정도에 불과하다. 그리고 최은순이 관리하던 마이너스통장에는 12억 원가량의 잔액이 남아 있었으니, 만일 그 잔액을 동원했다면 채권을 인수하는 데 한 푼의 돈도 들이지 않았을 수도 있다.

채권을 손에 넣은 최은순은 다음 수순을 향해 발 빠르게 움직인다.

한 달 뒤인 2015년 8월 28일 동업자 안소현의 사위 명의로 되어 있는 도촌동 땅 절반의 지분에 대해 임의경매를 신청한다. 법원이 제시한 최초의 감정가는 90억 원이 넘었지만 경매는 계속 유찰된다. 그럴 수밖에 없었다. 한 덩어리로 되어 있는 땅의 지분 가운데 절반만 경매에 나와 있으므로(최은순은 자신의 지분을 경매에 내놓지 않았다) 제3자가 응찰하기 어려운 상황이었던 것이다. 세 차례 유찰을 거치며 가격은 계속 떨어졌고, 마침내 2016년 7월 최은순의 가족회사인 ESI&D는 최은순의 동업자인 안소현 몫의 토지를 33억 7천만 원에 최종 낙찰받는다.

더구나 최은순은 이 채권을 사들이기 전인 2015년 1월, 안소현 사위의 지분에 대해 21억 2천만 원의 가압류를 걸어 둔 상태였다. 이에 따라 나머지 9억 7천만 원은 최은순이 배당받게 되어 있었다. 따라서 최은순의 입장에서는 추가적인 돈을 전혀 들이지 않고 감정가 90억 원짜리 안소현의 토지를 확보한 셈이다.

최은순은 안소현과 공동명의의 형태로 땅을 사들인 뒤 매각에 고의로 협조하지 않고 안소현의 이자 비용도 내주지 않는 방법으로 채권 부실화를 유도했다. 동업자 안소현의 지분을 헐값에 가져가기 위한 치밀한 '설계'였던 것이다.

결국 최은순은 안소현 지분을 헐값에 가져오는 데 성공한다. 그리고 차명법인을 통해 사들인 자신의 지분을 다른 동업자 강모씨에게 팔아 버린다. 최은순은 이 같은 조치를 취하기 전 안소현을 사기 혐의로 검찰에 고소한다. 검찰은 2016년 1월 안소현을 구속한다. 안소현은 구속된 상태였으므로 최은순의 조치에 제대로 대응할 수 없었다. 동업을 제안하고, 사업에 성공한 뒤, 이익을 나누기로 한 동업자와 분쟁을 만들고, 고소를 통해 동업자를 무력화시키는 패턴이 정대택 사건과 매우 유사함을 알 수 있다.

안소현의 지분을 확보하고 3개월 후인 2016년 11월, 최은순과 또 다른 동업자 강 씨는 도촌동 땅 6개 필지 모두를 부산에 소재한 삼정기업의 자회사 정상플래닛에 매각한다. 매각대금은 130억 원으로 그 중 최은순이 벌어들인 수익금은 65억 원이었다. 최은순의 최초투자금은 3억 원이 전부였다. 3년 10개월 만에 자기자본대비 무려 1,667%의 수익을 올린 셈이다.

이 사건은 윤석열이 검찰을 떠난 뒤 본격적으로 수사가 진행되었다. 최은순은 사문서 위조, 위조된 사문서 행사, 부동산실명법 위반 등의 혐의로 기소되어 1심에서 징역 1년을 선고받았다. 하지만 재판부는 최은순이 다른 죄목(사무장병원 개설 혐의 등)으로 유죄를 받은 뒤 보석 중에 있다는 이유로 법정구속을 명하지는 않았다. 또한 최은순을 도와 통장 잔고증명서를 347억 원 위조한 혐의로 재판에 넘겨진 김x성에 대해서는 징역 6월에 집행유예 2년을 선고하는 데 그쳤다. 참고로 동양대 표창장 위조 혐의로 구속된 정경심은 7년을 구형받고 1심과 2심 모두 4년형을 선고받은 바 있다.

최은순은 법원의 판결에 즉각 항소했다.

장모님의 진화

ESI&D

앞에서도 살펴보았듯 ESI&D는 최은순의 가족회사다.

현재 김건희는 빠졌지만 3남매(장남과 차남 각 30%, 장녀 20%)와 최은순(20%)이 회사 지분을 모두 보유하고 있다. 사업 영역은 건축·토목업, 부동산 개발·공급·임대업, 택지 조성·분양업으로 부동산 개발 쪽과 관련이 많다. 원래는 '방주산업'이라는 이름으로 설립되었다가 2006년 ESI&D로 상호를 변경했다.

최은순의 장남 김진우는 경기도 남양주시에 위치한 '온요양원'의 대표이기도 하다. 온요양원은 최은순이 모텔 사업을 하던 바로 그 건물에 위치해 있다. 건물 외관은 그대로고 간판만 온요양원으로 바꿔 새로운 사업을 하는 셈이다. ESI&D의 주소지는 그 온요양원이며, 온요양원과 마찬가지로 김진우가 대표다. 직원은 한 명도 없다. 사실상 페이퍼 컴퍼니 상태임을 알 수 있다.

온요양원은 정부로부터 요양급여와 식대를 보조받는데 〈열린공감TV〉 취재 결과 ESI&D가 식자재를 공급하고 있는 것으로 확인되었다. 정부보조금 편취 의혹이 제기된다. 온요양원에 지급되는 요양급여가 ESI&D의 운영비로 사용될 가능성이 높기 때문이다. ESI&D는 온요양원에 식자재를 공급하는 과정에서 주방팀을 운영한다고 한다. 하지만 ESI&D는 대표 외의 직원이 없는 상태. 위장도급과 불법파견 의혹도 불거지는 대목이다.

그러나 최은순에게 있어서 ESI&D의 효용은 요양원 한 곳에 국한되지 않았다. 앞서 동업자 안소현의 지분을 차지하는 수법에서 알 수 있듯이, ESI&D는 최은순의 진화에 큰 도움을 주었다.

공흥지구 특혜성 개발

2011년 LH공사는 경기도 양평군 공흥지구에 국민임대주택을 건설하는 '양평공흥2지구사업'을 추진한다. 하지만 토지 소유주와 지자체의 반대에 부딪혀 개발 사업은 백지화된다.

당시 개발 지역의 99%는 최은순과 최은순의 가족회사 ESI&D의 소유였다. 그보다 몇 해 앞선 2006년 12월, ESI&D와 최은순은 각각 공흥리 일대 임야 16,550제곱미터와 농지 다섯 필지(2,965제곱미터)를 취득한다. 회사는 임야, 개인은 농지를 취득한 이유는 영농법인이 아닌 회사가 경작 외의 목적으로 농지를 매입하는 것은 농지법 위반에 해당되기 때문이다. 그래서 상대적으로 느슨히 관리되는 개인 명의로 농지를 매입한 것이다. 부동산 투기의 전형적인 수법이다.

최은순은 LH공사 국민임대주택사업이 무산된 직후인 2011년 9월, 양평군에 자신이 소유한 토지 주변을 도시개발구역으로 지정해 달라는 요청을 한다. 양평군은 신속하게 도시개발계획을 승인해 준다. 당시 양평군수는 김선교(현 국민의힘 의원)였다. 양평군을 관할하는 여주지청의 청장은 윤석열이었다. 윤석열은 김건희와 교제 중이었고 (2012년 3월 결혼), 김선교는 현재 윤석열 선대위에서 요직을 차지하고 있다.

양평군이 최은순의 가족회사인 ESI&D에 도시개발인가를 내준 기간은 2012년 11월부터 2014년 11월까지 2년간이었다. 그런데 사업이 끝난 시점은 2016년 7월로 인가의 허용 시기를 1년 8개월이나 넘기고 말았다. ESI&D는 무슨 이유인지 중도에 연장 신청을 하지 않았다. 법적으로 미인가 상태에서 개발을 진행한 만큼 불법개발에 해당된다.

하지만 양평군에서는 준공을 한 달 앞둔 2016년 6월 갑자기 시한연장을 공시하면서 2년간 소급적용을 해 준다. 시한 연장을 하지 않아 개발이 취소되어야 마땅한 상황임에도 개발을 마무리할 수 있도록 특혜를 베푼 것이다. ESI&D는 분양도 직접 했다. 자신들이 소유한 땅에서 7백 미터쯤 떨어진 공흥지구를 직접 개발했고, 그곳에 지어진 아파트를 직접 분양한 것이다.

양평군은 이 과정에서 개발부담금을 0원으로 책정해 주는 특혜도 베푼다. 개발부담금이 0원이라는 것은 개발된 토지의 가치가 전혀 오르지 않았거나 사업자가 손해를 본 경우에만 가능하다. 아파트가 준공되어 분양까지 완료된 사업에서는 있을 수 없는 일이다. 개발부담금이 원래부터 0원으로 책정된 것은 아니었다. 양평군 내부자료를 보면 2016년 11월에는 17억 4천만여 원으로 책정되었다가 2017년 1월에는 6억 2천여만 원으로 떨어졌고, 개발 사업이 끝날 무렵인 2017년 6월에는 급기야 0원이라는 말도 안 되는 액수로 결정된 것이다.

이 사건이 언론의 관심을 끌자 양평군은 사업이 완료된 지 5년이나 지난 2021년에야 1억 8천여만 원의 개발부담금을 황급히 부과했다. 하지만 그조차도 턱없이 부족한 액수였다. 왜냐하면 최은순의 가족회사는 이 사업을 통해 약 186억 원의 이익을 챙겼기 때문이다.

이 특혜성 개발에는 김건희도 등장한다. 공흥지구 개발이 확정되기 전인 2009년 9월, 김건희는 평소 알고 지내던 배모씨에게 '두세 배 수익이 예상되며 투자금만큼 수익을 분배하겠다'는 약속하에 8억 원을 투자받은 바 있다. 그 돈은 공흥지구 임야 9,421제곱미터를 사들이는 데 사용되었다. 그 임야가 개발될 것이라는 확신이 없다면 할 수 없는 일이었다.

이에 대해 윤석열 측에서는 '8억 원은 단순 대여금(빌린 돈)이다'라고 해명했지만, 배 씨의 회사와 최은순 사이에서 벌어진 민사소송 판결문에는 '투자금'으로 적시되어 있다. 해명마저도 거짓이었던 것이다.

편법증여

최은순은 2014년 5월 양평군 공흥리 아파트 분양을 앞두고 자신이 소유한 땅을 2006년 매입가인 5억 원에 자신의 가족회사인 ESI&D에 매매한다. 공시지가만 2배 이상 오른 땅을 8년 전 가격에 넘긴 것이다.

자신이 소유한 땅을 시세보다 훨씬 싼 가격에 자녀들이 주주로 있는 가족회사에 팔았다면 세금탈루와 편법증여 논란에서 자유로울 수 없다.

그 무렵까지 ESI&D의 등기이사였던 김건희는 최은순이 ESI&D에 땅을 판 직후인 2014년 6월 이사직을 사임하고, 같은 해 보유하고 있던 지분도 정리해 가져 나갔다.

기독교은행 사기 사건 연루 의혹

최은순은 한국교양문화원, 미시령휴게소, 충은산업, 방주산업, 슈브엔컴, 비제이엔티 등 다양한 회사들을 설립하거나 등기이사로 회사 운영에 참여했다. 일부에서는 이러한 회사들이 투자금을 끌어오기 위한 페이퍼 컴퍼니라고 말한다.

충은산업과 비제이엔티는 바다모래 채취와 골재 판매, 레미콘용 모래 제조 등을 사업 목적으로 설정했다. 미시령휴게소는 휴게소 사업을 하는 회사였고, 한국교양문화원은 도자기에 관심이 많던 김충식이 주도해서 만든 전시 사업 위주의 회사였다.

슈브엔컴의 경우 강보영 목사가 이사로 등재되었는데, 강보영은 이명박 정부 시절 기독교은행 설립을 추진했던 인물이다. 2010년에는 서울 장충체육관에 7천여 명을 모아 놓고 '기독교 사회복지은행을 설립하기 위한 발기인 대회'를 열기도 했다.

기독교은행은 대한민국 교회의 부동산(약 80조 원 추산)과 각종 헌금(약 2조 8천억 원 추산)을 겨냥하여 추진한 사업이지만, 강보영이 2011년

8월 사기 혐의로 구속되면서 사업 추진이 무산되었다.

슈브엔컴에 강보영이 이사로 등재된 것을 놓고, 최은순과 장로 출신 김충식이 기독교은행 참여를 염두에 둔 것이 아니냐는 의혹도 있었다.

요양병원 불법개설과 요양급여 부정수급

2012년 9월, 최은순은 주모씨, 구모씨와 함께 경기도 파주시 문산읍의 한 건물에 총 10억 원을 투자하여 요양병원을 운영하기로 공모한다. 같은 달 계약금 명목으로 최은순은 2억 원, 주 씨와 구 씨는 3억 원과 5억 원을 건물주에게 지급하고, 두 달 뒤인 2012년 11월에는 '승은의료재단'을 설립한다.

이듬해인 2013년 2월, 최은순은 해당 건물에 요양병원을 개설한 뒤 사위 유 씨(윤석열의 동서)를 취직시킨다. 유 씨는 병원 근무 경험이 전혀 없음에도 아무 심사도 거치지 않고 병원의 행정원장이 된다. 당시 최은순은 지인들에게 '(이 요양병원은) 큰사위 줄 거다'라 말했다고 한다.

최은순의 큰사위 유 씨는 직원 채용과 면접, 직원회의를 주재하는 등 병원 운영에 전반적으로 관여해 왔다. 최은순이 2013년 3월에 '병원 운영비가 부족하다'는 보고를 받고 사위를 통해 사실 관계를 확인한 뒤 의료재단 명의의 계좌로 1억 5천만 원을 송금한 일도 드러났다.

최은순은 요양병원에서 사용할 의료기기 구입을 위한 회의에 직접 참여해 결정권을 행사하기도 했다. 이러한 사실들은 의료인이 아닌 최은순이 의료기관을 개설하고 실질적 운영을 맡았다는 증거가 되었다.

이른바 '사무장병원'을 개설, 운영한 것이다. '사무장병원'의 목적은 정부에서 지급하는 보험급여를 부정하게 타 내는 데 있다.

최은순은 병원 개설 두 달 뒤 요양급여비용 명세서를 국민건강보험공단에 제출하고 요양급여를 부정수급하기 시작한다. 2013년 5월부터 검찰 수사가 들어간 2015년 5월까지 2년간, 최은순이 국민건강보험공단 경인지역본부로부터 부정수급한 요양급여는 22억 9천여만 원에 달한다.

2015년 요양병원 불법개설과 요양급여 부정수급 혐의로 검찰 수사가 시작된다. 당시 최은순은 승은의료재단의 공동이사장 자리에 앉아 있었다. 또 한 명의 공동이사장인 구 씨를 포함, 그녀의 동업자들은 모두 검찰에 기소당해 유죄를 선고받는다. 하지만 이상하게도 최은순 한 명만은 기소도 되지 않은 채 법망을 빠져나간다.

당시 최은순을 참고인으로 소환한 경찰은 최은순이 제출한 책임면제각서 한 장으로 무혐의 판단을 내린다. 검찰은 최은순을 소환조차 하지 않고 불기소 처분을 내린다.

최은순은 의료재단에 자금을 투자하는 것을 넘어 설립과 존속 및 운영에 직접 관여함으로써 의료법을 위반했다. 이 사건은 윤석열이 검찰총장을 그만둔 다음에야 재수사에 들어갔고, 검찰은 최은순을 기소한다. 1심 법원은 특정경제범죄가중처벌에 관한 법률 위반(사기) 등의 혐의로 징역 3년을 선고하고 최은순을 법정구속한다. 하지만 2심 법원은 최은순을 보석으로 풀어 준다.

현재는 2심 재판이 진행 중이다.

재산 빼돌리기

　2016년 12월, 최은순은 본인 명의의 남양주시 화도읍 금남리 490-5번지 부지를 가족회사인 ESI&D에 매각한다. 해당 부지는 온요양원의 주소지이기도 하다.

　그것만이 아니었다. 온요양원의 건물 소유권과 요양원 진입로에 있는 2층 단독주택과 주변 금남리 509-3번지 토지도 같은 날 ESI&D에 매각한다. 온요양원의 부지와 건물 및 진입로 주변의 건물과 토지 모두를 가족회사에 넘겨 버린 것이다.

　당시 최은순의 동업자들은 파주시 요양병원 불법개설과 요양급여 부정수급 혐의로 재판을 받고 있었다. 만약 최은순도 기소되어 유죄를 받게 되면 최은순 명의의 부동산은 국민건강보험공단에 압류되어 강제공매절차에 넘겨질 수도 있었다. 최은순으로서는 다행히도, 파주시 요양병원 사건의 대법원 형이 확정될 때(2017년 3월)까지 최은순에게는 아무런 일도 일어나지 않았다.

　그렇게 묻히는 듯한 사건은 2019년 7월 윤석열 검찰총장후보에 대한 인사청문회가 진행되면서 다시 수면 위로 올라오게 된다. 이를 의식한 듯 최은순은 요양원 주변에 남아 있던 본인 소유의 부동산(온요양원 앞 489-1번지 토지와 그 위에 지어진 단층 주택)을 재차 ESI&D에 매각한다.

　최은순은 윤석열이 검찰총장을 그만둔 뒤에야 해당 사건으로 법의 심판을 받게 된다. 예상대로 압류가 들어오지만, 최은순 명의의 부동산 중 알짜는 이미 ESI&D로 이전된 뒤였다.

최은순은 이전에도 세금 및 과징금 미납으로 부동산을 압류된 경험이 다수 있었다. 전례를 통해 배움이 있었던 듯하다.

장모님의 황제 보석

최은순은 파주시 요양병원 사건으로 법정구속되어 1심에서 3년형을 선고받았다가 항소심에서 보석으로 풀려난다.

당시 보석을 허가한 윤강열 부장판사는 최은순이 건강상의 이유를 들어 보석을 신청한 것에 대해 '증거인멸의 우려가 없고 허가할 상당한 이유가 있다고 인정된다'라며 신청을 받아들였다. 대신 보증금 3억원을 납입해야 하며, 보석허가조건 위반 시 보석을 취소하고 보증금을 몰수한다는 조건을 걸었다.

최은순의 보석허가조건은 재판과 관계된 사건의 참고인 및 증인과 접촉하거나 법정 증언에 영향을 미치는 행위를 금하고, 주거지를 경기도 남양주시 화도읍으로 제한한다는 것이었다. 하지만 최은순은 법원의 보석허가조건을 지키지 않은 채 이른바 '황제 보석'을 누리고 있는 것이 확인되었다.

〈열린공감TV〉는 취재를 통해 최은순이 남양주시 화도읍 지역을 무단으로 이탈하여 온요양원이 있는 양평과 아들의 집이 있는 서울을 활보하고 있음을 확인했다. 생방송 중 최은순과 실시간 전화 통화도 연결되었는데 최은순은 주거지 이탈을 직접 인정하기까지 했다.

이날 최은순은 〈열린공감TV〉와의 통화에서 쩌렁쩌렁한 목소리로 '내가 나이가 많고 몸이 아파 계속 병원에 다니느라 서울 아들네 집에 머물고 있다'라며 '지금은 잠실에서 친목회 모임에 참석 중인데 요양원 김장을 위해 배추를 절여야 하는 등 바쁘다. 남양주는 거의 매일 아들 차를 타고 다녀오지만 오늘은 내가 직접 운전해서 너무 힘들다'라는 말로 본인의 주거지 이탈에 대해 당당하게 답변했다. 심지어 취재진이 보석허가조건 위반을 언급하자 '내가 무슨 죄가 있어 이러냐'라며 화를 내고 전화를 끊어 버렸다.

보석 시 주거지 이탈은 형사소송법 102조를 위반한 것으로, 항소심 재판부가 전직 검찰총장의 장모 최은순에게 황제 보석의 특혜를 베푼 것은 아닌지 의심되는 대목이다. 참고로 최은순의 보석을 허가한 윤강열 부장판사는 윤석열과 사법연수원 동기(23기)이자 같은 파평 윤씨다.

이후 〈열린공감TV〉는 시민단체와 함께 '최은순의 보석을 취소하라'는 민원을 제기했는데, 법원은 최은순 측에서 제출한 보석지역제한 변경신청을 받아들여 서울로 주거지를 변경해 주는 또 한 번의 특혜를 제공했다.

마치면서

시민 위에 군림하는 자들

정천수
〈열린공감TV〉 대표이사, PD

대한민국에서 어떤 이권을 위해 초법적인 사업을 하려면 '법'을 이용해야 한다는 이야기가 있다. 그 '법'과 연관된 사람들을 추적하다 보면 '법' 밥을 먹고사는 네 부류의 사람과 '법'에 의거해 일을 하는 세 부류의 사람을 만날 수 있다.

'법' 밥을 먹고사는 네 부류의 사람은 다음과 같다.

첫째, 법을 만들고 수정할 권한이 있는 국회의원(정치인)
둘째, 법에 의해 수사하고 기소할 유일한 권한이 있는 검사
셋째, 법에 의해 심판하고 벌을 줄 수 있는 판사
넷째, 판검사 출신 전관 변호사

이 중에 가장 힘이 센 사람은 판검사였다가 전관으로 활동한 뒤 국회의원 배지를 단 사람일 것이다.

'법'에 의거해 일을 하는 세 부류의 사람은 다음과 같다.

첫째, 관공서에서 일하는 공무원
둘째, 금융감독기관에서 일하는 사람
셋째, 은행 등 금융회사에서 일하는 사람

어떤 기업가가 이익을 독식하는 방법으로 사업을 한다면 절대 오래가지 못한다. 하지만 위에 열거한 부류 중 본인의 사업에 힘을 써 줄 수 있는 부류에게 이익의 일정 부분을 나눠 준다면 사업을 영속할 수 있다.

대한민국 검찰총장의 월 급여는 세후 8백여만 원으로 알려져 있다. 그 아래 검사들의 월급이 얼마인지는 대충 가늠이 될 것이다.

대법원장의 월급은 천만 원 수준이고, 일반 판사들의 월급은 6~7백만 원 수준이다. 하지만 그들 중 일부 혹은 다수가 급여와는 동떨어진 높은 생활수준을 영위하고 있다는 것은 조금만 살펴봐도 알 수 있다.

기업가가 그들에게 건네는 '뇌물'은 계좌이체 등 통장 거래를 통한 것이 아니다. 그 방법으로는 줄 수도 없고 받지도 않는다. 가장 손쉬운 방법은 현금으로 주는 것이겠지만, 이는 기업가에게도 위험요소가 된다. 현금의 사용처가 회사 장부에 남아 있어야 하기 때문이다. 회사 돈을 함부로 빼 쓰면 횡령죄에 걸린다.

이 경우 널리 알려진 방법이 이른바 '파킹 뇌물'이다.

즉 차를 주차시키듯 뇌물을 일정 기간 우회시키는 방법인데, 뇌물을 받을 당사자에게 직접 뇌물을 건네지는 않는다. 당사자의 주변 인물(부모, 형제, 자녀, 기타 친인척)에게 각종 명목을 만들어 지급하거나 부동산을 구입해 준다. 또는 뇌물을 받을 당사자가 가지고 있는 부동산을 다운계약을 통해 구입한 다음 각종 세금(증여세, 상속세 등)을 탈루한 후 일정 기간이 흐른 뒤 다시 원주인에게 돌려주면 막대한 이득을 안겨 줄 수 있다.

직계가족을 통할 경우 안심은 되나 향후 위험성이 존재한다. 언론에 노출되기 쉽고, 고위공직자의 경우 재산공개내역에 포함될 수도 있다. 그래서 친인척 또는 전혀 관계없는 사람을 섭외함으로써 당사자의 부동산을 차명으로 구입한다. 이 경우 막대한 대출을 일으키거나 공동명의로 설정함으로써 차명인이 임의로 처분하지 못하도록 조치한다. 이렇게 파킹된 뇌물은 일정 기간이 흐른 뒤 적절한 세탁을 통해 처음 뇌물을 받을 당사자에게 전달(매매)된다. 저들의 수법이 참으로 교묘하다.

'법'을 관장하는 자들은 일반 시민에게 매우 엄격한 잣대를 들이댄다. 하지만 자신들의 리그에 속한 자들에게는 매우 관대하다. 서로가 서로에게 관대해야 나중에 자신에게 문제가 생겼을 때 도움을 받을 수 있기 때문이다.

그렇다면 언론은 무엇일까?

언제부터인가 기득권은 제대로 해 먹기 위해 언론의 힘이 필요했다. 그래서 언론을 돈으로 사들였다. 혹은 광고를 무기로 언론을 길들였다.

앞서 소개한 '법'과 관련된 부류와 언론까지 손아귀에 넣는다면, 굳이 손바닥에 '王' 자를 써 넣지 않더라도 시민 위에 군림할 수 있다.

참고로 기득권은 자신들에게 기생하는 세력에게 일정한 먹이를 주어 추종 세력으로 키우기도 한다. 그들은 각종 시민단체와 댓글 알바, 사이비 매체로 활동한다.

결국 저들을 하나로 만들어 주는 강력한 무기는 '돈'과 '탐욕'이다. 그 선두에 윤석열의 가족이 존재한다. 〈열린공감TV〉는 저들 '거대 악의 카르텔'의 민낯을 끝까지 탐사취재하여 시민들에게 알릴 것이다. 그것이 〈열린공감TV〉가 존재하는 이유다.

레거시 미디어가 해낼 수 없는 일

강진구
〈열린공감TV〉 탐사전문기자

'윤석열 X파일'이라는 제목으로 〈열린공감TV〉의 취재 목록이 세상에 알려진 지 7개월이 지났다. 그동안 〈열린공감TV〉는 변방에서 전국구급 탐사전문채널로 이름을 얻게 되었다. 물론 우리가 바라던 바도 의도한 결과도 아니다.

매체의 영향력이 급속도로 커진 것은 분명 반가운 일이기는 하다. 하지만 우리가 가진 역량으로 감당하기 힘들 정도로 사회적 책임도 눈덩이처럼 불어났다. 우리는 전담 취재 인력이라고 해 봐야 3~4명, 편집과 카메라와 총무 인력까지 합쳐도 10명 정도에 불과하다.

2021년 11월 박대용 기자가 합류하기 전까지 그나마 훈련받은 기자 인력은 유일하게 나 혼자였다. 물론 누가 꼭 그렇게 하라고 한 것은 아니었다. 하지만 매일 밤 9시 우리는 어떤 레거시미디어도 다루지 않는 새로운 탐사보도물을 들고 시청자들을 만나야 했다. 매번 마감을 앞두고 심장이 터질 듯한 압박감을 견뎌야 했다. '과연 이런 상태로 얼마나 버텨 낼 수 있을까?'라는 의문과 불안감이 항상 따라다녔다.

하지만 결국 우리는 해냈다. '윤석열 X파일' 목록이 세상에 공개된 지 반년여 만에 우리는 당초 기획했던 수준을 넘어 170여 개의 본·부·장 비리를 고발하는 데 성공했다.

어떤 레거시미디어에서도 상상할 수 없는 결과였다. 만약 내가 레거시미디어라는 성 안에 계속 갇혀 있었다면 170개의 본·부·장 비리 중 몇 개나 보도할 수 있었을까?

나는 '윤석열 X파일'이 공개된 지 한 달 만에 취재기자 직을 박탈당하고 내근 발령을 받았다. 윤석열 부부의 아크로비스타와 삼성의 7억 원 전세금 설정 의혹을 한창 취재하던 중이었다. 재벌권력과 검찰권력의 유착을 보여 주는 아크로비스타의 비밀은 결국 〈열린공감TV〉를 통해서만 보도되었다. 레거시미디어와 시민 유튜브채널의 협업이라는 나의 기획은 끝내 이루어지지 못했다. 어쩌면 나는 가능하지 않은 협업을 꿈꿨는지도 모른다.

레거시미디어와 〈열린공감TV〉는 전혀 다른 물적 기반을 가지고 있다. 레거시미디어에게 재벌권력은 비판과 감시의 대상인 동시에 최대의 광고주이자 수익원이기도 하다. 반면 〈열린공감TV〉는 시민들의 후원이 주 수입원이다. 〈열린공감TV〉는 언론의 소명과 과업 이전에 자신의 생존을 위해서라도 오로지 시민들 입장에서 재벌권력, 검찰권력, 정치권력을 감시해야만 했다.

《감옥으로부터의 사색》의 저자 신영복 선생은 '모든 역사는 변방에서 시작된다'고 말한 바 있다. 변방의 미디어였던 〈열린공감TV〉는 2021년~2022년 대선 국면에서 그 어떤 레거시미디어도 꿈꾸지 못했던 새로운 역사를 만들어 냈다. 그리고 이제 그동안의 탐사보도물을 한 권의 책으로 만들어 세상에 내놓는다.

사사키 아타루가 《잘라라 그 기도하는 손을》에서 통찰한 것처럼 '읽기'는 그 자체로 세상을 바꾸는 과정이다. 그런 점에서 영상을 넘어 책으로 묶인 《윤석열 X파일》이 더 많은 시민들에 의해 읽히고 공유되길 기대한다. '읽기'는 단지 소비하는 것이 아니라 재벌권력, 검찰권력, 언론권력, 정치권력을 바꾸는 혁명이 될 것이다.

진실은 침몰하지 않는다

박대용
〈열린공감TV〉 탐사전문기자

대한민국 언론의 역사는 세월호 참사 이전과 이후로 구분 지을 수 있을 정도로 2014년 이후 언론은 더 이상 국민의 신뢰를 얻지 못하고 있다.

대신 세상은 유튜브와 팟캐스트, 블로그, SNS 등이 언론의 역할을 하는 시대로 바뀌었다. 언론과 포털이 '기울어진 운동장'에서 공을 차는 동안 새로운 운동장이 펼쳐진 것이다.

설립된 지 1년 조금 넘은 〈열린공감TV〉라는 유튜브 기반 탐사보도 매체가 윤석열과 그의 부인 김건희 그리고 장모 최은순에 대한 이른바 '본·부·장 비리 의혹'을 집대성해서 세상에 알릴 수 있는 것도 언론 역사에 길이 남을 기록적 사건이라고 본다.

《윤석열 X파일》 출간은 윤석열 국민의힘 대선후보가 서울중앙지검장과 검찰총장이던 시절부터 이미 예견되었다. 〈열린공감TV〉는 2020년 설립 이후 언론에서 다루지 못한(또는 안 한) 윤석열 일가에 대한 의혹을 사법정의 바로세우기 차원에서 취재를 시작했다. 때문에 《윤석열 X파일》이 대선을 앞두고 출간된다고 해서 대선후보 검증 차원에서만 볼 것이 아니라, 검찰권력과 대한민국 기득권 카르텔에 대한 고발 차원에서 볼 필요가 있다.

'쥴리' 의혹의 경우, 〈열린공감TV〉 영상을 보고 목격자 제보가 이어졌다. 불이익을 감수하고 실명을 드러낸 제보자가 나와 주었기에 세상에 보다 널리 알려질 수 있었다. 김건희는 〈YTN〉과 인터뷰를 하고, 급기야 2021년 12월 26일 기자회견을 자처해 대국민사과문까지 낭독했다. 〈열린공감TV〉의 끈질긴 노력이 없었다면 대선 당일까지 볼 수 없었을 장면이리라.

진실은 감출수록 떠오르기 마련이다.

이번 《윤석열 X파일》 출간은 검언유착에 기반을 둔 기득권 카르텔에 대한 고발이다. 정의와 공정이 그들만의 용어가 되지 않도록 하기 위해서라도 검찰권력에 대한 견제와 감시는 반드시 필요하다. 그러므로《윤석열 X파일》은 시민의 힘으로 저들을 역사의 심판대에 올리는 공소장이기도 하다.

대한민국 민주주의는 1960년 4.19혁명 이후 1961년 군사독재로 이어진 어두운 역사를 가지고 있다. 1987년 민주화까지 수많은 민주투사들이 피를 흘려야 했다. 2016년 이룩한 촛불혁명이 우리의 방심을 틈타 검찰독재로 이어지지 않으리라는 보장은 없다.

어렵게 쌓아 온 대한민국 민주주의 역사가 좌초되지 않도록《윤석열 X파일》이 진실의 등대가 되어 주기를 바란다.

공공을 위한 열려 있는 진실탐사

최영민
〈열린공감TV〉 탐사전문기자 및 감독

불과 1년 여 전, 아닌 밤중의 홍두깨처럼 만들어진 열린민주당 창당에 혹사당했던 심신을 다스리고자 쉬던 차에 어찌어찌〈열린공감TV〉를 시작하게 되었다. '역량 있는 신인(?)을 발굴하여 대중들이 알게 하자'라는 모토 하나뿐이던 시작과 달리 영향력 있는 대안매체로 자리 잡아 가고 있는 것을 온몸으로 느끼는 중이다.

얼마 전〈KBS〉인터뷰에서 '언론이란 무엇이라 생각하느냐?'는 질문에 '언론 소비자가 곧 언론 생산자인 지금의 미디어 환경에서 누가 어떻게 언론을 정의할 수 있느냐?'는 반문이 나온 것을 보았다. 소위

'TV용 전문가'보다 각종 커뮤니티와 SNS에서 활동하는 전문가의 수준이 더 높다는 사실은 새롭지도 않다.

매번 취재를 하면서 느끼지만 '사진작가로 20여 년을 살아온 나도 찾아낼 수 있는 사실들을 왜 전문기자들은 외면하고 있는가'라는 의문이 든다.

대중은 언론의 공공성을 믿는다. 그래도 〈KBS〉니까, 그래도 〈MBC〉니까, 언론 구성원이나 회사의 사익 추구보다는 공공을 위한 진실탐사와 보도에 목적을 둔다고 생각하는 것이다. 과연 그럴까?

대중의 기대를 기성언론들 스스로가 걷어차 버렸다.

〈열린공감TV〉는 스스로 언론임을 매번 강조한다.

어떤 언론일지는 구성원들의 고민과 노력에 달려 있다. 이름 그대로 열려 있는, 대중의 공감과 함께 성장하는 언론사로 나아가길 희망한다.

중년 시민기자의 영광

김두일
〈열린공감TV〉 작가, 시민기자

1990년 3월, 나는 21살 나이에 〈일간스포츠〉 대학생 명예기자 2기로 선발되었다. 그래서 실제 취재를 (배우면서) 하고 기사도 썼다. 신문사에서는 대학생들이 쓴 기사를 실어 주었다.

당시 기사는 80자 원고지로 작성했다. 즉 나는 강진구 기자보다 먼저 기사를 작성한 셈이다. 내가 쓴 기사 중에 가장 기억에 남는 것은 영화 '남부군' 홍보와 관련하여 영화배우 최진실 씨와 대담한 기사였다. 당시의 여러 가지 체험은 기자라는 직업에 대한 환상을 가지도록 했지만, 결국 내 선택은 다른 분야였다.

그로부터 30년이 지난 2021년 1월 4일, 나는 〈열린공감TV〉에 출연해서 '거대 악의 카르텔 옵티머스'라는 방송을 했다. 5시간 가까이 생방송으로 진행된 어마어마한 분량이었다. 작가로서 1회성 출연이 될 것이라고 생각했지만, 그때의 방송은 도리어 후속 취재에 대한 열정을 불러일으키는 계기가 되었다.

지금 나는 20대 초반에 잠시 꿈꾸었던 기자 생활을 만끽하고 있는 중이다. 대학생 명예기자에서 중년 시민기자로 나이와 형식 모두 바뀌었지만, 기자의 본질은 동일하다고 생각한다. 그때나 지금이나 나는 같은 마음으로 기사를 쓴다.

〈열린공감TV〉에서 약 1년간 쌓은 시민기자 활동은 내 삶의 많은 부분을 바꾸었다. 어찌 보면 제2의 인생을 살게 되는 터닝포인트가 된 것일 수도 있겠다. 그리고 대한민국의 격변기에 (원하건 원하지 않건) 대단히 중요한 일을 하고 있다는 자부심도 생겼다.

2022년 3월 대선은 대한민국의 명운을 좌우하는 대단히 중요한 선거가 될 것이다. 나는 유권자들의 선택을 돕는 매우 중요한 프로젝트에 참여하고 있는 중이다. 《윤석열 X파일》의 출간도 그 프로젝트의 일환으로서 특히 중요한 일이 될 것이다. 그런 일에 함께할 수 있다는 점은 큰 영광이 아닐 수 없다.

레거시미디어의 종말이 가까워지는 시대에 〈열린공감TV〉라는 유력한 대안매체의 구성원이 되었고 또 대통령후보자를 검증하는 책의 출간에도 기여하는 나의 5년 후는 어떨지 궁금하다. 지난 1년처럼 다가올 5년도 더욱 열심히 해 볼 작정이다.

  함께 하는 동지들, 뜬금없이 새로운 삶을 살아가는 가장을 이해해 주는 가족들 그리고 그런 나를 응원해 주는 민주개혁진영의 시민들 모두에게 감사를 전하고 싶다.